TOP SECRET

解密‧
國際檔案的二二八事件

海外檔案選譯

高雄史料集成編輯委員會 編

目錄

第四章　二二八事件後續發展相關檔案

附錄

序

國史館館長、高雄史料集成編輯委員會召集人　吳密察

　　二二八事件發生於 1947 年，但是卻因為戒嚴體制的關係，其真相一直被塵封在年長的國人心裡深處，至於生長於戰後的年輕世代，則幾乎無從知道這個臺灣史上的重大事件。1987 年，也就是事件經過 40 年之後，才因為鄭南榕、陳永興、李勝雄等民間人士人發起「二二八公義和平運動」，終於打破戒嚴體制下的禁忌，逐漸成為社會可以討論的議題。從 1987 年到現在，可以說是將二二八事件之真相，一片一片地拼湊回來的 30 年。在這 30 年間，國史館、國史館臺灣文獻館（及其前身的臺灣省文獻委員會），也正面參與了這個歷史的重建工程。

　　1991 年，行政院委託學者撰寫二二八事件的調查報告之初，臺灣省文獻委員會即率先彙編出版史料集《二二八事件文獻輯錄》（1991）、《二二八事件文獻續錄》（1992）、《二二八事件文獻補錄》（1994）。國史館也清查館藏檔案中的相關檔案，編輯出版《國史館藏二二八檔案史料》（共 3 冊，1997）。行政院調查團隊在撰寫調查研究過程中徵集得到的相關政府檔案，也在 1992-1997 年陸續由中央研究院近代史研究所出版為《二二八事件選輯》（全 6 冊）。這些以檔案史料為中心的出版品，成為上個世紀末葉據以重建二二八事件的重要憑藉。

　　2000 年政黨輪替之後，隨即由檔案管理局籌備處動員學者協助展開政府相關機關檔案的調查，這些調查所得的二二八相關檔案，也在 2002 年以後由國史館出版為《二二八事件檔案彙編》（截至 2008 年，出版 18 冊）。去年（2017），國史館又從館藏檔案中找出不少檔案出版 6 冊，納入前述《彙編》而成 24 冊。國史館臺灣文獻館也從館藏的臺灣省行政長官公署、臺灣鹽業公司的檔案全宗清查出相關檔案，出版了《館藏二二八事件檔案：臺灣鹽業‧臺灣省行政長官公署》2 冊。

　　上述國內檔案史料的調查與出版，無疑對重建二二八事件的歷史具有關鍵的重要性，但它自然也會有其特定的立場與局限。因此，還需要其他史料的相互檢證與補充。去年，高雄市立歷史博物館委託專家從美國、澳洲、聯合國等海外檔案館中找出檔案，推出「解密 · 國際檔案的二二八事件」展覽，是繼葛超智（George H. Kerr）文書之後，國內比較有系統地將海外之二二八檔案介紹到國內來的一次重大突破。這些海外的檔案，為我們提供了另類看待、報導二二八事件的視角，也為我們提供了很多少為人知的資訊。因此，國史館臺灣文獻館徵得高雄市立歷史博物館的同意，合作將這些海外檔案翻譯出版。相信這將對於國人瞭解和研究二二八事件，都會有不小的貢獻。

導讀

蘇瑤崇（靜宜大學通識中心教授）

檔案館是收集和保存過去紀錄，同時提供追求未來者使用的地方。

一個國家必須要相信三件事：

一、必須相信過去，

二、必須相信未來，

三、更重要的是，必須相信自己國民具有向過去學習的能力，並可從評斷過去的歷史中創造自己的未來。

——美國羅斯福總統（Franklin D. Roosevelt, 1941）

一、檔案研究的意義

　　這是美國國家檔案館入口處，引用羅斯福總統的一段話，揭示了檔案館與檔案研究的意義。美國政府非常重視檔案的保存、開放與研究。這不只提供一般民眾探討歷史與尋根的需求，更重要的，這是維繫民主制度，追求更好未來的重要手段。他們認為政府會有決策錯誤或甚至有許多政治不義與黑暗問題，這些問題或許透過指定為「機密」的手段，一時被掩蓋了下來。但這些問題仍如實地記錄在檔案中，在未來檔案開放後仍可透過各種使用者的追索與研究，指出政府的錯誤與問題，不只是對過去的錯誤進行歷史審判，更是用作為當前政治的借鏡。唯有不斷的檢討和反省歷史，才能指出未來更好的方向，這就是檔案與檔案館最主要的意義。

　　中國傳統史學認為「孔子做春秋，使亂臣賊子懼」，古典希臘史學認為「真相才是真理，歷史就是追求真相」。古今中外文明，都認同與強調歷史對人類文明發展具有重要的意義。作為人類文明的自我反省、連結未來的啟示，相信人類累積之智慧與學習教訓，「歷史」是不可或缺的學問，也是最為核心之價值。

　　中外歷史學都是根據「檔案」著說的一種學問。特別是十七世紀歐洲科學理性興起之後，科學成為檢驗真理的方法，歷史學也必須符合「科學」之檢驗。若說可「重複驗證」是科學的一項標準，那麼歷史學就必須以「檔案」作為驗證事實論理的基礎。這樣的歷史論述才有信憑性，也才具有學術的價值。

　　開啟近代實證史學者是十九世紀德國歷史學家蘭克（Leopold von Ranke, 1795.12.21–1886.5.23），他強調的史學即是檔案史料的研究。史學即史料學，根據並考證檔案史料，已成為近代史學的基礎。然而，在二十世紀以後，這種「實證主義」的歷史學出現了不同的面貌。有人認為「檔案研究」為關注「王朝、政府」等上層階級的歷史（high history），相對於此也應該關注沒有人代言之底層歷史（low history），在社會科學發達的影響下，出現了注重下層結構的社會經濟史。另外在政治學說的影響下，也出現以政治理論論述歷史之政治史。二次大戰後，更在文化人類學的影響下有了文化史、宗教史、民族史，乃至於在新興史學理論影響下出現的大眾史學、影像史學等等。興起諸多不同面貌的歷史研究，相當淡化了史學研究者對「檔案重要性」之重視。

　　雖然出現諸多不同面貌的史學，但「檔案」資料仍是史學之實證基礎，這點從未改變，尤其是對現代史而言更是重要。美國政府每年花費龐大預算進行保存與公開，不僅開放本國人閱覽使用，也免費開放給外國人，就是因為「找出過去歷史的問題，才能作為未來方向的指針」，而使我們在相信過去「事實」或「問題」的存在下，進而找出並相信與未來之連結，就此而言，檔案研究具有關鍵之意義。

二、美國檔案對臺灣史研究之重要性

　　對臺灣現代史而言，美國的檔案具有不可忽略的重要性。美國與臺灣的關聯，可追溯至 1854 年時培理（Matthew Calbraith Perry, 1794–1858）來到遠東，1894–95 年甲午戰爭時，美國也曾出面調停。這個時代，無論是李仙得（Charles W. Le Gendre, 1830–1899）文書，或 1903 年達飛聲（James W. Davidson, 1872–1933）在美國出版的 The Island of Formosa, Past and Present（《福爾摩沙島的過去與現在》）等，都是研究該時代臺灣不可或缺的資料。日治時期美國駐臺領事

館之檔案，也自另一個角度反映了當時的臺灣。

但更重要的是，自太平洋戰爭爆發後，美國已不再是臺灣歷史發展的旁觀者，而是成為影響臺灣歷史發展的當事者。例如，戰時中有關臺灣戰略的討論、開羅會議的決定、戰後協助國民黨占領接收、協助臺灣戰後經濟的復興、冷戰時代的「美援」、透過經援將臺灣納入美國經濟勢力圈而建立臺美依存關係、國共內戰時期美國的對臺戰略思維、冷戰時期的「軍援」、對臺灣國際地位之影響、戒嚴時期對國民黨政府政治開放政策之影響、乃至積極影響臺灣的親美文化等等，諸多臺灣歷史重要的發展面向中都可看到美國扮演重要的角色。若說戰後臺灣歷史發展中，美國是背後推動另一隻看不見的「手」，應不為過。

三、美國國家檔案館簡介

一般檔案可分為公文書與私文書兩類，公文書為政府製作的相關書類，私文書為私人相關書類。美國的檔案館也約可分為兩種，一是由政府出資經營，負責保管政府公文書為主的政府檔案館，另一是以非政府經費，主要是民間出資經營，如哈佛大學、史丹佛大學、哥倫比亞大學等民間檔案館，其收藏以私人捐贈的文書檔案為主。

美國聯邦政府的檔案館又分為國家、地方、總統與其他等四種檔案館。國家檔案館中，主要為國家檔案館（National Archives and Record Administration，簡稱 NARA），分為華盛頓 DC 之總館與位於馬里蘭州之二館。此外，目前地方公文書館（Regional Archives System）分布於各州，共有 13 個，這是地方檔案為主之檔案館。總統圖書館（Presidential Libraries）也有 13 座，其他（Affiliated Archives）公文書館，如國家公園檔案館，國會圖書館（Congress Library）等即屬於此，共有 6 座。上述各種檔案館中，最著名並與臺灣歷史最有關係者，即是美國國家檔案館（NARA）與國會圖書館所典藏的資料。以下介紹這兩者典藏之臺灣相關資料的特色。

首先是國會圖書館。該館收藏一批日治時期圖書資料，其由來據說是在占領時期（1945-1951）美軍從臺灣搬回美國，最初存放在華盛頓文件中心

（Washington Document Center），後來這些資料分藏於 NARA 與國會圖書館，該中心也隨即解散。國會圖書館日文資料主要分成幾部分：一是臺灣總督府相關圖書資料；二是日本舊陸海軍相關資料；三是滿洲資料，以南滿鐵道株式會社資料為主。另外，還有日治時期的臺灣地圖。據說 1990 年代，臺灣曾要求美國當局歸還總督府資料，不過並沒有進一步下文。1992 年日本學者發現其存在，從 1994 年開始進行全面性整理的計畫，直到 1996 年計畫結束為止，而後由田甫桂三、本多泰洋出版《舊臺灣總督府關係資料目錄》，並複製資料一份帶回日本。另外，又有田中宏已學者整理陸海軍資料，出版《占領接收舊陸海軍資料總目錄》，這些原始資料大部分都歸還了日本。

美國國家檔案館成立於 1930 年代，1935 年正式運作，主要的使命是收藏保存美國政府各級機關的重要檔案，提供公眾使用。原設於華盛頓特區，但 1960 年代以後，因空間不足，而有增設新館之議，1993 年馬里蘭州的二館落成，戰後檔案大都移至此地保存，其所典藏的檔案約占美國政府解密資料的 1％到 3％，均極具重要性，值得永久保存的文件。馬里蘭州的二館是六層樓的建築物，典藏文件總數約為 200 萬立方英尺，保存了大量與臺灣相關的檔案。

NARA 對於檔案的編目層級方式是以檔案出處為主，主要分為三層。首先是聯邦政府之機關或委員會等，如國務省、陸軍省、國安會議等等，作為分類的第一層，稱為 RG（Record Group），目前共有 515 個 RG 資料群。若以目前臺灣檔案管理局的編目概念來比擬，RG（Record Group），類似於「全宗」。

RG 之下層則為 Entry，它相當於政府機關下的處室（Division, Office），類似於臺灣檔案局編目「全宗」下層之「分類號」。Entry 下層為 Series，這相當於處室下之分部門（Provenance）或單位機構（Agency），為公文產生單位。然後以「盒子」（Box）作為 Series 層中的編號，保存各部門或單位機構的公文書。這類似臺灣檔案局「分類號」下層的「案次號」。最後在盒子內以資料夾（Folder）保存內容相關聯的「文件」。這些「文件」可能是該機關的「發文稿（留底）」或「收文」。因此在不同的資料群中，可能見到同樣內容的文件。

NARA 依照原機關移交檔案狀態而進行編目，基本分成三層為 RG-Entry-

Box。有時也會有第四層資料夾（Folder）。調閱資料時，至少必須查到前三層級的基本資訊，再加上確切館藏所在位置（Location）之編號，才能調出資料盒（Box），然後在盒中的資料夾（Folder）逐一找出所要的個別資料。

NARA 二館二樓的參考諮詢室，分為軍部門（military）與民部門（civilian）兩大類。軍部門如陸、海、空軍與情報部門 OSS（1942–1947）與 CIA（1947）等；民部門包括國務省、商務省、農業省等部門。雖然館員一般都能回答有關軍部門與民部門之簡單問題，但畢竟術業有專攻，利用者若想更深入地諮詢，最好還是尋求專門館員之協助，往往會有意外的收穫。

因為近代以來美國成為世界超強，與世界各國的關係密切，涉及層面也相當廣泛，所以都有世界各國前來找尋檔案的研究者。但因為檔案數量非常龐大，如果沒有任何協助，利用者必須花費鉅資、時間與體力，才能在美國檔案研究中略有所獲。正因如此，有些國家便以集團方式在 NARA 進行有系統的檔案徵集作業。亞洲國家中，日本自 1990 年代起便有沖繩縣公文書館、國會圖書館等，進行有計畫之資料徵集，此項工作已進行近 20 年，且目前仍持續進行中。此外，菲律賓、韓國等也都有國家級的徵集計畫。唯獨臺灣在此項工作上，尚屬消極。

目前臺灣收藏或出版美國檔案之情形有，中研院之美國國家檔案館典藏臺灣舊航空照片與日軍舊航空照片，漢珍公司出版之日治時期以前的美國領事館檔案，另外中研院或大學等購買 1945–1955 年美國機密檔案之微膠卷，這是公開出版有關美國大使館或領事館的資料。此外還有已出版之美國外交關係文書（FRUS），臺大收藏美援相關之狄寶賽資料等。近年有臺灣歷史博物館與高雄市立歷史博物館進行之大戰時期美軍資料與戰後資料徵集等。上述這些臺灣已經入藏之美國檔案複本，數量看似龐大，但實際上仍僅占美國檔案館所藏的少數。

杜正宇博士多年來在美國調查檔案，他指出從目錄上檢索得到的臺灣相關檔案有 3,500 多筆，這大部分僅是 RG 檔案群，或近似分群的編號（Entry）。例如在二戰檔案中有一筆：「World War II Action and Operational Reports」（二戰任務報告），竟有 1,735 箱（Box）之多。較小型的 RG 檔案群，如美國國際開

發總署（Agency for International Development）之援華記錄檔也有 4 箱。若以每筆 25 箱，每箱 1,000 張粗略地來估算，美國國家檔案館之臺灣相關紙本類檔案，就有 6,000 萬張以上。當然這 6,000 萬張不完全與臺灣有關，也可能參雜其他國家、或中國其他省市地區的檔案。但就算扣除這些非臺灣部分，推估臺灣相關檔案也可能有數百萬張。

　　由此可知，前述目前臺灣收藏之美國檔案，不過是其中一小部分而已，還未掌握的理應更多。如果能廣泛深入利用這些已知與未知的美國檔案，相信對於臺灣戰後史的理解，無論在深度和廣度上，將會有巨大的突破。

四、選譯美國檔案介紹

　　本書選譯的美國檔案，依時期可分成兩大類，一是第二次世界大戰時期，二是大戰之後。雖在內容性質上，這兩個時期截然不同，但其中的延續性也值得注意。

（一）戰時美軍有關臺灣的檔案

　　本書選譯戰時美軍有關臺灣的檔案有：日軍在臺之情勢、鋪道計畫的目標、軍政府計畫（1945 年 7 月 30 日）、軍政府修正計畫（1945 年 8 月 23 日）、刪除軍政府計畫之討論（1945 年 9 月 19 日）、占領臺灣（1945 年 8 月 29 日）等。

　　大戰期間為打敗日本，「攻占臺灣」是美國重要戰略之一。美國企圖透過占領臺灣，一方面切斷日本與南洋日軍之聯絡，一方面進而進攻廈門，與中國夾擊日軍。珍珠港事變後，美國陸軍即主張應該攻占臺灣，並成立小組（desk）專門從事臺灣研究。美國陸軍檔案中，有很多根據審訊戰俘或實際空拍調查、乃至訪問相關人士等的臺灣相關調查。

　　美軍的臺灣研究可分為「戰術」與「政略」兩種。1944 年曾經想執行一項命名為「鋪道計畫」的攻占臺灣計畫。其中「占領統治」研究，因為防範日裔美國人知悉此計畫，又以「X 島計畫」代稱之。另外，相關軍事行動「鋪道計畫」之內容，可參考杜正宇博士發表於《國史館館刊》（2018 年 3 月出刊）之論文。

　　本書選譯的軍政府計畫有 7 月 30 日計畫、8 月 23 日修正計畫以及 9 月 19 日刪除軍政府之討論等三件，它們呈現了這段期間美國政策思維的變化。軍政府計畫是美國假定美軍攻占臺灣後，必須設立過渡之軍政府，直到戰後處理完成，相關國家簽訂和約後，才會依和約規定將臺灣交給指定國。然而，戰後實際的發展完全與此原先之計畫大大不同。因此，在這個計畫裡所出現戰後處理的另一種可能性，並沒有被充分認識，甚至讓人誤以為「開羅會議」之後臺灣已理所當然地回歸「中華民國」。而不知在日本投降之前，臺灣的處置仍有不同的可能性，而這些可能性的討論與戰後問題有關，並且在戰後和約簽訂前，臺灣仍是處於「占領狀態」。

　　1944 年後半，因為日軍打通了中國華中華南的聯絡，因此美軍原計畫在廈門登陸，並與中國軍共同夾擊日軍的戰略破滅。但另一方面，太平洋戰爭中美軍的進展非常順利，日軍已無法防衛海域，美軍已可直接進攻日本本土，早日結束戰爭。因此美軍進攻琉球以取代臺灣，這是放棄鋪道計畫最主要原因。但這時日本卻出現本土決戰之呼聲，企圖頑抗至最後一兵一卒。假若日本頑抗到底，美軍也必須有相對備案。於是假定美軍征服日本本土後，臺灣若仍繼續作戰，則仍有必要予以掃蕩與統治。此外，國民黨軍不僅無與日軍作戰的能力，且戰後可能發生國共內戰，甚至於連前來臺灣的能力都有問題。這些是鋪道計畫放棄後，美軍仍然有軍政府計畫的主要原因。

　　1945 年 6 月，美軍攻占沖繩島後，日本自知已無力抵抗美軍之本土進攻，是以透過諸多管道，向美國探詢「投降」的條件，甚至提出願意放棄所有殖民地，只要能維持「國體」與本土領域即可。不過，這時美國總統早已宣示日本必須「無條件投降」，而且原子彈已經完成了。

　　美軍認為中國戰後可能發生內戰，並無能力統治臺灣，貿然將臺灣交給中國，將會帶給臺灣嚴重的政經問題，而且此時占領臺灣也不再有與日軍作戰的風險。在這樣的考量下，7 月 30 日做出軍政府計畫結論：「美國必須占領臺灣建立軍政府，除非狀況允許，方可由中國來承擔此責任。美國在臺灣建立的軍政府應持續運作，直至美國政府認為政權可移交予中國當局為止。」

如果依照此一計畫進行，日本投降後，臺灣將由美國占領統治。然而，歷史總有戲劇性變化。8月3日美軍內部有人提出強烈反對，認為「美國沒有理由花費鉅額經費幫中國代管臺灣。如果以中國沒有能力為理由而必須代管臺灣，那美國豈非必須代管幾千年以上」。事實上，對美國而言，在向來的決策會議中，占領臺灣只是一個可能選項，並非必要選項。雖然，7月30日決策會議中做出「占領」結論，但應視為這是「順勢而為」，非必然如此，是以在有人強烈反對下，臺灣政策又回到原點。

結果，8月9日參謀長聯席會即命令駐中國美軍以最小限度協助中國軍占領臺灣，而後才有盟軍司令麥克阿瑟之命令第一號「在中國領域（滿洲地區除外）內，臺灣以及北緯16度以北之法屬支那之所有日本全部陸海軍及附屬部隊，應向蔣介石委員長投降」之規定。日本投降後，8月17日命令第一號正式發佈，臺灣日軍向蔣介石投降。因此，8月23日美軍正式修改了軍政府計畫結論為：「中國必須出兵占領臺灣，並建立軍政府，除非狀況發展不容許其擔負此責任」，而由美國提供中國部隊最小限度之協助，這也就是8月29日通過「占領臺灣計畫」的由來。蔣介石軍再根據此「占領臺灣計畫」原則，自行擬定中方的「占領臺灣計畫」。因為前述事項都已實際進行，美國在臺灣成立軍政府的考量已無存在必要，是以9月19日就正式刪除軍政府之方案。

（二）戰後美國臺灣相關的檔案

戰後在美國的協助下，國民黨政府接管了臺灣，這是臺灣戰後史的開始。但在1951年舊金山合約之前，臺灣仍屬於中華民國的占領狀態下，這時期最初由長官公署統治，卻發生了二二八事件，諸多影響日後乃至於現在的政治問題即源自於此。因此探討二二八事件發生的背景、過程、結果與影響，可說戰後史研究最關鍵的主題之一。

美國檔案館中有非常多與戰後初期臺灣相關的紀錄，這些檔案過去沒有得到充分的注意，這些紀錄不只提供了外國人所觀察到的重要事實，更重要的是有中文資料所缺乏的「觀點」。除了能幫助吾人深入地認識二二八事件之外，更能幫助我們超越狹隘的單一視野，並從更多元的角度認識二二八與臺灣戰後史之發展。本書所選譯的戰後史相關檔案，可細分為以下幾個部分：戰後初期、

美國領事館有關二二八事件的報告、分離主義之資料等等。以下以此分類加以介紹。

　　戰後初期的資料中，最值得關注的就是對長官公署腐敗以及臺灣民心不滿的觀察，這些資料主要是由美國戰略情報處（OSS）調查所得。過去國內曾有蔡丁貴教授翻譯 OSS 的調查資料結集出版，書名《狗去豬來：二二八前夕美國情報檔案解密》，為大家所熟知。不過這只是全部調查資料中的一小部分而已。本書則更進一步挑選過去未曾翻譯的部分，例如「70 軍軍紀」、或「1946 年10 月間的政治發展」、或「街頭巷議」、或「臺灣目前的輿論」等。這些資料都同樣指出，在新政府統治下，臺灣人普遍抱怨治安嚴重惡化，而且不滿和憤怒與日俱增，臺灣人與腐敗無能的新政府之間的關係相當緊張，衝突一觸即發，只是尚未觸及導火線而已。

　　美國檔案反映出一般臺灣人對中國新政府「態度」的轉變：戰後最初期對於能脫離戰敗國之羈絆而回到「戰勝者」祖國，臺灣人原本普遍懷抱高度的期待；但當中國直接統治臺灣，立即發生政治經濟嚴重退步，因此臺灣人很快地從期待變成憤怒不滿，進而反對。在街頭的訪談中，可看出在國民黨政府統治下臺灣人心中的無奈，進而幻想若換個政府或被美國統治將會多好。這種背離國民黨政府的態度，終於在二二八事件時爆發。

　　關於二二八事件時期，本書選譯了國際媒體的報導、澳洲方面對二二八事件的看法與美國領事館有關二二八事件的報告等。國際媒體的二二八事件報導，主要是根據中文報紙而來。這方面以國內臺北二二八紀念館收集的最多，尤其是在鎮壓後，中文媒體大都遭國民黨政府關閉，只有英文媒體能夠報導鎮壓時屠殺的狀況。而美國領事館有關二二八事件之報告，在過去學者（例如陳翠蓮教授等）的研究中常有引用，但本書有更多檔案的選譯，有些問題仍可繼續深入討論。

　　其次，在二二八事件期間，除鎮壓之外，最值得注意的是臺灣人的請願運動。二二八事件是占領狀態下臺灣人反抗不義國民黨政府的事件，因此臺灣人陷入沒有政府保護與協助之狀態，此時面對國民黨政府可能的鎮壓屠殺，美國成為

唯一可以拜託請願的政府。美國領事館檔案中，臺灣人有多次向美國請願之紀錄，現在確認留存下來的請願書有三件。

最早的一件是 3 月 3 日，該件據說有 141 人簽名，其內容重點是「目前改革臺灣政治最好的方法，是將臺灣置於聯合國管理之下，切斷臺灣與中國大陸之政治與經濟之關聯數年，直到臺灣可以『獨立』。」在本書選議的第 42 號報告中有提到，相關文字收錄於已出版的美國外交關係文書，但本書並未選譯。第二件為 3 月 5 日蔣渭川之臺灣省政治建設協會，請託美國大使轉電文給蔣介石，希望「勿派兵來臺」（見圖）。這件的中文複製本可在二二八紀念館中看到。第三件所署日期也是 3 月 5 日，由譯為「臺灣革命同盟」（Taiwan Revolutional League）向馬歇爾將軍提出，主要內容也是「建議聯合國委任統治臺灣，直到中國有能力統治為止」。

第一件和第三件都與託管請願有關，但第一件出現於大使館轉呈領事館的報告中，所以內容已經打過字，並非原件，而且也省略了 141 人的簽名。目前該件之原件並未發現，只是從美國駐南京大使館的檔案中得知。但第三件卻是原件，但它不見於大使館的紀錄，只存於領事館檔案中，最特別的是其附有簽名，這是目前可見唯一的原件。「臺灣革命同盟」（Taiwan Revolutional League）是什麼樣的團體，附件簽名者又是哪些人，背景如何？目前為止尚未找到可進一步說明的其他事證，這是未來應該進一步深入之處。如果這個謎可以解開，將可更清楚臺灣人託管請願運動史的脈絡。

其次，關於魏德邁的訪臺。1947 年馬歇爾將軍調停國共失敗後，建議如果美國要避免繼續在中國內戰中損失，必須減少對國民黨政府的援助。在做出最後決定之前，杜魯門總統再次派魏德邁將軍到中國評估情勢。魏德邁將軍在該年 7 月完成中國調查後，因發生二二八的鎮壓，因此在回美國前又順道轉到臺灣調查。這時陳儀已去職，新任省主席為魏道明。回美國後魏德邁提出兩份報告，第一份為 1947 年 8 月 9 日的「臺灣情勢」（The Situation in Taiwan）。第二份為 9 月 19 日的「魏德邁報告」（Report to President Truman by lieutenant General Albert C. Wedemeyer, U. S. Army）。8 月 9 日的報告中指出，因國民黨腐敗與殘暴的統治，臺灣人渴望國際或美國介入，希望託管。9 月 19 日的報告中指出，

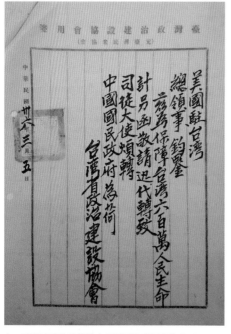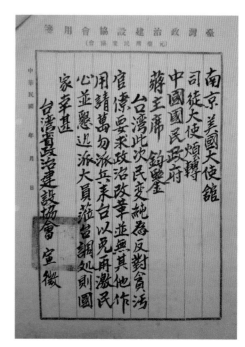

左：臺灣省政治建設協會呈美國駐臺領事館公函
右：臺灣省政治建設協會呈蔣介石請願信
圖片來源：美國國家檔案館

國民黨並沒有好好利用美國的援助，並只是盡量想要求美國巨額的援助，而不願好好開發自己的資源，詳細敘述蔣介石是個無能的軍事領袖，軍官不能勝任其職，國民黨與國民政府內部腐敗，建議美國完全撤離中國。本書選譯之報告，即是臺北領事館為了應魏德邁訪臺而提出的參考資料。

最後，二二八事件最大的影響是臺灣人的獨立運動，本書選譯了其代表性人物廖文毅之相關資料，於此再簡單地敘述相關歷史背景。

如前述，國民黨政府占領接收後，嚴重貪汙腐敗的統治下，臺灣人迅速累積不滿，也愈來愈多人懷疑「回歸中國」到底是不是正確的選項。臺灣社會出現「狗去豬來」的說法，來形容日本的離去與中國的統治。當時在臺灣的觀察家指出：「如果現在讓臺灣人投票決定其統治國的話，他們首先一定選美國，其次選日本。」這種趨勢逐漸反映在政治上，形成了「自治」與「託管」兩種政治主張。

二二八事件爆發前，「自治」應該是主流的主張。當時臺灣人普遍認為「臺灣缺少強有力、孚眾望能獲得大眾支持的領導者，以及成熟的政治」，是以雖對陳儀政府失望，但仍對南京政府抱有期待。事件爆發後，臺灣各地紛紛成立以「自治」為名的政治組織。這些「自治」為名的組織，政治主張相當分歧，有些是純粹為地方治安，或希望剷除貪官汙吏改良政治，或主張「建設高度自治，完成新中國的模範省」。這些「自治」，從普通意義的「一般自治」到激烈排除外省人之「高度自治」都有，因組織不同而異。但這些「自治」想法的共同點，即認為自治下的臺灣仍屬於「中華民國」之一部。前述臺灣省政治建設協會轉給蔣介石的電文，提到「臺灣此次民變，純為反對貪汙官僚，要求政治改革，並無其他作用。請萬勿派兵來臺，以免再激民心，並懇迅派大員蒞臺調處，則國家甚幸。」即是最代表自治派的想法。

另一類主張是「託管」。除了前述美國檔案中所記錄的兩件外，3月13日《東南日報》也引述「合眾社十一日香港電」報導：「臺灣民主同盟」頃致函聯合國，要求將臺灣作為聯合國之託管地」。臺灣人託管請願其實有很多次。殘酷鎮壓之後，「託管」轉而成為流亡臺灣人的主要心願。在本書選譯的領事館報告中，

便一再提到「臺灣人希望託管」一事。

　　但「託管」並不等同「獨立」。前述美國檔案中的託管請願，都保留將來回歸中國的可能。領事館報告中提到「臺灣人仍強烈希望為中國的一部分」，「就如『自治』，或『獨立』或『干涉』，臺灣人並不希望反對開羅的決定與波茨坦之宣言」。領事館認為「託管」與「高度自治」非常類似，都不排除臺灣將來仍然是「中華民國」的一份子。

　　託管派最初的主張是透過「託管」達到「高度自治」。「託管派」與「自治派」兩者間最大的不同在於方法，自治派要依國民黨政府「自力」的政治改革來實現「高度自治」；託管派要依聯合國或美國「他力」的託管以達到「高度自治」。兩者的差異若以現在政治話語來比擬，自治派類似「一國兩制」，託管派則類似「一個中國，兩個政府」。然而對國民黨政府而言，無論何種程度的「自治」或「託管」主張，都無異於「叛亂」，都在否定國民黨的統治，都必須鎮壓。

　　到了 1948 年，國共內戰中國民黨注定潰敗的情勢已經相當明顯，為了不使臺灣落入共產黨的統治，託管論之論述於是產生改變。因為蔣介石政府殘害屠殺臺灣人之故，這時託管論述改主張開羅宣言應該無效，應該依聯合國憲章精神，在「託管」下透過「公投」方法，臺灣人有建立自己主權國家的權利，其中最具代表性人物為廖文毅。其目標很明確是脫離中國而獨立建國，用現在政治話語比擬，即是「臺灣中國，一邊一國」。此為「臺灣獨立運動」之起源。本書選譯之有關廖文毅資料，即是反映這段歷史。

　　1949 年以後，國民黨政府敗退到臺灣，臺灣成為遷占者國家（settler state）。國民黨對內施行嚴厲的軍事戒嚴統治，極大化壓制臺灣人民的自由與人權。在此情況下，於是島內有一波又一波爭自由、民主與人權之政治發展，終至於 1990 年代臺灣民主化運動。美國對這些運動發展也相當關注，並有實際的人權救援行動，這些也構成相當數量的美國檔案，應該也是未來研究之對象。

五、結語

　　無可諱言，任何檔案紀錄都有其「觀點」或條件限制等問題，因此其紀錄有不一定符合事實之處，中文檔案是如此，美國的檔案當然也如此。「盡信書、不如無書」，任何檔案與紀錄都必須再加上考證的功夫，才能使檔案研究最接近歷史事實，這是利用美國檔案在內的任何檔案，必須隨時注意之處。

　　美國檔案非常龐大，保存了諸多中文檔案所掩飾、不足的歷史，非常值得深入發掘。然而臺灣現在所掌握的美國檔案，只是整體之九牛一毛而已，一切可說仍在起步階段。希望本書之選譯，能夠提供國人關於二二八事件更多元豐富的史料基礎和理解觀點，同時也喚起國民對美國檔案之重視。

選譯檔案說明

杜正宇（中央研究院臺灣史研究所博士後研究人員）

一、前言

　　二十世紀以降的臺灣，出現了許多重大史事與轉折，而這些重大事件又與國際情勢緊密關聯。透過多元的觀察與記錄，不但可以補充既有觀點，也能讓我們掌握世界各國看待臺灣的角度。有鑑於此，高雄市立歷史博物館特地選在二二八事件 70 週年，舉辦「解密‧國際檔案的二二八事件」展覽，展出來自美國、澳洲、聯合國以及國際特赦組織的珍貴檔案，並由此進行史料選譯和出版的工作。

　　美國外交文件（Foreign Relations of the United States, FRUS）是過往研究、翻譯二二八事件較為重要的美國資料，而美國駐臺領事館檔案〔American Consuiate, Taipei（Taihoku）〕則有部份文件為 FRUS 的底稿。[1] 為了呈現駐臺領事館人員見證之全貌，美國國家檔案館（National Archives and Records Administration, NARA）典藏之美國駐臺領事館檔案，就成為高雄市立歷史博物館徵集二二八海外檔案的主要對象之一。

　　終戰之初，1945 年 9 月 8 日美國戰略情報局〔Office of Strategic Services, OSS，中情局（CIA）前身〕派遣金絲雀（Canary）小組由淡水上岸，取得日本官方移交之文件、指揮日軍空照臺灣、調查盟軍戰俘營、逮捕日軍戰犯、聯絡規劃日軍遣返事宜等任務。這期間亦不斷拍發電報，向美國報告臺灣戰後初期的政治、軍事、社會、產業、人物等情報。這些記載正是戰後初期外國人對臺灣的重要調查。[2]

---

1. 如王景弘先生曾以 FRUS 之 1947 年第七冊相關文件，選譯 36 種二二八相關檔案，來源大都為美國之駐華使館，亦有七份來自臺北領事館。參見王景弘編譯，《第三隻眼睛看二二八：美國外交檔案揭密》（臺北：玉山社，2002）。該書文件應來自 FRUS 之 1947/v.7, "The Far East: China," SSn: 11248-7, SuDoc number: S 1.1:1947/v.7, CIS Serial Set fiche 11248-7。
2. 杜正宇，〈海外典藏之臺灣相關檔案略論：以美國、澳洲、聯合國為例〉，《臺灣史研究》，第 24 卷第 2 期（2017 年 6 月），頁 235-264。

二二八前後，聯合國善後救濟總署（United Nations Relief and Rehabilitation Administration, UNRRA）與澳洲駐華使館，亦有相關檔案留存，[3]也可以為二二八事件提供更多的觀點。於是筆者與師友們在高雄市立歷史博物館的史料徵集計畫下，赴美國國家檔案館、聯合國檔案館（United Nations Archives and Records Management, the United Nations, UNARM）及澳洲國家檔案館（National Archives of Australia, NAA）等地蒐集檔案，另委請美籍友人 Christina 協助於美國紐約之哥倫比亞大學（Columbia University），複製國際特赦組織美國分會的解密文件（Amnesty International USA Archives）。

二、海外檔案來源

（一）美國駐臺領事館檔案

1945 年底，在葛超智（George H. Kerr）強烈要求下，美國政府派遣外交人員強納森（Beppo R Johansen）到臺灣視察是否有設置駐臺領事館之必要。[4]11 月 7-9 日間，強納森於臺考察。當時，無論中、美在臺人員都希望美國能設置駐臺領事館。強納森將此信息傳達予美國駐上海總領事館，總領事館則於 11 月 13 日轉而向國務卿提出建議。[5]1946 年 4 月 11 日，駐臺領事館正式設立。黃剛認為領事館座落於今中山區中山段四小段 0660-0000 地號。[6]首任副領事葛超智則指出，領事館於 7 月搬遷，新址位於臺北福星街 5 丁目 7 號（No.7 Fu Hsing Street, Fifth Section），行政區原屬末廣町（formerly Suehiro-cho）。7 月 15 日，領事館正式進駐此處辦公。[7]至 8 月，領事館共有人員 28 名。除領事步雷克（Ralph J. Blake）、副領事葛超智、負責公共事務的卡托（Robert J. Catto）為美國人外，

3. 包括聯合國善後救濟總署檔案二二八事件檔案（China Program - Formosan Riots）、澳洲之二二八事件檔案（Formosa: Chinese Occupation & February Riots）等。
4. 蘇瑤崇，〈葛超智（George H. Kerr）、託管論與二二八事件之關係〉，《國史館學術集刊》，第 4 期（2004 年 9 月），頁 146。
5. 包括行政長官陳儀和臺灣聯絡組顧德理（Colonel Gridley）上校都表達此意向。參見 American Consulate General, Shanghai, "American Consular Representation in Taihoku," November 13, 1945, RG84, UD3258, Box.2（NARA）.
6. 包括中正西路 116-118 號／中正路 1482 號／忠孝西路 2 段 2 號。成立日期及位置參見黃剛，〈美國駐在北臺灣各使領館處建制之初探〉：http://www.rcils.nccu.edu.tw/wp-content/uploads/2016/10/ 美國駐在北臺灣各使領館處建制之初探 20160930.pdf。（2017/10/1 點閱）。該文為增修版本，原文曾發表於《臺北文獻》（直字），第 186 期（2013 年 12 月），頁 103-137。
7. George H. Kerr, Memorandum: New Consular Quarters at Taipei, in American Consulate, Taipei, "Occupancy of Permanent Consular Office and Residence Quarters at Taipei and Recommended Acquisition of Property by Exchange for Surplus Materials," August 9, 1946, RG84, UD3257, Box.2（NARA）.

美國駐臺北領事館辦公情形，1946 年 8 月（圖片來源：American Consulate, Taipei, "Occupancy of Permanent Consular Office and Residence Quarters at Taipei and Recommended Acquisition of Property by Exchange for Surplus Materials," August 9, 1946, RG84, UD3257, Box.2, NARA）

表 1　美國駐臺領事館檔案概要

年代	主題	文件內容
1945	政治	強納森（Beppo R Johansen）抵臺訪問與建議設立駐臺領事館、最近的臺灣民意（1945）
1946	政治	美國人觀察與紀錄之二二八事件的背景，文件如建設新臺灣、臺灣的政治與社會情況、臺灣的現況、臺灣的政治、金融、財政發展、美國官方與民眾對臺灣的看法、政治發展月報告、臺灣民眾要求解散行政長官公署、民眾對政府的要求、對陳儀的敵意等。
1946	UNRRA	美國領事館對聯合國善後救濟總署（UNRRA）在臺活動之調查與紀錄

出處：U.S. Embassy and Consulate, Taipei, Classified General Records, 1945-1946, RG84, UD3258, Box.2

年代	類別	文件內容
1947	政治事務	行政長官公署施政報告、臺灣經濟情況、臺灣政府腐敗、二二八的組織背景與領導者、陳炘個人資料、處委會之 32 條、給魏德邁（Albert C. Wedemeyer）的信件、美國領事館為魏德邁準備之報告、臺灣在轉換期所面對的難題、對新政府人士之評論等。
1947	政經月報告	檢視臺灣危機、政經月報告等。
1947	UNRRA	美國領事館留存聯合國善後救濟總署在臺活動之紀錄

出處：U.S. Embassy and Consulate, Taipei, Classified General Records, 1947-1947, RG84, UD3258, Box.3

年代	類別	文件內容
1947	政治	二二八事件相關文件、基隆陳雪事件聘用之律師、槍枝申報、肥料貪汙（1947 年 9 月）等。

出處：Taipei (Taihoku) Consulate, General Records, 1947, RG84, UD3257, Box.4

年代	類別	文件內容
1947	媒體報導 / 電報	二二八事件前後臺北領事館與南京使館的電報、媒體報導之摘要與分析。內容包括二二八事件、白崇禧來臺等。

出處：Taipei (Taihoku) Consulate, General Records, 1947, RG84, UD3257, Box.5

其餘僱員為臺灣人（14位）、外省人（9位）及琉球人（2位）。[8]這些工作人員留存的文件，目前典藏於美國國家檔案館。

　　駐臺領事館檔案依年度裝於檔案箱中，各式文件依主題以封面板或資料夾（folder）區隔。卷宗主題包括：安檢報告、機密報告、出版品、訪問、美國新聞處（United States Information Service, USIS）、外事處規定、撥款、外交信使、僱員、領事館、紀錄與通訊、護照、人員、人員權益、財產權、聯合國善後救濟總署（UNRRA）、美國出口貿易、走私、政治關係、民事犯罪、商業規定、毒品、政治、政治事務、政經月報告、公民歸化、地圖、犯罪、旅遊規則、簽證、港口與碼頭、軍事事務、軍事行動、海軍人員、海軍船艦訪問、教育、經濟統計、水果、穀物、鋁、鐵路、報章雜誌、地理等。但每年度或每箱內的主題略有差異。高雄歷史博物館採集之二二八海外檔案主要來自政治類檔案。

（二）美國戰略情報局（OSS）檔案

　　1945年8月15日至10月25日間，數個不同的美國單位陸續派人抵臺，進行不同之任務。其中以美國戰略情報局（OSS）較為重要。因應太平洋戰爭的局勢，美國戰略情報局成立於1942年6月13日。任務為遵照參謀首長聯席會（The Joint Chiefs of Staff）之要求，蒐集與分析戰略情報，並執行祕密情報任務。駐華期間曾蒐集許多二戰期間臺灣的政治、經濟、人物等的情報。戰後未久，OSS改組為戰略情報組（the Strategic Services Unit, SSU）。美國許多關於臺灣戰後初期的檔案，就是由SSU編寫的。1946年1月，美國成立中央情報組（Central Intelligence Group, CIG），SSU被併入。1947年CIG再改組為美國中央情報局（Central Intelligence Agency, CIA）。[9]

　　OSS檔案集中於NARA之第226檔案群（RG 226）。美國中情局曾於1975至1996年間取回部分之OSS與SSU檔案，1997年時再歸還NARA。這批檔案

8. American Consulate, Taipei, "List of Personnel," August 2, 1946, RG84, UD3257, Box.2（NARA）.
9. Headquarters, Office of Strategic Services, China Theatre, SI Branch, "Oyster," 20 February 1945, RG226, A1 154, Box.201（NARA）; William M. Leary (editor), *The Central Intelligence Agency: History and Documents*（Tuscaloosa: University of Alabama Press, 1984），pp.16-27；「Office of Strategic Services」：https://en.wikipedia.org/wiki/Office_of_Strategic_Services.（2016/2/1 點閱）。

另以 Entry 210 至 Entry 220 等檔案分群歸檔。[10]RG 226 之臺灣相關檔案之年代主要在 1944 至 1946 年間。目前已知，臺灣相關檔案分藏於 60 餘個檔案箱及微縮資料，文件總數達萬餘張。

（三）澳洲國家檔案館

澳洲國家檔案館成立於 1961 年，由澳洲國立圖書館（National Library of Australia）的檔案部門，整併澳洲戰爭紀念館（Australian War Memorial）的檔案室而來。該館蒐藏之臺灣相關檔案可大致歸為五類：（1）日治臺灣檔案、（2）二戰軍事檔案、（3）戰後初期檔案、（4）戰後臺灣政局、（5）冷戰時期臺灣的外交檔案等。二戰結束後至韓戰爆發期間，澳洲檔案的主題大致為：佔領臺灣時期之觀察、二二八事件、臺灣的政治情勢與經濟、臺灣地位的國際承認問題、臺灣主權與臺灣人的國籍問題、向聯合國提出蘇聯侵略案等。[11]二二八事件的檔案則包括事件過程、事件的原因，以及外國媒體的報導。[12]

（四）聯合國檔案館檔案

聯合國檔案館位於紐約。該館蒐藏、提供有關聯合國歷史的檔案資料。目前所知，該館典藏之臺灣相關檔案，以聯合國善後救濟總署（United Nations Relief and Rehabilitation Administration, UNRRA）的資料為主。UNRRA 與臺灣相關之檔案，包括行政類如月報告、周報告等；產業類如工業、農業、漁業的報告或紀錄等。醫療類，如臺灣的醫療、藥品等；[13]政治類如對陳儀政府之觀察、二二八事件等。[14]

（五）國際特赦組織美國分會檔案

國際特赦組織（Amnesty International, AI）是全球最大，也是歷史最久的人權組織，1961 年由英國律師本南森（Peter Benenson）創立。成立之初，以救援各

10. 「Records of the Office of Strategic Services (RG 226): Sources and Methods Files」：https://www.archives.gov/iwg/declassified-records/rg-226-oss/sources-and-methods-files.html.（2015/2/1 點閱）。
11. 杜正宇，〈海外典藏之臺灣相關檔案略論：以美國、澳洲、聯合國為例〉，《臺灣史研究》，第 24 卷第 2 期（2017 年 6 月），頁 241-247。
12. Formosa , Chinese Occupation and February Riots, 1946 – 1949, A1838, 519/1/2（NAA）.
13. 杜正宇，〈海外典藏之臺灣相關檔案略論：以美國、澳洲、聯合國為例〉，《臺灣史研究》，第 24 卷第 2 期（2017 年 6 月），頁 258-259。
14. "China Program - Formosan Riots 1944-1949," Folder S-0528-0004-0002, Box.S-0528-0004（UNARM）.

表 2　國際特赦組織美國分會之臺灣相關檔案

箱號	內容
Box. 8	F. 9 ASA 38 Asia--Taiwan
	F. 10 1967-1971
	F. 11 1967-1971 [RESTRICTED UNTIL 2047]
	F. 12-14 1972-1980
Box. 17	F. 19 Taiwan Co-Group, 1978
Box. 261	F. 5 Taiwan, 1984-1987
Box. 264	F. 14 Taiwan Co-Group [RESTRICTED UNTIL 2055]
Box. 270	F. 5 Taiwan
Box. 348	F. 20 Taiwan
Box. 294	F. 14 Chang-Chen [RESTRICTED UNTIL 2061]
	F. 15 Chen [RESTRICTED UNTIL 2061]
	F. 16 Hsu-Hung [RESTRICTED UNTIL 2061]
	F. 17 Hung-Li [RESTRICTED UNTIL 2061]
	F. 18 Li, Ching-sun--USA# 1[RESTRICTED UNTIL 2061]
	F. 19 Li-Lin [RESTRICTED UNTIL 2061]
	F. 20 Lin-Liu [RESTRICTED UNTIL 2061]
	F. 21 Liu-Tai [RESTRICTED UNTIL 2061]
	F. 22 Tsai, Yu-Jung--USA# 169 [RESTRICTED UNTIL 2061]
	F. 23 Tseng, Cheng-chin--USA# 67 [RESTRICTED UNTIL 2061]
	F. 24 Wang-Yen and Unfiled Case Closure Notices [RESTRICTED UNTIL 2061]
Box. 348	F. 20 Taiwan
Box. 363	F. 27 1979-1982, 1986 [RESTRICTED UNTIL 2062]
	F. 28 1985-1987
	F. 29 Urgent action appeals, 1985-1987

資料來源：筆者調查研究

國良心犯（prisoner of conscience）為主要目標。包括讓所有政治犯獲得公平的審判、反對未經法律程序的刑罰與處決、維護囚犯權利等。[15]

　　國際特赦組織美國分會的檔案，目前存放於哥倫比亞大學古籍善本圖書館（Rare Book & Manuscript Library）。該會典藏之臺灣相關檔案，目前已知分散於 8 箱，計 20 餘卷。檔案年代約為 1967-1987 年。其中 10 卷已解密可提供複製，其餘或牽涉個人資訊，解密時間訂為 2047 至 2062 年。[16]

三、海外檔案所勾勒之戰後情勢與二二八事件

（一）美國檔案中的二戰臺灣史

1-1 登陸臺灣計畫：鋪道任務（Operation Causeway）

　　太平洋戰爭期間，為執行登陸臺灣的作戰，美軍於 1944 年 6 月成立了第十軍團（10th Army），作戰目標為佔領南臺灣與廈門，建立對日作戰的基地。預計動用之兵力達 56 萬人以上，準備在 1945 年 2 月至 3 月間，搶灘南臺灣，佔領高雄港，並在臺灣建立軍事政府。[17] 本書選譯之文件，包括鋪道作戰目標（1944 年 9 月 16 日），[18] 以及臺灣區域內戰術動態研究（1944 年 9 月 20 日）等。[19]

1-2 美國對臺之軍政府計畫

　　鋪道計畫在 1944 年 9 月 29 日至 10 月 1 日美國海軍舉行的舊金山會議裡，改為麥克阿瑟登陸呂宋後，由海軍上將尼米茲（C. W. Nimitz）進攻包括硫磺島在內的小笠原群島，但鋪道計畫並未完全放棄。[20] 臺灣軍政府計畫，則轉移

---

15. 「Amnesty International 1961-1976: a chronology」：https://www.amnesty.org/download/Documents/.../act800011976en.pdf.（2016/12/6 點閱）。

16. 「Amnesty International USA Archives」：http://library.columbia.edu/locations/chrdr/archive_collections/aiusa.html.（2016/10/6 點閱）。

17. 杜正宇，〈太平洋戰爭下美軍攻臺之計畫與轉折〉，嘉義大學應用歷史學系主辦，《第七屆區域史地暨應用史學學術研討會會議資料》（嘉義：嘉義大學應用歷史學系，2016 年），頁 367-396。

18. Headquarters of the Commander in Chief, United States Pacific Fleet and Pacific Ocean Areas, "Causeway Objectives," 16 Sept., 1944, RG338, 50418, Box.71（NARA）。

19. Headquarters Tenth Army, Office of the A.C. of S., G-2, APO 357: "G-2 Estimate of the Enemy Situation: Formosa," 20 Sept., 1944, pp.1-3, RG338, P50419, Box.75（NARA）.

20. Benis M. Frank, Henry I. Shaw Jr, *Victory and Occupation*, in History of US Marine Corps Operations in World War II, Vol.5（Washington DC: Historical Branch, G-3, Headquarters, Marine Corps, 1968），p.13.

至 1944 年 12 月成立之「國務院 - 戰爭部 - 海軍部協調委員會」（State-War-Navy Coordinating Committee, SWNCC）。[21]

　　本書選譯之文件，包括：SWNCC 所屬之遠東小組協調委員會（SFE）1945 年 7 月 30 日之〈臺灣軍政府與中國及中國人民之關係〉（編號：SFE 104），[22] 認為日軍投降後，美軍應佔領臺灣並成立軍政府，並討論美國之軍政府與中國及中國人民之關係。[23] 日本投降後，SFE 於 8 月 23 日提出修正討論（編號：SFE 104/3），由於第一號命令（General Order No.1），在臺日軍應向蔣介石元帥（Generalissimo Chiang Kai-shek）投降。因此，中華民國應佔領臺灣，並成立軍政府。若中方沒有能力控制臺灣，美軍才有理由涉入，但佔領和期限等政策有待情勢之發展。[24]9 月 19 日，SFE 發出一份備忘錄（SFE 104/4），說明過往的相關文件，是在當時尚未確定美國是否必須承擔在臺建立軍政府的責任，而如今中華民國軍隊已準備開赴臺灣，參謀首長聯席會（Joint Chiefs of Staff, JCS）也正安排所需之運輸，因此先前與此相關的文件建議刪除。[25]

（二）戰後的臺灣
2-1 陳儀與行政長官公署
　　二戰結束後，蔣介石委派陳儀為臺灣省行政長官，於 10 月 24 日在中國戰區臺灣美軍聯絡組之顧德里陸軍上校（Cecil J. Gridley）與海軍代表葛超智（George H. Kerr）陪同下前來臺灣，[26] 隔日即於臺北公會堂舉行受降儀式。[27] 本書選譯

---

21. 有關 SWNCC，參見："Establishment of the State-War-Navy Coordinating Committee," in United States Department of State / Foreign relations of the United States diplomatic papers, 1944. General（1944），pp.1466-1470；「Records of the State-War-Navy Coordinating Committee」:http://www.archives.gov/research/holocaust/finding-aid/civilian/rg-353.html.（2016/6/20 點閱）。

22. SFE 為 SWNCC 下的遠東小組協調委員會：State-War-Navy Coordinating Subcommittee for the Far East，104 為 104 號報告。

23. State-War-Navy Coordinating Subcommittee for the Far East, "Politico-Military Problems in the Far East: National Composition of Forces to Occupy Formosa（Including the Pescadores）in the Post-Defeat Period: Relations of the Military Government of Formosa with China and the Chinese," SFE 104, July 30, 1945, RG165, NM84, Box.598（NARA）。

24. State-War-Navy Coordinating Subcommittee for the Far East, "Politico-Military Problems in the Far East: National Composition of Forces to Occupy Formosa," SFE 104/3, August 23, 1945, RG165, NM84, Box.598（NARA）。

25. Memorandum by the State-War-Navy Coordinating Subcommittee for the Far East, in "Politico-Military Problems in the Far East: National Composition of Forces to Occupy Formosa Including the Pescadores in the Post-Defeat Period: Relations of the Military Government of Formosa with China and the Chinese", SFE 104/4, 19 September, 1945, RG165, NM84, Box.598（NARA）。

26. George Kerr, III The Surrender on Formosa, 1945, no page, in Formosa Betrayed：www.romanization.com/books/formosabetrayed/.（2017/1/31 點閱）。

27. 美方使用 surrender 之詞。如 American Consulate, Taipei, "Political and Social Conditions in Taiwan," August 12, 1946, p.1, RG84, UD3258, Box.2（NARA）。

之文件為美國透過陳儀的姻親、駐中國武官等人所進行之調查，包括臺灣的新統治者（陳儀）（1945 年 9 月 22 日），以及行政長官公署主要官員（1946 年 3 月）。[28]

2-2 美國人眼中的臺灣亂象

美國戰略情報組（Strategic Services Unit, SSU）曾於 1946 年初訪問臺灣人民協會的楊克煌。根據楊的觀察，當時政府官員與軍隊貪污，治安方面則搶劫和敲詐、勒索事件頻傳。楊克煌認為政府沒有考慮到臺灣的重建或是失業問題。在穩定人民生活以及維持公共和平與秩序等方面，警察是重要的。但警察卻以流氓或結夥盜匪為名，鎮壓正派的公民。[29]

有關戰後初期的亂象，本書選譯之文件包括：1945 年 10 月 25 日，美軍在臺之單位曾調查整理 70 軍（10 月 17 日抵臺）軍紀不良的事例。[30]1946 年臺灣線民向美方匯報 20 條於是年 3-4 月間採集的街頭巷議，對統治當局的不滿言論。[31]美國駐臺領事館於 1946 年 10 月提出之報告，也提到臺灣治安變差，搶案數量在 10 月間有顯著的增加。本地報紙將這些搶案與暴力事件激增的原因，歸咎於警方無能與官員貪腐、臺灣人面臨的嚴重失業問題，以及外省人自大陸湧入臺灣所導致的因素等。[32]

2-3 臺灣人的期望、失望與絕望

美國駐臺領事館於 1946 年 11 月 23 日提出之報告。內容述及從 1945 年 8 月 16 日至 10 月 24 日的日本正式投降期間，臺灣人熱切期待重獲自由與重返中國。但隨後卻出現了心理上的普遍轉折。[33]當時的氛圍充斥著觀察與等待，但怨恨與對抗卻都在醞釀當中。最常聽到的抱怨包括：批評政府未在重要機關中晉用

28. Office of Strategic Services, "Notes on the New Governor of Formosa," Rt. YV-24, Sept. 22, 1945, RG226, N54 55, Box.4（NARA）; Asst Military Attache, "Who's Who Information on Responsible Officals of the Office of Govern-Gereral , Taiwan Province," March 11, 1946, RG226, N54 55, Box.4（NARA）.
29. Strategic Services Unit, "Political and Social Movements in Taiwan（Formosa）since 1895: Present Conditions in Taiwan under Chinese Administration," 10 April, 1946, RG319, NM82, Box.3313（NARA）.
30. United State Army on Formosa, Strategy Service Unit, "Intelligence Report: this Report Deals with Looting and Pilfering on Formosa by Chinese and American Troops," Oct. 25, 1945, RG226, 140, Box.59（NARA）.
31. Tan, Ka Seng, "Opinions of the Man in the Street," April 4, 1946, RG226, 173, Box.11（NARA）.
32. American Consulate, Taipei, "Political Developments During October, 1946," October 31, 1946, RG84, UD3258, Box.2（NARA）.
33. Unknown, "Current Public Opinion in Formosa," November 23, 1945, RG84, UD3258, Box.2（NARA）.

臺灣人、未廢除「戰爭特別稅」、在接收日本人工業資產的團隊中排除臺灣人等。後續的發展愈見明朗後，美國駐臺領事館於 1946 年 8 月 12 日編寫之報告指出：臺灣人對陳儀已從不滿轉為憎恨。[34]1946 年 10 月 2 日編寫之報告則指出，臺灣已出現要求開除陳儀與行政長官公署重要成員的言論。[35]

2-4 二二八前的反美活動

二二八事件前後，出現了許多反美活動。臺灣團體曾於 1946 年 12 月 20 日，針對東京澀谷（Shibuya）事件，舉行抗議美方判決不公的集會遊行。[36]美國駐臺領事館認為，近來對澀谷事件的抗議，是第一個意圖組織化、指揮臺灣民意的事件。[37]

此外，臺灣民間於 1947 年初，流傳著種種不利於美國的傳言。美國駐臺領事館獲悉臺灣謠言四起，於 1947 年 1 月 10 日向美國駐南京使館、國務院匯報如下的消息：臺灣民間傳言美俄即將開戰，美國會在臺灣展開大規模軍事活動。例如，近幾個月來持續反美的《人民導報》就造謠：根據美國領事館發布的消息，美國航空隊將派駐臺灣，臺中附近的機場已被選為基地。美國陸軍航空隊（USAAF）也正積極準備在臺中建立 B-29 轟炸機工廠。還有一些謠言聲稱 30 萬名美軍即將進駐，已有 1,600 人在淡水登陸。很多臺北人相信，基隆居民已被下令疏散到山上，有些人甚至相信基隆已經被轟炸。最極端的說法是：蔣介石 1946 年 10 月到臺灣時，曾和麥克阿瑟（Douglas MacArthur）進行祕密會談，安排將臺灣賣給美國，以換取國共內戰所需的大量金錢。這個傳言持續了 2 個月，而現在被連結到共產黨對國民黨的指控，認為國民黨在美國有大筆資金可供其使用。[38]再加上 1 月份，臺北聲援沈崇案的反美抗議活動。[39]兩次的反美活動，加上種種謠言，形成了二二八事件前的反美聲浪。

---

34. American Consulate, Taipei, "Political and Social Conditions in Taiwan," August 12, 1946, RG84, UD3258, Box.2（NARA）.
35. American Consulate, Taipei, "Political, Financial and Economic Development During September," October 2, 1946, RG84, UD3258, Box.2（NARA）.
36. American Consulate, Taipei, "Mass meeting in protest of America's Japan policy, and China's weakness, and subsequent failure of projected demonstration before the American Consulate," December 31, 1946, RG84 UD3258, Box.2（NARA）.
37. American Consulate, Taipei, "Public Uneasiness Rumors and Comment Concerning the United States," January 10, 1947, RG84, UD3258, Box.3（NARA）.
38. American Consulate, Taipei, "Public Uneasiness Rumors and Comment Concerning the United States," January 10, 1947, RG84, UD3258, Box.3（NARA）.
39. 歐素瑛，〈四六事件對臺灣大學之衝擊〉，《臺灣學研究》，第 12 期（2011 年 12 月），頁 21。

（三）二二八事件的國際觀點

3-1 國際媒體報導

二二八之後，國民黨政府原欲封鎖鎮壓新聞。如 3 月 12 日中宣部長彭學沛就在記者會中以臺灣未靖為由，婉拒外國記者至臺灣採訪，但最後仍無法拒絕外國媒體的採訪。3 月 19 日，時代幸福雜誌社駐華辦事處主任葛維廉、《紐約前鋒論壇報》（New York Herald Tribune）記者藍德（Christopher Rand），及《密勒氏評論報》（The China Weekly Review）的小鮑威爾（John William Powell）等人抵臺採訪事件真相，於 27 日離臺。[40]

小鮑威爾的父親鮑威爾（John Bill Powell）是上海《密勒氏評論報》的主編。二戰期間，小鮑威爾任職美國戰時情報局（Office of War Information, OWI）。戰後《密勒氏評論報》在上海復刊，由小鮑威爾任主編。他的報導也為澳聯社（Australian Associated Press, AAP）等國際通訊社所採用，成為西方媒體了解二二八的媒介之一。

本書選譯之外媒報導，如蘇聯塔斯社（Tass News）1947 年 3 月 5 日於莫斯科（Moscow）的報導指出，2 月 28 日爆發的事件，已造成軍警在內約 4 千人傷亡。《百眼巨人報》（The Argus）1947 年 3 月 12 日的報導指出，現在與中國軍隊一塊的中央社，在戒嚴之下控制了通訊，成為臺灣這座孤島唯一的新聞來源。由於二二八處委會似乎想擔當自治政府的角色，陳儀已下令解散處委會。澳聯社則引用小鮑威爾於上海的報導（1947 年 3 月 31 日），認為陳儀在二二八時血洗臺灣，造成 5,000 名臺灣人死亡。西方目擊者曾看到 20 位鄉下的青年被折磨打傷，然後以刺刀處刑後投入溪中。另一位西方人目擊軍隊搜索民宅，大肆掃射任何來應門的民眾。[41]

國內典藏的二二八相關英文剪報，主要藏於台北二二八紀念館之葛超智檔案。包括 The China Press、New York Time、China Daily Tribune 等。另有中研院近史所藏 China Weekly Review 微縮卷。[42] 澳洲國家檔案館之收藏則有塔斯社、

---

40. 蘇瑤崇，〈二二八事件中的媒體宣傳戰〉，《臺灣文獻》，第 59 卷第 4 期（2008 年 12 月），頁 389-390。
41. 以上外媒報導引自：Formosa , Chinese Occupation and February Riots, 1946－1949, A1838, 519/1/2（NAA）.
42. 蘇瑤崇，〈二二八事件中的媒體宣傳戰〉，《臺灣文獻》，第 59 卷第 4 期（2008 年 12 月），頁 356。

澳聯社、《百眼巨人報》，以及來源為坎培拉（Canberra）、新德里（New Delhi）、東京（Tokyo）、新加坡（Singapore）等地之剪報，相信亦可相互對照。

3-2 美國的觀察與政策傾向

美國駐臺領事館於 1947 年 3 月 3 日的文件認為二二八時的族群衝突嚴重。行政長官公署若不能滿足臺灣人的要求，人民與政府之間的衝突將會擴大。[43] 3 月 7 日的文件指出，二二八事件爆發後，臺灣存在著陳儀政府、二二八事件處理委員會和一個重要的地下組織等三股政治力量。地下組織和處委會關係密切，主張武裝反抗、國際干預及臺灣獨立。[44] 3 月 10 日的文件則提出美國對二二八後續處理的政策傾向，支持由文官替代陳儀。[45] 4 月 6 日提出之報告，內容敘述二二八事件之經過、軍隊鎮壓情況、白崇禧來臺等。大致總結 1947 年 3 月間的臺灣政治情勢。[46]

陳翠蓮教授曾以國務院機密檔案（Central Files），引述前引之 3 月 3 日、3 月 7 日與 3 月 10 日之文件，認為三文均是由葛超智撰寫。[47] 蘇瑤崇教授則以美、日資料，論述外國人見證的鎮壓、清鄉，分析長官公署的排外風潮及託管論，並附錄 Central Files 與二二八有關的文件。[48]

3-3 澳洲之解讀

澳洲駐南京公使館於 1947 年 3 月 17 日呈交予澳洲外交部長（Minister for External Affairs）的報告認為二二八事件的主因是官員貪汙，造成經濟難以復原。[49] 3 月 28 日的報告中則敘述二二八事件的爆發、鎮壓，以及白崇禧來臺之事。[50]

---

43. American Consulate, Taipei, "Review of Crisis in Taiwan," March 3, 1947, RG84, UD3258, Box.3（NARA）.
44. American Consulate, Taipei, "Organizational Background and Leadership of Uprisings on Taiwan," March 7, 1947, RG84, UD3258, Box.（NARA）.
45. American Consulate, Taipei, "Alternative Courses of Action Open to the Chinese Government on Formosa," March 10, 1947, RG84, UD3258, Box.2（NARA）.
46. American Consulate, Taipei, "Political Developments During March, 1947," April 6, 1947, RG84, UD3258, Box.3（NARA）.
47. 陳翠蓮，《重構二二八：戰後美中體制、中國統治模式與臺灣》（臺北：衛城，2017），頁 408-409。
48. 蘇瑤崇，〈二二八事件相關英日文資料之問題研究〉，收於中研院臺灣史研究所主辦，《紀念二二八事件 60 週年學術研討會論文集》（臺北：中研院臺灣史研究所，2007），頁 1-33。
49. "Taiwan", March 17, 1947, in Formosa, Chinese Occupation and February Riots, 1946 – 1949, A1838, 519/1/2（NAA）.
50. "Taiwan", March 28, 1947, in Formosa, Chinese Occupation and February Riots, 1946 – 1949, A1838, 519/1/2（NAA）.

3-4 聯合國善後救濟總署之記載

1947 年 3 月 4 日，UNRRA 駐臺人員估計二二八事件已造成兩千人死傷，建議關閉臺灣辦事處，將人員撤出。該署駐臺人員認為，臺灣人現在要求經濟和政治改革，這是政府沒有能力解決的問題。結果可能有二：一、政府派來部隊造成殺戮；二、武裝的臺灣人和政府武力形成對峙。這將發生經濟、政治崩壞，更多血腥、飢荒和病疫。臺灣人了解中國政府在與日本簽定條約前沒有合法地位，要求聯合國與美國為現今狀況負責。[51] 台北二二八紀念館亦保存不少 UNRRA 駐臺人員的見聞與書信。蘇瑤崇教授就曾運用薛禮同（A. J. Shackleton）、路易士（Louise Tomsett）與彭德華（Edward E. Paine）等人留下之紀錄與書信，還原 UNRRA 駐臺人員見證之二二八事件。[52]

（四）臺灣人對外求援

4-1 臺灣人對美國之請願

二二八爆發後，蔣介石於 3 月 5 日電訊陳儀將派兵鎮壓：「已派步兵一團並派憲兵一營，限本月七日由滬啟運」。[53] 美國檔案顯示，處委會當日即獲知此派兵消息，並將派兵之事面告美國駐臺領事館：「委員會（處委會）根據可靠的消息，已知中央政府正派兵兩師（division）來臺，會在政府考量改革訴求以前抵達。」[54] 因此，3 月 5 日當天，處委會與臺灣省政治建設協會，均向美國請求轉告蔣介石，勿派兵來臺。[55] 三位處委會的成員造訪駐臺領事館，告訴美方：如果政府派兵來臺，該會預知會有大規模的流血衝突，無望解決當下問題。處委會請求美國駐華大使將公文書轉達給蔣介石，希望能派來官員調解眼前的問題。[56]

---

51. "UNRRA Message, Taipei to Shanghai, March 4, 1947," in "China Program - Formosan Riots 1944-1949," Folder S-0528-0004-0002, Box. S-0528-0004（UNARM）.
52. 蘇瑤崇，〈脫殖民地乎：UNRRA 資料所見的臺灣戰後善後重建問題〉，收於蘇瑤崇主編，《聯合國善後救濟總署在臺活動資料集》（臺北：台北二二八紀念館，2006），頁 30-32。
53. 蘇聖雄，〈二二八的另一種視野：從蔣中正日記還原派兵赴臺的過程〉：http://gushi.tw/viewing-february-28-incident-in-the-perspective-of-chiang-kai-shek/（2017/4/11 點閱）。該文所引之手令出自：侯坤宏編輯，《二二八事件檔案彙編》，第 17 冊（大溪檔案），頁 115。
54. George H. Kerr（American Vice Consul），"Delegation of Official Committee Requesting American Ambassador's Intervention with General Chiang Kai-shek to Avert Bloodshed," March 5, 1947, RG84, UD3257, Box.4（NARA）.
55. 處委會與臺灣省政治建設協會的公文，置於 RG84, UD3257, Box.4（NARA）.
56. George H. Kerr（American Vice Consul），"Delegation of Official Committee Requesting American Ambassador's Intervention with General Chiang Kai-shek to Avert Bloodshed," March 5, 1947, RG84, UD3257, Box.4（NARA）.

　　前人學者大都集中探討一件於 3 月 5 日由 William Huang 領銜，臺灣人聯名向馬歇爾將軍提出之請願書。蘇瑤崇教授曾加以比對：收錄於《葛超智書信集》之複本，日期為 1947 年 1 月 15 日。《被出賣的臺灣》及《葛超智文集》中也有此請願書，日期為 1947 年 2 月 15 日。但根據 Central Files 的記載，則馬歇爾請願書正式提出之日期為 3 月 3 日。蘇教授認為上述這些應該都是指相同的一件事。[57] 陳翠蓮教授則指出黃紀男提出之請願書，與 1 月 15 日、2 月 15 日、3 月 3 日的請願書極有可能是同一回事。但奇怪的是戰後各種新聞媒體並未報導，也未出現在黃紀男以外的時人回憶錄中，十分啟人疑竇。[58] 筆者檢視請願書複本內容，第一頁註明此文件是 1948 年 10 月由香港提供。或可從香港總領事館留存之檔案查找。惜今年筆者與蘇瑤崇教授同赴 NARA 期間，蘇教授翻查 1947 年之香港總領事館檔案後，尚未尋獲。[59]

　　臺灣人士曾於 1947 年 3 月 5 日聯名向馬歇爾將軍（George C. Marshall）[60] 提出請願書。署名單位為臺灣革命同盟（Taiwan Revolutionary League）。[61] 領銜簽署人為 Kim Jin Wang。請願書大意為：臺灣人對政府之不當統治感到失望。所有發生在本島的慘劇，均源於政府失政（misadministration）。在法西斯體制下，人民被捕、審判，如《人民導報》（The People's News）社長王添灯、臺灣省政治建設協會的蔣渭川等。公眾的意見，不是被鎮壓就是抹殺。臺灣人未獲政治和經濟領域的平等待遇，只能被派為低階職員，歧視與日本時代一樣盛行。重要商工企業幾乎都由政府控制，也幾無自由貿易。當局也沒有忘了臺灣年輕人，要造冊送去參加內戰。臺灣人正在反抗，佔領了軍營、機場、警察局和政府。反抗仍會持續，直到獲得真正的自由、民主。行政權必須交還臺灣人，所有中國人應離開本島。臺灣會在國民政府與共黨政府之間維持中立，誠摯希望

---

57. 蘇瑤崇，〈葛超智（George H. Kerr）、託管論與二二八事件之關係〉，《國史館學術集刊》，第 4 期（2004 年 9 月），頁 157-158。

58. 陳翠蓮，《重構二二八：戰後美中體制、中國統治模式與臺灣》（臺北：衛城，2017），頁 427-428。

59. 翻查範圍為：U.S. Consulate General, Hong Kong, Classified General Records, 1943 – 1961, RG84, UD 2686, Box.3-4; U.S. Consulate General, Hong Kong, General Records, 1936 – 1963, RG84, UD 2685, Box.117-118. 香港總領事館留存之 1947 年檔案，尚有 General Records, 1936 – 1963, RG84, UD 2685, Box.119-127 之 9 箱待翻查。

60. 馬歇爾將軍，二戰時為美軍參謀長，戰後奉美國總統杜魯門（Harry S. Truman）之令調解國共衝突，但調解失敗，1947 年 1 月返美。邵玉銘，〈一九四五年至一九四九年美國、蘇聯與國、共四角關係之研究〉，《美國研究》，第 10 卷第 1/2 期（1980 年 6 月），頁 18-19。

61. Formosan Revolutionist League 為臺灣革命同盟會之譯名，有其他文件可佐證，如 Office of Strategic Services, "Formosan Revolutionist League," 5 July, 1945, RG226, NM-54 55, Box.4（NARA）. 但比對此請願書後附錄之人名，並未與臺灣革命同盟會主要人物相同。由於還需要更多文獻核對、確認，本書暫譯為臺灣革命同盟。

美國和聯合國的協助、保護，讓臺灣人免受更大屠戮。[62]

　　至於領事館之 3 月 5 日馬歇爾請願書，其主張與 Central Files 之 3 月 3 日馬歇爾請願書或可比對。臺灣革命同盟提出請願信之真偽問題，也需要透過更多的相關資料加以考證。

4-2 提供予魏德邁之參考報告

　　魏德邁（Albert C. Wedemeyer）二戰時為盟軍中國戰區參謀長及駐華美軍指揮官。1947 年，他奉杜魯門總統之命，率團調查中國的政治、軍事與經濟等情況，8 月抵達臺灣。[63] 美國駐臺領事館曾於 1947 年 8 月 17 日撰寫一份臺灣島戰後狀況，提供予魏德邁將軍參考。美國駐臺領事館認為，前高雄要塞司令彭孟緝，可能是在陳儀的指示下行動，而在高雄地區展開鎮壓。至 1947 年 3 月底前，臺灣的動亂已被增援的政府軍隊平息，但 4 月時仍持續逮捕可能在未來成為叛亂領導核心的臺灣人。魏道明和他的文官政府，幾乎無法控制軍隊。有些臺灣人希望能暫時性讓外國託管，但多數臺灣人已經領悟，美國幾乎沒有可能介入。臺灣現在的情況有利於共黨宣傳。雖然不易正確地評估行動規模，但有跡象顯示，中國共產黨的間諜正在利用這個機會。[64]

（五）餘波、反挫、重生

5-1 省政府的成立

　　美國駐臺領事館於 1947 年 5 月 30 日，曾針對臺灣省政府成立之事進行報告。臺灣省政府已於 1947 年 5 月 16 日正式成立，魏道明博士（前中國駐美大使）與副手徐道鄰博士（前中國駐羅馬代理大使），都是受西方教育的中國人，曾在中國及國外擔任不同文官職位，都有相對年輕且具「現代」背景的特色。相較於他們的前任：陳儀和葛敬恩（舊軍閥型中國官員），有著明顯對比。魏博士尚未公開說明省政改革內容，而民眾則感受到，改善政治及經濟的有效措施

---

62. 請願書收錄於 RG84, UD3258, Box.3（NARA）。
63. 蘇瑤崇，〈論戰後（1945-1947）中美共同軍事佔領臺灣的事實與問題〉，《臺灣史研究》，第 23 卷第 3 期（2016 年 9 月），頁 93、97；朱雙一，〈光復初期南洋華僑民主派的臺灣書寫：以新加坡《南僑日報》為例〉，收入黃英傑編，《光復初期的臺灣：思想與文化的轉型》（臺北：國立臺灣大學，2005），頁 225-227；魏良才，〈國民黨最後的美國諍友－魏德邁將軍與中美關係〉，《歐美研究》，第 32 卷第 2 期（2002 年 6 月），頁 360-362。
64. American Consulate, Taipei, "A Brief Resume of Postwar Conditions on the Island of Taiwan-Prepared for Use of General Wedemeyer's Fact-Finding Mission," August 13, 1947, RG84, UD3258, Box.3（NARA）.

尚未出現，甚至懷疑中央當局是否會透過新省長進行廣泛的改革。社會上已經出現魏博士軟弱且怠惰的謠言。最常聽到的說法是，他被選為省長只是為了應付美國。在與臺灣人的談話中，顯示這個新政府恐怕無法讓人民信任，除非能釋放被監禁的政治犯，並確保省府發出的命令能被全島的軍人及官員遵守。[65]

美國駐南京使館於 1947 年 5 月 31 日指出，做為文人省長，魏道明是否成功，關鍵在於他能否對以下重點發揮影響：（1）軍方、（2）陳儀建立的複雜且完整的官僚體系、（3）中央政府目前仍維持導致政經危機的政策。新省長必須減少軍隊人數及軍方的影響。專賣制度造成臺灣經濟停滯。臺灣人民貧困，但官員及其部屬卻發財。此制度的主要設計者必須撤職。新省長也必須立即表明不會繼續陳儀保護流氓使其免受法律起訴，及重新起用遭彈劾且都已定罪官員的政策。魏道明必須避免過去之濫權，也不能讓表面上居於重要位置的臺灣人只是偶爾被「諮詢」。這些人事改革，將由人民檢驗改革的努力與誠意。美方期待新省長會修改包山包海的政府專賣制度，因為這是導致臺灣經濟困境的核心問題。[66]

駐臺領事館於 1947 年 6 月 4 日對新省府主要人物撰成學經歷調查，並對部分官員進行評論。例如，美方認為徐道鄰給人的印象是位明智的官員，接受高層指示，將致力改善中國在臺之行政，目的是消除將臺灣交付國際或外國託管的情況。又如，嚴家淦是位有能力且非常聰明的官員，當涉及發展臺灣以符合中國最大利益的計畫時，常發表對臺灣人嚴厲的看法，也是陳儀政策的主要辯護者，當美國官員或外國使團訪臺時，嚴以流利的英語，習慣於即時長篇引用數據，讓聽者印象深刻。游彌堅和領事館交涉時則曾露出弱點，因為他抗拒做出他必須負責的決定。儘管游與其他官員經常強調他臺灣人的出身，但其背景和訓練與大陸人無異。[67]

65. American Consulate, Taipei, "Political Development During May 1947," May 30, 1947, RG84, UD3258, Box.3（NARA）.

66. American Embassy, Nanking, China "Transmitting Memorandum of Problems Faced by Governor Wei Tao-ming, Taiwan," May 31, 1947, RG84, UD3258, Box.3（NARA）.

67. American Consulate, Taipei, "Background Comment on New Taiwan Provincial Government Personnel," June 4, 1947, RG84, UD3258, Box.3（NARA）

5-2 海外獨立運動的形成與擴散

美國觀察到二二八後，臺灣人對與中國大陸（mainland）連結的普遍冷淡態度，以及黃紀男、廖文奎、廖文毅等人的獨派運動（Separatist Activity）。根據一份完成於 1947 年 11 月 14 日的報告，美方認為近來舉行的官方慶典，包括中國高官如行政院長張群來訪、紀念雙十節與臺灣光復兩週年等活動，並未喚起大眾的熱情，顯示臺灣人缺乏與中國的緊密認同。黃紀男則是領事館間接獲知地下思想與活動的管道。黃紀男、廖文奎甚至想造訪美國駐南京使館，表達讓臺灣脫離中國的立場，尋求美國的支持，以阻止臺灣由日本交予中國。他們認為臺灣人有強烈的欲望，希望透過美國或聯合國的託管和監督後獲得獨立。廖文毅目前已到香港，據信他在香港已與臺灣人團體接觸。近來香港和馬尼拉等地批評中國控制臺灣的報導，可能就是臺灣獨派的作為。[68]

美國亦得知，二二八後，廖文毅、黃紀男、蘇新等人組成臺灣再解放聯盟（The Formosan League for the Re-Emancipation），於海外發行英文版《臺灣論壇報》（*Formosan Herald*），用以宣揚獨派的理念。[69]《臺灣論壇報》收錄 10 餘篇批評政府、鼓吹臺獨的文章，初版於東京印製。廖文毅云，日本共產黨人曾試圖干擾印製工作。[70]1948 年全年，美國亦透過上海、香港等地外館，監視、調查獨派情況，包括廖文毅在香港的活動，以及廖文奎被淞滬警備總司令部逮捕及監禁情事、臺灣再解放聯盟的動向、美國訪談廖文毅的代表與廖文毅等。[71]

四、結語

許雪姬教授於「解密・國際檔案的二二八事件」開展致辭時指出，這批海外檔案為二二八事件的研究帶來了許多過去所不知道的事。最重要的包括外國

---

68. American Consulate, Taipei, "Recent Political Development on Taiwan," November 14, 1947, RG84, UD3258, Box.3（NARA）.
69. 該文件美、澳均有留存。美國出處為：The Formosan League for the Re-emancipation, "Formosan Herald," in Formosa -Political Situation, 1947-1949, RG84, UD3258, Box.4（NARA）；澳洲出處為：The Formosan League for the Re-Emancipation, "Formosan Herald," in Formosa - Political Situation, 1947-1949, A1838, 519/1 PART 1（NAA）.
70. American Consulate General, Hong Kong, "Transmittal of Copies of Formosa Herald and The Vanguard, Publications of the Formosan League for the Re-emancipation," September 16, 1948, RG84, UD3258, Box.4（NARA）.
71. American Consulate General, Hong Kong, "Recent Development in the Formosan League for the Re-emancipation," July 3, 1948, RG84, UD3258, Box.4（NARA）；American Consulate General, Hong Kong, "Formosan League for the Re-emancipation," September 26, 1948, RG84, UD3258, Box.4（NARA）；American Consulate General, Hong Kong,

紀錄中二二八的死亡人數、臺灣人的請願活動、美國情治單位的調查如街談巷議等。而臺灣政治人物的訪談則可與國內文獻如臺灣人的日記對照。此外，海外檔案也提供了不同的詮釋。一如外國人觀察到臺灣人對當時政治的不滿，二二八爆發的主因可謂是陳儀失政。吾人更應掌握的是：在美國與中國政策上，臺灣到底在什麼位置？臺灣當時的地位是什麼？[72] 許教授認為，為了印證國際觀點，研究二二八事件也應該從美、英、聯合國的相關檔案來理解外國對二二八的看法。[73]

國史館館長吳密察教授則指出，二二八的檔案搜尋經歷過幾個階段。第一波檔案調查是 1990 年代行政院研究二二八事件專案小組的調查階段。第二波檔案調查為 2000 年在檔管局領導下，動員幾十位歷史學者到各政府機關查找檔案的階段。第三階段的檔案調查則為 2017 年，因應二二八事件 70 週年，國史館與臺灣文獻館擴大政府機關與國營企業的檔案搜尋，又出版了八冊新史料。高雄市立歷史博物館的「解密・國際檔案的二二八事件」展覽，則讓二二八檔案搜尋工作邁向了新階段，即跨出本國的範圍到海外去查找外國的檔案。他期待在高雄市立歷史博物館踏出這重要的一步之後，接下來會有持續性、系統性的海外檔案調查計畫。[74]

---

72. "Interview With Thomas W. I. Liao, Formosan League for the Re-emancipation," November 6, 1948, RG84, UD3258, Box.4（NARA）.
73. 許雪姬，〈焦點評論：了解二二八真相非加強研究不可〉，《蘋果日報》（2017 年 2 月 27 日）：https://tw.appledaily.com/new/realtime/20170228/1065518/（2017/10/5 點閱）。
74. 吳密察「二二八檔案搜尋進入新階段」（民報之聲）：https://www.youtube.com/watch?v=80xWpP6rzCU.（2017/10/5 點閱）。

凡例

一、文件來源：本書收錄二二八事件前後，美國、澳洲、聯合國之相關解密檔案，另有一份文件為台北二二八紀念館之〈致美國國務卿馬歇爾請願書〉。

二、篇名：各篇列出篇名及文件日期。原文有篇名者採用原文名稱。未有篇名者，則以該文之編號或性質（如請願書等）、內容等作為篇名。

三、原文目錄：原文若有目錄，如《臺灣論壇報》等，亦加以翻譯。但原文頁碼與本書編排後之頁碼不符，不另註明。

四、出處：各篇之原始出處，標註於各篇標題之下。

五、年代：譯文直引原文中之年代。

六、數字：原文中之數字，以阿拉伯數字書寫。

七、註腳：選譯文件原本均無註腳，翻譯時由編譯團隊裁量，視情況加上譯註，以補充正文內容，或更正原文之錯誤。

八、人名：原文有多處書寫蔣介石、陳儀、白崇禧等人時，僅用元帥或將軍等簡稱，翻譯時儘量略去簡稱，還原其姓名，以免混淆。外國人士若有中文姓名，如葛超智、步雷克、司徒雷登、嘉度等，譯文採用其中文姓名，第一次出現時並加註英文姓名。

九、排版：譯文之排版，原則上反映原文的排版格式。然因中、英文之別，排版須進行必要之調整。

十、譯名：本書包括許多單位、地名、人名、事件等專有名詞，故於附錄列出譯名對照表，以供參考。

第一章
二戰時期美軍有關臺灣的檔案

戰時執行空襲臺灣任務的美軍艦隊（圖片來源：美國國家檔案館）

1-1.1 鋪道作戰目標（1944 年 9 月 16 日）[1]

鋪道作戰目標

美國太平洋艦隊暨太平洋戰區總司令部
1944 年 9 月 16 日

最高機密
發文者：太平洋戰區總司令
受文者：第五艦隊司令
　　　　第十軍團司令
太平洋艦隊兩棲部隊司令

主旨：鋪道[2]作戰目標

參考資料：(a) 2506 號海圖──澎湖內錨地
　　　　　(b) 1322 號海圖──廈門內錨地
　　　　　(c) 3203 號海圖──臺灣西南海棚
　　　　　(d) 各目標區機場位置表

附件：參考資料 (a)、(b)、(c) 及 (d) 之複本[3]

1. 鑒於最近出現的幾個因素，需再次檢討鋪道任務的各項特定實體目標，包括：
　(a) 參謀首長聯席會下達予西南太平洋戰區，國王一號[4]及國王二號[5]堅定的作戰指令。

---

1 本文出處為：Headquarters of the Commander in Chief, United States Pacific Fleet and Pacific Ocean Areas, "Causeway Objectives," 16 Sept., 1944, RG338, 50418, Box.71（NARA）.
2 Causeway 除可譯為鋪道、堤道外，亦稱「棧橋」，係指兩棲作戰時，架接艦船與灘岸間供人車通行之浮箱，為海軍術語。
3 本書選譯鋪道作戰目標一文，而此原件未有附件。

(b) 依據 (a)，在西太平洋地區取得某些碇泊設施的可行性。

(c) 太平洋戰略可能再次調整，將提供一條可北向推進、最終能攻擊日本帝國本土的路線，而非沿中國海岸而行的中繼任務。如此一來，在鋪道任務之後，才有可能儘快擇期占領硫磺島及琉球。

(d) 依據 (c)，優先取得額外的碇泊設施及機場。

(e) 目前日本在中國的成功攻勢，意味著中國部隊效率低落，如其參與登陸作戰，可能會降低整體效益。

2. 以下為檢視各實體目標之組合後得出的選項：

(a) 整個臺灣島。

(b) 臺灣本島及澎湖群島。

(c) 臺灣本島及廈門。

(d) 臺灣南部及澎湖群島。

(e) 臺灣南部及廈門。

3. 鋪道作戰的目的，如太平洋戰區司令部之 8 月 23 日，序號 000100 文件〈鋪道任務聯合參謀研究案〉，第 2 頁所述。

(1) 建立基地，由此將可

(a) 轟炸日本。

(b) 增援持續推進至中國。

(c) 切斷日本帝國本土與菲律賓、馬來亞以及荷屬東印度群島間的海空交通。

(2) 建立連絡中國沿海的海、空交通。

(3) 奪取日本自臺灣及中國南部取得的資源。

(4) 持續不懈地對日本進行軍事壓迫。

4. 段落 1(c) 提及之戰略調整，將導致支援推進至中國的努力失效，也會減少

---

4 國王一號作戰（Operation King One）：美國西南太平洋戰區總司令麥克阿瑟（Douglas MacArthur）上將，未付諸之兩棲作戰行動，原計畫於菲律賓民答那峨（Mindanao）登陸，但依情報顯示，日本未於該地部署重兵而取消，後修訂計畫並更改任務代名為勝利者五號（Victor V），於 1945 年 4 月實施。

5 國王二號作戰（Operation King Two）：原訂於 1944 年 12 月 20 日登陸菲律賓中部之雷伊泰（Leyte）島。

在中國沿海建立海、空交通的必要性。持續不懈的軍事壓迫乃所有作戰任務無庸置疑的目的，在此暫不討論。至於能否達成其餘目的，端看可取得之海軍與航空基地的位置與數量而定。因此在正確選擇實體目標方面，估量海軍基地設置的地點與需求數量，和估計機場的位置與需求數量一樣至為重要。而推估需要多少主要部隊單位及占領軍總兵力，以對這些目標進行奪取、占領、防禦與發展，可謂目前的第三個影響因素。

5. 推估海軍基地需求時，可考量以下地點：烏利西環礁[6]及聖佩德羅灣[7]於 10月 15 日完成準備，雷伊泰灣亦可於（明年）1 月 15 日支援整個艦隊的碇泊，而位於廈門、澎湖群島及臺灣本島西南沿海的泊地則可見參考資料 (a)、(b)及 (c)。甚至可進一步假定，（明年）6 月 15 日[8]，位於琉球群島，容量無限但安全堪慮的海軍泊地亦可作為基地使用。在航空基地需求的推估方面，各目標可取得的航空基地數量已列於參考資料 (d)。或可假定，明年 9 月 15 日，琉球群島及硫磺島[9]將有兩座轟炸機機場及八座戰鬥機機場可供使用。

6. 希望各受文者[10]儘快針對適切的鋪道作戰實體目標提出可行意見，以及欲達成的其他建議。第十軍團司令為奪取、占領、防禦及發展段落 (2) 列舉之各目標組合，也應粗略估計需要多少主要任務部隊單位及占領軍總兵力。

7. 請太平洋戰區陸軍司令及陸軍航空部隊司令，亦能針對本函副本，表達個人意見。

——尼米茲（C. W. Nimitz）

---

6 烏利西環礁（Ulithi Atoll）：位於西太平洋關島（Guam）西南方 670 公里處，屬於加羅林群島（Caroline Islands）的一部分，長 36 公里、寬 24 公里，土地面積 3.57 平方公里，潟湖面積 548 平方公里。
7 聖佩德羅灣（San Pedro Bay）位於雷伊泰灣之西北端，東西寬約 15 公里，南北長約 20 公里。
8 沖繩戰役於 1945 年 6 月 22 日正式結束。
9 硫磺島位屬西太平洋小笠原群島的火山島，因島上覆蓋著一層由於火山噴發造成的硫磺而得名。該島位於東京以南 1,080 公里，南距關島 1,130 公里，幾乎是東京和塞班（Saipan）島的中間。全島南北長約 8 公里，東西最寬 4 公里，最窄的地方只有 800 公尺，面積約 21 平方公里。
10 指各司令。

副本：
太平洋戰區陸軍司令
太平洋戰區陸軍航空部隊司令

總司令祕書 O. L. 頌恩（O. L. Thorne）敬上

1-1.2 臺灣區域內戰術動態研究（1944 年 9 月 20 日）[11]

臺灣區域內戰術動態研究

最高機密

第十軍團總部

參二 [12] 助理參謀長辦公室

主旨：參二敵軍狀況判斷（臺灣區域內戰術動態研究）

日期：1944 年 9 月 20 日

（參考資料：參謀備忘錄第 10 號，段落 2h(2)，總部卷號：A，1944 年 8 月 14 日）

參二敵情狀況判斷

臺灣

1. 敵情摘要

   a. 以 9 月 11 日為準。據估計，敵軍目前駐臺部隊總兵力介於 6 萬 9 千至 8 萬 2 千人，戰機 668 架。9 月 23 日時為 428 架。

   b. 自 8 月 7 日至 9 月 11 日間（5 週），部隊增加了 4 萬人，飛機增加 164 架。9 月 11 日到 9 月 23 日則減少 240 架飛機。

   c. 地形研究進入準備階段，經校訂的 5 萬分之 1 地圖是目前手邊可用的基本文件，據信其大致精確。聯二情報部門已取得這份在重要地點上做了少許修正的地圖複本，工兵部門也已完成複製，初步分發給各參謀單位。[13]

2. 結論

   a. 敵軍戰力：下列各頁討論之敵軍戰力，皆以本軍 A、B 計畫為本，重點為陸上作戰的各項考量。

---

11 本文出處為：Headquarters Tenth Army, Office of the A.C. of S., G-2, APO 357: "G-2 Estimate of the Enemy Situation: Formosa," 20 Sept., 1944, RG338, P50419, Box.75（NARA）.

12 參二（G-2）為當時美國陸軍軍事參謀組織中掌管情報的部門。

13 參一掌人事、參二掌情報、參三掌作戰、參四掌後勤、參五掌計畫。

最高機密

副本編號：2

第十軍團總部聯二助理參謀長辦公室，1944 年 9 月 20 日

主旨：聯二對臺灣情報的判斷[14]（續）

在臺陸上兵力總數估計

在臺陸上兵力的總數，係根據戰爭部於 1944 年 6 月的估計，再按此期間的顯著變化修訂而來。

此項估計概算出，臺灣本島及澎湖群島上的兵力約等同於 8 個師團，澎湖群島上的兵力相當於 1/3 個師團。戰爭部的估計主要依據下列幾點：日軍依各戰線明顯的主要需求做出的整體兵力部署；除非遭遇直接壓迫，否則日方抗拒撤軍的心理態度；以及臺灣遭遇威脅時，日軍的增援能力。

戰爭部基於上述條件做出的判斷，往往會因下列幾項要素而有所變化：

1. 敵方有謹慎撤軍的跡象。據報，下列單位在過去數月內已自南方撤往菲律賓：
   a. 南方軍總部。
   b. 4 個獨立混成旅團（撤回後改編為師團）。
   c. 1 個航空彈藥庫。
2. 敵方應該明瞭，在遭到美國兩棲特遣部隊步步進逼後，他們無法再增兵。
3. 敵方現正迅速增援向來脆弱的南西諸島，光沖繩島就有 2 萬 1 千至 2 萬 3 千人。
4. 敵方持續在夜晚，拓展可以接近中國海岸的小規模船運，以避免潛艦威脅，並在黑夜中穿越臺灣海峽。
5. 緬甸對敵軍而言，一直不具太大的用處，但駐守在此的日軍超過 9 個師

---

14 指揮官狀況判斷為軍事參謀作業中，指揮官下達決心的依據。，而敵軍狀況判斷則為指揮官狀況判斷的一部分。

團，他們可將這些兵力調至東北方。

戰爭部的判斷係基於呂宋島較臺灣早一步被攻下的假設。戰爭部估計，若要在攻下呂宋島前先攻下臺灣，進攻時島上僅有相當於 6 個師團的兵力。

但考量上列修訂因素，兵力以 8 個師團計算。

敵軍能力——臺灣[15]機動陸上部隊

假設：

D-3 日[16]後，日方即無法再將增援部隊送入臺灣。

D 日當天，島上有 5 個師團的兵力。

其餘相當於 2 又 2/3 個師團的兵力，為各式小型機動戰鬥部隊、航空及海軍部隊的維護人員，及海防、防空與工兵部隊。這些部隊於所屬設施遭遇登陸部隊攻擊時，將如同步兵般應戰。這些部隊大致上等量部署於北部與南部。

機動運輸設備足以提供 2 個師團實施機動移防。

所有鐵公路主要橋梁將在 D 日前，由空中轟炸及海軍岸轟負責摧毀。

日軍可迅速以浮橋代替公路橋梁。

敵軍將於 H+1 時[17]展開抵禦攻擊的行動，並將以時速 2.5 英里步行，或以時速 12.5 英里的速度實施卡車運輸。

若使用卡車運輸，1 個師團每日可移動 125 英里。若以正常速度行軍，每日可移動 15 英里，急行時則為 30 英里。

---

15 原文為 DIAPHRAGM，應係臺灣之代稱。
16 D 日即為攻擊（行動）發起日，D-3 日為攻擊發起日的前 3 日。
17 H 時即為攻擊（行動）發起日，H+1 時為攻擊發起後 1 小時。

當 1 個師團使用單一道路實施車載移動時，車距為 200 碼，車隊長度可能長達 125 英里，耗時 14 小時完成。

敵方多少保留了一些隨時候召的兵力，以保衛臺灣中部及北部，但隨著我方在南部的威脅節節升高，這些地區的防禦勢必弱化。

總體能力

為抵擋我方對高雄的登陸攻擊，日軍陸上機動部隊的戰力包括：

1. 採均衡防禦，等量地部署於本島南北。若採此案，日軍將沿著臺南——枋寮一帶部署約 1 又 1/3 個師團的兵力。
2. 防禦重心偏南而非北部。若採此案，日軍將沿著臺南——枋寮一帶部署約 2 個機動師團。

抵禦登陸攻擊之海岸防禦部隊戰力及部隊補給能力

枋寮海灘可由一個配備 3 座火砲的高平兩用防空砲臺[18]及 1 座位於大林蒲（近高雄港南端）附近，配備 4 門口徑 12 吋，但射程可能極為不足的砲臺擔任掩護。

鳳鼻頭海灘可有效地由前述大林蒲附近的砲臺掩護。此外，猴山[19]上 3 座 10 吋口徑岸防火砲、高雄港港口 2 座 10 吋口徑及 3 座大口徑岸防火砲的射程，及壽山上 4 座高平兩用防空火砲的極限射程，均能涵蓋此海灘。

岡山海灘可由位於壽山（3 門 10 吋口徑及 4 門防空重砲）、高雄港港口（2 門 10 吋口徑及 3 門岸防重砲）及海灘北端往內陸方向 2 英里的一座山頂[20]配有 3 門防空重砲的砲臺防護。

二層（行溪）海灘的防衛為位於緊鄰二層行溪[21]出海口的東南方沙丘，配備

---

18 高平兩用係指防空與平面射擊兩用，兼顧低仰角的平面射程與高仰角的防空需要而設計。參見中華民國國防部，《國軍簡明美華軍語辭典》（臺北：國防部史政編譯室，2003），頁 59、95、158。此小段提及之砲臺，有些可能指涉日本治臺時接收自清廷的設施，或是基於料敵從寬原則，將這些砲臺列入，但對其詳情未必然掌握。
19 原文為 Ape Hill，今壽山。
20 判為溪底山。
21 今二仁溪。

至少 3 門高平兩用砲的砲臺。

這些灘頭充滿障礙物、碉堡及開放式砲臺等強固防禦工事，機動部隊使用之武器也類似於在塔瓦拉、瓜加林及塞班島所見。

聚集兵力之能力

若敵軍採均衡方式部署，預估其機動部隊在增援至臺南—枋寮一帶後，該區兵力總數如下：

在 H 時：1 又 1/3 個師團（如上述）
在 H+12 小時：2 又 1/3 個師團
在 H+24 小時：2 又 2/3 個師團
在 D+3 日：3 又 2/3 個師團
在 D+9 日：5 又 1/3 個師團
在 D+12 日：5 又 1/3 個師團

若敵軍部署偏重臺灣南部，預估其機動部隊增援至臺南—枋寮一帶後，該區兵力總數如下：

在 H 時：2 個師團（如上述）
在 H+12 小時：3 又 1/3 個師團
在 H+24 小時：3 又 1/3 個師團
在 D+3 日：3 又 2/3 個師團
在 D+9 日：5 又 1/3 個師團
在 D+12 日：5 又 1/3 個師團

以上所有 D+3 日後的數字，均包含被本軍攻克其原先駐守之固定設施，相當於 1 又 1/3 個師團的軍隊人數。

無論敵軍具備上述何種整體能力，均能採行下列任一防禦方式：

1) 沿著或緊鄰海岸線建立強固的警戒線，或

2) 沿著海岸線展開輕微防禦，後續以機動預備部隊實施強力反擊，或

3) 在連續位置上實施防禦。

敵軍較可能採行第二種方式，在受壓迫時可能採用第三種。當然，反擊也涵蓋其中。靜態性防禦不在討論之列。

針對本軍 A 計畫，臺南至枋寮一帶的區域性能力

在敵軍抵禦枋寮及鳳鼻頭海灘遭登陸攻擊的能力方面，他們將主攻針對鳳鼻頭，並在成功防衛後，集中多數兵力防禦枋寮海灘。

若鳳鼻頭失守，敵軍將沿著高雄港——下淡水溪[22]西岸連線構築防禦位置，若此防線失守，則可能沿高雄——鳳山——下淡水溪西岸防守，此後再沿著壽山——旗山一線，接著，經由岡山、灣裡、臺南及麻豆展開東西向防禦。

若敵軍運用聚集重兵於南部地區的整體能力，並假設其使用團戰鬥群（RCT）[23]抵禦我軍登陸枋寮，初期將於鳳鼻頭備有 1 又 2/3 個師團。在 H+12 小時，在該地應有 2 又 2/3 個師團，加上 1 個位於岡山附近，可供調遣的團戰鬥群。當敵軍被迫退往高雄港——下淡水溪西岸一線時，仍有 3 又 2/3 個師團可供防守。當我軍攻克敵軍各固定設施後，其另外增加之相當於 1 又 1/3 師團的兵力，將使其交戰總兵力增至 5 個師團。當我軍在敵軍頑抗下逐漸遂行任務時，估計敵方會將原駐守於本島中、北部的機動防禦兵力大舉減少至僅剩 1 個師團，並往南部增兵，使該區共有 5 又 1/3 個師團可用。預估直到敵軍被迫北撤曾文溪，或為了抵禦本軍在北部發起的登陸攻擊而往北增援以前，都將維持這個數目的軍力。

除了必須沿更長的防線分散配置兵力外，敵軍面臨我方同時登陸枋寮與鳳鼻

---

22 今高屏溪。

23 團戰鬥群（Regimental Combat Team）為美國陸軍於二次大戰期間為執行特定任務而編成的暫時編組，主要以步兵為主，附加裝甲、砲兵等單位編成，兵力人數約在 4,500 至 5,000 人之間。中華民國國防部，《國軍簡明美華軍語辭典》（臺北：國防部史政編譯室，2003），頁 549。

頭海灘及岡山－灣裡海灘一帶時，其防禦力類似。但如此一來他們在防禦的選擇上也更富多元，以求精確擊敗對方。

敵方可能選擇岡山——灣裡——帶為首要反擊目標，其將可運用約少於一個團戰鬥群規模的兵力，遲滯枋寮海灘的登陸行動，並以約多於一個團戰鬥群的兵力防衛鳳鼻頭。於 H+12 小時時，本島北部地區保有 2 又 2/3 個師團的兵力，作為防禦或反擊之用。假設敵軍在數日內被迫額外增援 1 個團戰鬥群到鳳鼻頭，其仍保有 2 又 2/3 個師團的兵力可用於防守對岡山——灣裡的登陸攻擊。若我方在這些登陸攻擊中成功擊退日軍的反擊，其防禦力量只會微幅增加，除非我們威脅要切斷駐高雄的敵軍與本島其他地區部隊的聯繫。倘此發生，敵方將可能嚴加削減駐防北部及中部的機動部隊，使其投入岡山——二仁地區的防禦或反擊，讓兵力達 3 個師團之多。

假設目前敵軍需配置 1 又 1/3 個師團的兵力抵禦本軍在南部的登陸攻勢，那麼他們僅能在不形成致命弱點的前提下，自與本軍鳳鼻頭——枋寮登陸部隊對壘的固定設施中，或駐防於北部的駐軍中調兵增援。

機動部隊抵抗的一般性質

日軍部隊的素質，包括單兵挖掘工事與固守陣地時的韌性，均無庸置疑。在地形崎嶇處想攻城掠地，困難可想而知。不過，平坦的沖積地形，土壤易陷。砲兵及海軍艦砲大量且有計畫地支援，會讓挖得過深的日軍士兵遭活埋，應有助於扭轉劣勢。

綜合考量戰場面積、兵力大小、公路網絡及越野行動的可行性，顯示遭遇大規模反擊的可能性高於以往。但日軍在反擊行動中，通常得承受相當程度的損失。

我方於攻擊行動初期遭遇的反擊，多半經過事前規劃及完善協調。隨著我們推進內陸，因日軍戰術準則的要求及低階[24] 指揮官的天性使然，區域性反擊會

---

24 原文為 junior，意指資淺的初級或低階軍官。

多到難以計數。但多數時候此類反擊未經協調也不具高度效益，卻須為此付出高昂的傷亡代價。

在我們深入內陸後，雖然預期會遭遇有組織的大規模反擊，但遭遇計畫性反擊或反攻的可能性也隨之降低。在鳳鼻頭——高雄一帶遭遇計畫性反擊的可能性高於其他地區。

俗稱「等同師團」的部隊，由於缺乏指揮、通信、運輸裝備及大型部隊的作戰訓練，實施機動的效能將劣於正規師團。然而，在部分狹窄、靜態的戰場上，他們仍極具防禦價值，如同巴丹島上的水手們及航空部隊地勤人員的表現。

抵抗本軍 A 與 B 計畫的能力

敵軍陸上部隊能對本軍遂行任務過程中造成的最大危害，摘述如下：

a. 抵抗 A 計畫：
   (1) 在 H+12 至 H+24 小時之間，以 2 又 1/3 個師團，對鳳鼻頭登陸部隊實施反擊，若反擊成功將使我方僅能保有枋寮灘頭。
   (2) 以 2 又 2/3 個師團固守高雄港——下淡水溪一線，此為一極其強固的防線，將阻止本軍進逼高雄。
   (3) 以 5 又 1/3 個師團固守壽山——旗山一線，此為一強固的防線，日軍自後方以中等砲兵火力即可涵蓋高雄港。

b. 抵抗 B 計畫：
   (1) 在 H+12 至 H+24 小時之間，以 2 又 2/3 個師團，對二仁——岡山登陸部隊實施反擊，同時遲滯其他海灘的登陸，若此反擊迅速成功，敵軍將以 2 又 2/3 個師團，在鳳鼻頭登陸部隊的戰力增加完備前，對我軍實施反擊。
   (2) 以相同兵力同時反擊鳳鼻頭登陸部隊，若迅速反擊成功，敵軍可以 2 又 2/3 個師團，對岡山——二仁登陸部隊實施反擊。
   (3) 上述任一反擊成功，均將使我方僅能保有枋寮灘頭。

敵方抵抗我軍陸上部隊的空、海能力

據估計，日軍指揮官有為數 1,500 架的飛機可用於防衛臺灣。其中 800 架駐防於本島，另 700 架停放他處，諸如：中國大陸及琉球群島等預備基地，尤以前者為大宗，以代替毀損的飛機。估計臺灣各機場的總容量在我們的任務起始日為 1,500 架，這些機場可供敵軍彈性調度、配置運用其航空部隊。或可預期，臺南─枋寮沿岸的各機場，將由本軍航母艦載飛機及海軍水面艦艇加以摧毀，使其完全無法運作。主要位於屏東的少數內陸機場，可能由我方的航空部隊加以摧毀。可能部分運作，並持續攻擊本軍部隊的機場，主要為：

嘉義機場，跑道長度 3,500 英尺，距高雄 60 英里。
臺東機場，跑道長度 2,600 英尺，距高雄 54 英里。
新竹機場，跑道長度 4,000 英尺，距高雄 158 英里。
臺北機場，跑道長度 3,100 英尺，距高雄 187 英里。

目前尚未展開對敵海軍戰力的估量，預期這些數據會成為海軍部門之重要參考依據，並由其總部提供。本軍將節錄這些內容，納入未來的評估中。

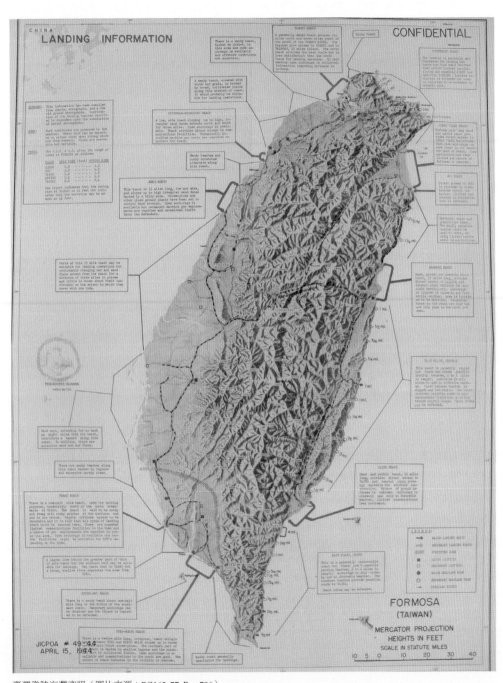

臺灣登陸海灘資訊（圖片來源：RG165, 77, Box.796）

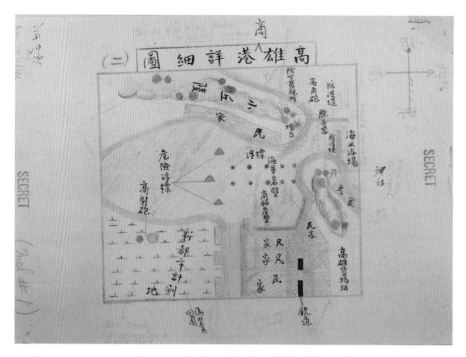

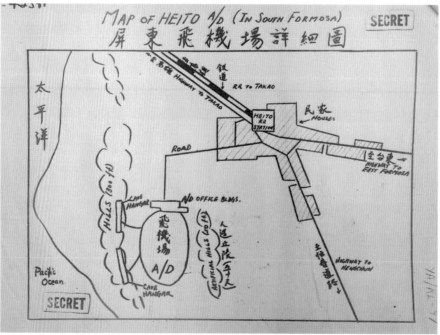

圖上：高雄商港詳細圖（圖片來源：RG226, 108, Box.376）
圖下：屏東飛機場詳細圖（圖片來源：RG226, 108, Box.375）

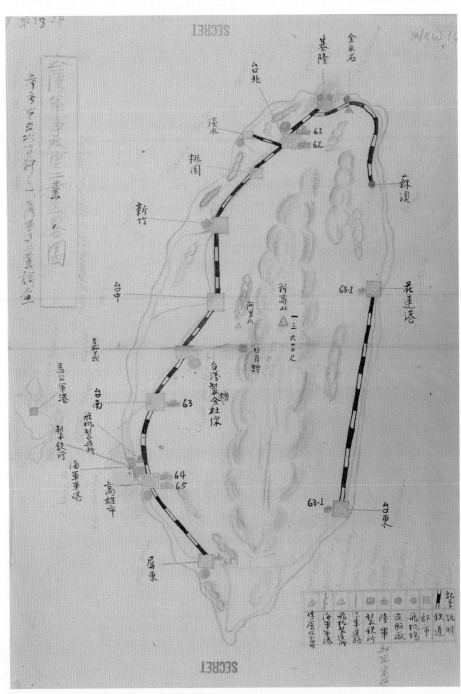

臺灣軍事及重工業區略圖（圖片來源：RG226, 108, Box.376）

1-2.1 臺灣軍政府與中國及中國人民的關係（SFE 104）（1945 年 7 月 30 日）[25]

臺灣軍政府與中國及中國人民的關係（SFE 104）

機密

SFE 104[26]

1945 年 7 月 30 日

頁數 1-9

遠東地區的政治與軍事問題：

日本投降後國際聯合部隊占領臺灣（含澎湖群島）：

臺灣軍政府與中國及中國人民的關係

參考資料：(a) 國務院－戰爭部－海軍部協調委員會[27] 16/2 號文件[28]

　　　　　(b) 國務院－戰爭部－海軍部協調委員會 53 號文件[29]

　　　　　(c) 國務院－戰爭部－海軍部協調委員會 68 號文件[30]

祕書註記：

這份附件是分發給小組委員會審議的報告，用以取代國務院－戰爭部－海軍部協調委員會 53 號文件和 68 號文件需要的兩份獨立報告而準備。

---

25 本文出處為：State-War-Navy Coordinating Subcommittee for the Far East, "Politico-Military Problems in the Far East: National Composition of Forces to Occupy Formosa（Including the Pescadores）in the Post-Defeat Period: Relations of the Military Government of Formosa with China and the Chinese," SFE 104, July 30, 1945, RG165, NM84, Box.598（NARA）.

26 SFE 104 為國務院－戰爭部－海軍部遠東小組協調委員會（State-War-Navy Coordinating Subcommittee for the Far East）第 104 號報告。

27 原文為 State-War-Navy Coordinating Committee，簡寫為 SWNCC。蘇瑤崇教授認為可譯為：三省委員會（外務省 - 陸軍省 - 海軍省）；陳翠蓮教授則譯為國務院、陸軍部、海軍部三院部協調委員會。參見陳翠蓮，《重構二二八：戰後美中體制、中國統治模式與臺灣》（臺北：衛城，2017），頁 46。

28 16/2 號文件其標題為：〈太平洋地區之政軍問題〉（Politico － Military Problems in the Pacific）。參照日本國會圖書館之 SWNCC 文件目錄：https://rnavi.ndl.go.jp/kensei/tmp/SWN_1.pdf（2017/11/12 點閱）。

29 53 號文件其標題為：〈遠東地區之政軍問題：臺灣軍政府與中國及中國人民之關係〉（Politico-Military Problems in the Far East: Relations of the Military Government of Formosa with China and the Chinese。

30 68 號文件其標題為：〈遠東地區之政軍問題：國際聯合部隊佔領臺灣〉（Politico-Military Problems in the Far East: National Composition of Forces to Occupy Formosa）。

祕書　美國海軍預備隊上尉　休・D・法利（Hugh D. Farley）

附件
遠東地區的政軍問題：

日本投降後國際聯合部隊占領臺灣（含澎湖群島）：

臺灣軍政府與中國及中國人民的關係

本報告由國務院－戰爭部－海軍部遠東小組協調委員會擬訂

問題
1. 在行政與統治歸還中國前，由美國占領臺灣並在臺建立軍政府。判斷此舉之適當性。
2. 在遂行臺灣軍政府之政務管理時，定義軍方的權利與責任。
3. 決定中國政府或其派遣的文人或軍方代表，參與軍政府運作的程度與條件。
4. 定義臺灣軍政府與中國及中國人民的關係。

關於此問題的一些事實
5. 參閱附錄 A「關於此問題的一些事實」

討論
6. 參閱附錄 B「討論」

結論
7. 美國必須占領臺灣並在臺建立軍政府，除非狀況允許，才由中國承擔此項責任。
8. 美國在臺灣建立的軍政府應持續運作，直至美國政府認為可將政權移交中國當局為止。
9. 在美國占領與軍政府運作期間，獲派的指揮官應全權統治該島與所有居民，包含所有國籍、派任軍政府的人員及軍政府的雇員在內。
10. 中國應按其軍事權宜參與美國的占領行動與臺灣的軍政府，並在能力所及

的範圍內承擔最大責任，而上述參與當受該軍政府之節制。

11. 在籌設臺灣軍政府方面，應就各種政策充分徵詢中國政府。制訂與執行軍政府的政策時，美國須將中方對臺灣政府實施長遠性重組時擬訂的各項方案納入考量。

建議

12. 建議如下：

(a) 向參謀首長聯席會提交此報告，並請求來自軍事觀點的意見。

(b) 在國務院－戰爭部－海軍部協調委員會批准段落 7、8、9、10、11 的「結論」後，此報告將送交參謀首長聯席會、國務院、戰爭部及海軍部等單位尋求指導，並斟酌狀況、妥善實施。

附錄 A

關於此問題的一些事實

1. 《開羅宣言》聲明：

「……日本竊據自中國的領土，如滿洲國、臺灣及澎湖群島，應歸還中國民國。」

2. 1945 年 5 月 14 日，杜魯門（Harry S. Truman）總統會見中國外交部長宋子文先生，討論「當美國接收遭敵方占領的中國領土，及開羅協議宣示將歸還中國的領土後，在返還中國的過程中應落實的安排。宋先生做了一張地圖並指出，滿洲國及臺灣應歸還中國，總統亦表贊同。」

〔國務院會談備忘錄，1945 年 5 月 14 日。與會人員：總統、宋子文先生及代理國務卿葛陸（Joseph Grew）先生〕

3. 分發至國務院－戰爭部－海軍部協調委員會，及參謀首長聯席會的 SWNCC 87/2 號報告中描述：

「如美軍部隊有必要占領臺灣，美方將建立軍政府，並持續運作至美國政府認為可移交中國當局為止。」

4. 國務院於 1944 年 5 月 15 日作出下列有關臺灣的建議：

宋子文（圖片來源：RG226, 226-P, Box.2）

a. 若所有政府功能已全數移交，則假定為主權交接。

b. 若中國爆發大規模內亂，致有礙背負責任之中國政府的完整施政，可能
須延後政府功能的實際移交，並視狀況決定：逐步或全數交接。因事涉
政治與法律，故將留待國務院決定。

c. 一旦占領時間延長，則表示軍政府在主權交接前，仍可斟酌情況，將某些
政府功能交付中國人自治運作，而此事當由國務院研議。

附錄 B

討論

1. 隨著各地日軍高階指揮官的相繼投降，可能需由盟軍占領臺灣與受降，建立、
維持法律與秩序，並處理日軍留下的軍事裝備；同時有望重啟、刺激臺灣的
糧食生產，並打開這些商品至遠東其他地區的通路。基於上述原因及實踐《開
羅宣言》的義務，主要盟國均有占領臺灣並建立軍政府的責任，上述義務可
由一個或多個最有資格承擔任務的國家履行。

2. 缺乏海軍及兩棲船運，使中國軍隊無法自臺灣對岸執行占領任務。即使中國
政府真的與在臺日軍達成受降協議，他們極可能派不出一支足夠強大的可靠
部隊，來臺接受 25 萬日本部隊的投降，並建立一個有效的軍政府。英國在
遠東地區的能力有限，僅足以在日本本土、東南亞指揮部及荷屬東印度群島
履行義務，況且中國方面也不會同意英國插手臺灣的治理。所以，美國仍為
最可能在臺接受日軍投降的國家，因此承擔著占領及建立軍政府的雙重責
任。

3. 美國占領臺灣後建立的軍政府，應持續運作至中國準備妥當，可接手軍政府
功能，或中方已在臺灣重建主權為止。軍事與政治考量均會影響治臺政權的
移交。單就美國的軍事利益來說，一旦完成日軍部隊的遣返，美國就會在可
行的日期盡早撤回占領軍並移交軍政府。但仍需仔細考量遠東地區及中國內
部的當時政局。若中國發生大規模內亂，並影響其政府的完整政權運作時，
無論就美國或臺灣人民的利益來說，政權移交均會延後。強迫臺灣接受一個
不穩定、無能的中國政權所引發的混亂，可能不利於遠東地區當時的經濟局

勢。其他地區可能亟需臺灣的糧產，此時若非由美國或一個有為的中國政權治理臺灣，便不可能快速有效地動員各項資源。據傳，臺灣已出現革命活動，並可能在日本投降後日益活躍。強迫臺灣接納一個無能的中國政權，不僅可能使此地動盪不安，也將在遠東地區引發連鎖反應。臺灣人民的立場與《聯合國憲章》中非自治領土的部分一致，願接受「適當考量各國人民的政治意願」的義務。臺灣政府何時移交中國，應由國務院考量各方實際狀況，且徵得參謀首長聯席會之意見後下達決定。在此應留意，若美國在中國政府能充分負擔相關責任前便將臺灣主權移交給她，美國於此過渡時期便應持續其民政治理，並為此與中國達成協議。

4. 臺灣主權將歸還中國，且因為臺灣人口的組成，無論在起源、語言與文化上，大部分都是中國人。想必和美國在軍事權宜的考量下占領臺灣、建立軍政府一樣，中國政府最大程度的參與，能符合他們的意願。至於參與到何種程度，將視中方遂行必要功能的能力而定，並應兼顧實際政權的穩定與效能的維持，且在順應軍情下儘早進行。為此，美國軍政府應與中國政府維持密切聯繫，並就種種政策事務達成有效諮詢。美國當局應仔細思量中方對臺灣政府進行永久性重組的計畫。然而，因為美國必須承擔責任，故也由其行使最終決定。

5. 軍政府應盡量雇用當地的中國人與臺灣人，並在未取得中國政府的核准前，不應雇用或將中國公民及不在島上的臺灣人帶進臺灣。同樣地，由於交通困難，以及可能對政權效能造成的不利影響，國民政府建議在日本戰敗後隨即展開的占領期間，引進大量中國人是不盡可取的舉動。當然，不論軍政府首長的國籍為何，將全權管制人員入境臺灣事宜。

6. 臺灣人及原住民在臺灣現存法規上擁有的某些權利及利益將繼續沿襲至主權交接。因此，軍政府時期應設計短期行政法案，以即時維護臺灣人民的權益。

7. 若美國政府期望保留某些權利或特別待遇，便應在向中國當局移交各項軍政府的功能或正式歸還臺灣主權時，與中國政府簽訂特殊協議。而確保能繼續控管臺灣出口遠東其他地區的某些產品，或許就是個理想的範例。

1-2.2 臺灣軍政府與中國及中國人民的關係（SFE 104/2）（1945 年 8 月 23 日）[31]

臺灣軍政府與中國及中國人民的關係（SFE 104/2）

最高機密

SFE 104/2[32]

1945 年 8 月 23 日

頁數 1

國務院－戰爭部－海軍部遠東小組協調委員會

遠東地區的政治與軍事問題：

日本投降後國際聯合部隊占領臺灣（含澎湖群島）：

臺灣軍政府與中國及中國人民的關係

參考資料：a. 國務院－戰爭部－海軍部協調委員會 16/2

　　　　　b. 國務院－戰爭部－海軍部協調委員會 53

　　　　　c. 國務院－戰爭部－海軍部協調委員會 68

　　　　　d. SFE 104 系列報告

祕書註記：

分發給小組委員會審議的這份附件，係根據 SFE 104/1 號報告內容及當前各事件的發展修訂，SFE 104 號就此作廢。

祕書 美國海軍預備隊上尉 休・D・法利

---

31 本文出處為：Memorandum by the State-War-Navy Coordinating Subcommittee for the Far East, in "Politico-Military Problems in the Far East: National Composition of Forces to Occupy Formosa Including the Pescadores in the Post-Defeat Period: Relations of the Military Government of Formosa with China and the Chinese", SFE 104/2, August 23, 1945, RG165, NM84, Box.598（NARA）.

32 SFE 104/2 為國務院－戰爭部－海軍部遠東小組協調委員會第 104/2 號報告。

附件

遠東地區的政軍問題：
日本投降後國際聯合部隊占領臺灣（含澎湖群島）：
臺灣軍政府與中國及中國人民的關係

本報告由國務院－戰爭部－海軍部遠東小組協調委員會擬訂

問題

1. 在行政與統治歸還中國前，由美國占領臺灣並在臺建立軍政府。判斷此舉之適當性。
2. 決定中國政府或其派遣的民間或軍方代表，參與軍政府運作的程度與條件。
3. 定義美國軍政府與中國及中國人民的關係。

關於此問題的一些事實

4. 參閱附錄 A「關於此問題的一些事實」

討論

5. 參閱附錄 B「討論」

結論

6. 結論如下：

   a. 若非情勢不容許，中國須出兵占領臺灣，並建立軍政府。

   b. 如美國須協助中國部隊的占領任務，美國軍方的考量將可能對所屬人員及物資提供必要的保護，但不對軍政府負任何責任。

   c. 若中國無法對臺灣遂行初期占領的情勢漸趨明朗，當由參謀首長聯席會徵詢國務院－戰爭部－海軍部協調委員會的意見後下達美軍占領的決定。

   d. 若美國占領臺灣：

      (1) 應建立美國軍政府，但僅持續至美國政府認為可移交中國當局為止。

      (2) 美國政府在軍政府及占領之相關軍事權宜措施上，應維持一貫原則，就臺灣軍政府有關之廣泛政策事務，徵詢中國政府，並與其攜手安排，使軍政府能讓中國人有最大之參與。

(3) 美國軍政府應在中國政府可接受的情況下，盡量雇用當地的中國人與臺灣人。

(4) 軍政府頒布的所有法案，均應避免損及臺灣人及原住民的合法權力及利益（附錄「B」段落6）。

建議

8. 建議如下：[33]

　a. 向參謀首長聯席會提交此報告，請求自軍事觀點提供意見。

　b. 當國務院－戰爭部－海軍部協調委員會批准結論之段落7[34]時，便將此報告送交參謀首長聯席會、國務院、戰爭部及海軍部等單位以求指導，並斟酌狀況、妥善實施。

附錄 A

1. 《開羅宣言》聲明：

　「……日本竊據自中國的領土，如滿洲國、臺灣及澎湖群島，應歸還中國民國。」

2. 1945年5月14日，杜魯門總統會見中國外交部長宋子文先生，討論「當美國接收遭敵方占領的中國領土，及開羅協議宣示將歸還中國的領土後，在返還中國的過程中應落實的安排。宋先生做了一張地圖並指出，滿洲國及臺灣應歸還中國，總統亦表贊同。」

　（國務院會談備忘錄，1945年5月14日。與會人員：總統、宋子文先生及代理國務卿葛陸先生）

3. 分發至國務院－戰爭部－海軍部協調委員會，及參謀首長聯席會的 SWNCC 87/2 號報告中描述：

---

33 本段應為第7段，原文誤植為8。
34 本文件之結論無段落7。或為原文誤植，指附錄B：討論之段落7。

蔣介石（圖片來源：RG226, 226-P, Box.2）

「如美軍部隊有必要占領臺灣，美方將建立軍政府，並持續運作至美國政府
認為可移交中國當局為止。」

4. 國務院於 1944 年 5 月 15 日作出下列有關臺灣的建議：

　　a. 若所有政府功能已全數移交，則假定為主權交接。

　　b. 若中國爆發大規模內亂，致有礙背負責任之中國政府的完整施政，可能
　　　須延後政府功能的實際移交，並視狀況決定：逐步或全數交接。因事涉
　　　政治與法律，故將留待國務院決定。

　　c. 一旦占領時間延長，則表示軍政府在主權交接前，仍可斟酌情況，將某
　　　些政府功能交付中國人自治運作，而此事當由國務院研議。

5. 盟軍最高司令部在對日本帝國大本營下達的第一號命令中，要求所有在臺日
　　軍武裝部隊向蔣介石（Chiang Kai-shek）投降。

附錄 B

討論

1. 因臺灣終將歸還中國，美國沒有理由接受在臺日軍的投降，或在臺灣建立軍
　　政府。在盟軍最高司令部下達日本帝國大本營的第一號命令中，要求所有在
　　臺灣的日本武裝部隊向蔣介石投降。因此，若非情勢不容許，中國應占領臺
　　灣並建立軍政府。但即便中國能派出占領臺灣的部隊，美國仍可能必須提供
　　船運及某些特種支援部隊，以協助中國的占領。在此狀況下，美國將可能對
　　所屬人員及物資提供必要的保護，但不對軍政府負任何責任。

2. 由於中國軍隊積弱不振，及內部因日本部隊投降造成的不穩定狀況，此時根
　　本不確定中國是否有能力出兵占領臺灣。若中國無法遂行任務的情勢漸趨明
　　朗，美國須做出占領臺灣的決定。至於對日本在臺部隊的處置，政治性考量
　　目前不重要，軍事考量將就日本部隊的撤離做出必要控制。此外，在美國軍
　　方的掌握下，遠東其他地區或許需要臺灣出產的糧食。當參謀首長聯席會下
　　達占領決定時，應自國務院－戰爭部－海軍部協調委員會就當時的政治考量

獲取相關意見。

3. 若美國占領臺灣，則應建立美國軍政府。然而，此軍政府僅運作至美國政府認為可將政權移交予主管的政權為止。不過，若適用臺灣的投降條件生效，若中國在此後一段合理的期間內，遲未能建立主管的政府，美國軍政府仍須撤離，並交給當時存在的任何一個中國政府。參謀首長聯席會應在撤離前，就撤離將帶來之政治、經濟的可能影響，徵詢國務院－戰爭部－海軍部協調委員會。

4. 因臺灣終將回歸中國，且人口組成在起源、語言與文化上大都為中國人，故最理想的做法是在符合軍事權宜的前提下，盡量安排中國人參與美國的占領與臺灣軍政府的運作。上述參與應取決於這些行使必要職務之人員的能力，且須在可行的狀況下儘早派出，以維持軍情與政權的穩定及效率。為此，美國軍政府須與中國政府就影響所及的廣泛性政策事務，維持緊密聯繫與諮詢。美國當局應盡量就中國規劃的臺灣政府長遠性再造作出裁量。

5. 若美國占領臺灣，軍政府在中國政府許可的範圍內應盡量雇用當地的中國人及臺灣人。在中國政府批准前，不應雇用或將中國公民及不在島上的臺灣人帶進臺灣。

6. 現行臺灣法律下，臺灣人及原住民擁有的特定合法權力及利益，將維持至主權移交為止。因此，在美國可能進行占領的期間內，短期行政法案均應避免損及這些權力與利益。具長期重要性者，須與中國政府的政策一致。

7. 若美國須占領臺灣，並保有特定權力或特別待遇，則須在將軍政府的功能移交中國政府前，簽訂特別協議。

1-2.3 臺灣軍政府與中國及中國人民之關係(SFE 104/3)(1945 年 8 月 23 日)[35]

臺灣軍政府與中國及中國人民的關係(SFE 104/3)

最高機密

SFE 104/3[36]

1945 年 8 月 23 日

頁數 1 與 2

國務院-戰爭部-海軍部遠東小組協調委員會

遠東地區的政治與軍事問題:

國際聯合部隊占領臺灣:

參考資料:(a) SPE 104/2[37]

祕書註記:

1. 分發給小組委員會審議的這份附件,為美國海軍上校羅伯 L. 丹尼遜(Robert L. Dennison)[38] 製作,為與 SFE 104/2 號報告相關的報告草案。

2. 丹尼遜上校建議,如目前需針對此主題提出報告,以這份附件取代 SFE 104/2 號報告即可。

祕書 美國海軍預備隊上尉 休・D・法利

最高機密

---

35 本文出處為:Memorandum by the State-War-Navy Coordinating Subcommittee for the Far East, in "Politico-Military Problems in the Far East: National Composition of Forces to Occupy Formosa Including the Pescadores in the Post-Defeat Period: Relations of the Military Government of Formosa with China and the Chinese", SFE 104/3, August 23, 1945, RG165, NM84, Box.598(NARA)。

36 SFE 104/3 為國務院-戰爭部-海軍部遠東小組協調委員會第 104/3 號報告。

37 SFE 104/2 為國務院-戰爭部-海軍部遠東小組協調委員會第 104/2 號報告。

38 原文之官階為 Captain。Captain 於美國海軍為上校。

附件
遠東地區的政治與軍事問題
國際聯合部隊占領臺灣

本報告由國務院－戰爭部－海軍部遠東小組協調委員會擬訂

1. 在美國部隊占領臺灣並在臺建立軍政府的問題上，決定美國所要採行的政策。

2. 盟軍最高司令部下達日本帝國大本營的第一號命令中，要求所有在臺日本武裝部隊向蔣介石投降。

3. 美國、中國及英國共同簽署[39]的《開羅宣言》中聲明，臺灣應歸還中華民國。

4. 依第一號命令的授權，將由中國接受日本在臺武裝部隊的投降。因此，美國沒有占領臺灣的明顯必要。惟若中國無法控制臺灣，美國才可能有介入的理由，而可能的理由之一是對糧食製品的需求。

5. 因此結論為：若因軍事或其他考量要求美軍進入臺灣。占領該地並就地建立軍政府，並無政治上的異議。關於此項占領的持續時間與政治性的政策，須在日後視當時狀況決定。

6. 建議如下：
   (a) 向參謀首長聯席會提交此報告，請求自軍事觀點提供意見。
   (b) 在國務院－戰爭部－海軍部協調委員會批准結論（段落 5 以上各項）後，將此報告送交參謀首長聯席會、國務院、戰爭部及海軍部等單位以取得指導，並斟酌狀況、妥善實施。

---

39 原文為 Signed by。

1-2.4 臺灣軍政府與中國及中國人民的關係（SFE 104/4）（1945 年 9 月 19 日）[40]

臺灣軍政府與中國及中國人民的關係（SFE 104/4）

最高機密

SFE 104/4[41]

1945 年 9 月 19 日

頁數 1

國務院－戰爭部－海軍部遠東小組協調委員會

遠東地區的政軍問題：

日本投降後國際聯合部隊占領臺灣（含澎湖群島）：

臺灣軍政府與中國及中國人民的關係

參考資料：(a) 國務院－戰爭部－海軍部協調委員會 16/6 號文件[42]

　　　　　(b) 國務院－戰爭部－海軍部協調委員會 53 號文件

　　　　　(c) 國務院－戰爭部－海軍部協調委員會 68 號文件

　　　　　(d) 國務院－戰爭部－海軍部協調委員會 69 號文件[43]

　　　　　(e) 國務院－戰爭部－海軍部遠東小組協調委員會 104 號系列文件

祕書註記：

1. 分發的這份附件，為國務院－戰爭部－海軍部協調委員會針對參考資料 (b)、(c)、(d) 項於 1945 年 9 月 18 日的第 41 次會議中，指導祕書撰寫的報告。

---

40 本文出處為：Memorandum by the State-War-Navy Coordinating Subcommittee for the Far East, in "Politico-Military Problems in the Far East: National Composition of Forces to Occupy Formosa Including the Pescadores in the Post-Defeat Period: Relations of the Military Government of Formosa with China and the Chinese", SFE 104/4, 19 September, 1945, RG165, NM84, Box.598（NARA）.

41 SFE 為國務院－戰爭部－海軍部遠東小組協調委員會，104/4 則代表第 104/4 號文件。

42 國務院－戰爭部－海軍部協調委員會 16/6 號文件其標題為：〈太平洋地區之政軍問題〉（Politico-Military Problems in the Pacific）。

43 國務院－戰爭部－海軍部協調委員會 69 號文件其標題為：〈遠東地區之政軍問題：對日本投降前臺灣軍政府在政治、經濟及金融上的基本指令〉（Politico-Military Problems in the Far East: Basic Directive for Pre-Surrender Military Government in Formosa, including Political, Economic and Financial Directives）。

2. 此報告於 1945 年 9 月 19 日呈送至國務院－戰爭部－海軍部協調委員會。

祕書 美國海軍預備隊上尉　休・D・法利

最高機密
附件

遠東地區的政軍問題：

日本投降後國際聯合部隊占領臺灣（含澎湖群島）：

臺灣軍政府與中國及中國人民的關係

本備忘錄由國務院－戰爭部－海軍部遠東小組協調委員會擬訂

1. 如國務院－戰爭部－海軍部協調委員會 16/6 號文件的第 34 頁附錄 B，第 5 項第 1 段所示，小組委員會目前正研議關於此項主題的文件，並取代原先國務院－戰爭部－海軍部協調委員會指定的 53 號及 68 號文件。

2. 此外，如國務院－戰爭部－海軍部協調委員會 16/6 號文件的附錄 B，第 2 項第 3 段所示，參謀首長聯席會正就「受降後臺灣軍政府在政治、經濟及金融上的基本指導」進行準備，並將在 9 月 20 日前完成。

3. 初製這些文件時，尚不知美國是否有承擔臺灣軍政府責任之必要，以防中國軍隊在占領臺灣或日本部隊遂行投降時未能就位。

4. 中國部隊現正準備開拔前往臺灣，參謀首長聯席會正安排此項行動所需的兩棲運輸支援。另有報導指出，中國代表們正在臺灣接受日本人投降。

5. 按前述段落 4 的資訊，國務院－戰爭部－海軍部協調委員會的 53、68 及 69 號文件要求採取的行動顯然已無必要。

6. 因此建議自此議題中刪除國務院－戰爭部－海軍部協調委員會的 53、68 及 69 號文件，並通知參謀首長聯席會此項行動。

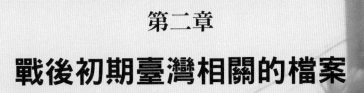

第二章

戰後初期臺灣相關的檔案

45 年 10 月臺北街頭的遊行（圖片來源：美國國家檔案館）

2-1.1 臺灣的新統治者（1945 年 9 月 22 日）[1]

臺灣的新統治者

戰略情報局
情報部門
報告與研究科
第 203 分遣組

臺灣的新統治者

報告 YV-24[2]
1945 年 9 月 22 日

　　陳儀，這位甫獲指派的臺灣新統治者，下列相關資料自其一位姻親處取得。

　　陳儀是一位誠實人士，目前已上年紀，且對政務管理並不積極。他拔擢了許多貪腐部屬，現以徐學禹為首。徐的名聲格外不堪入耳，他實際上控制了陳儀的行動。

　　中國有許多不利於陳儀的看法，部分是因為他的部屬貪汙，部分則因有人指控他長期親日。事實上，他有位日籍妻子。陳是浙江人且為蔣介石的朋友。

　　這位消息人士也指出，臺灣經濟重建的首席顧問，計畫將在臺所有煉鋁設備全數移往中國大陸，因臺灣沒有值得開採的鋁礦，而日本人都是自別處取得礦砂後，運來臺灣處理。

---

1 本文出處為：Office of Strategic Services, "Notes on the New Governor of Formosa," Rt. YV-24, Sept. 22, 1945, RG226, N54 55, Box.4（NARA）.
2 YV-24 應是戰略情報局的檔案編號。

上：陳儀（圖片來源：RG226, 173, Box.11, NARA）
下：陳儀抵臺受降。照片中為陳儀，其右為秘書長葛敬恩，左為警總參謀長柯遠芬。
（圖片來源：高雄市立歷史博物館，登錄號：KH1999.004.005）

2-1.2 臺灣省行政長官公署人物誌（1946年3月11日）[3]

情報報告

發自：駐臺助理武官 　　　　　　　　　　　　1946 年 3 月 11 日

來源：中國人 　　　　　　　　　　　　　　　　評列為：B-2

責任區：臺灣 　　　　　　　　　主旨：臺灣省行政長官公署人物誌

臺灣省行政長官公署所屬各單位官員之人物誌資料，

僅有發送至軍情局之副本附有照片。

　　　　　　　　　　　　　　　　　　　7154 助理武官化學兵中校

　　　　　　　　　　　　　　　　　　　　詹姆斯・R・吉迪斯

受文者：

代理武官暨軍事航空武官

航空中校

奧圖・R・哈尼

姓名：陳儀

職稱：臺灣省行政長官公署行政長官

出生日期：1883 年 5 月 3 日

出生地：浙江紹興

學歷：日本陸軍士官學校 1909 年班畢業

　　　日本陸軍野戰砲兵學校 1911 年班畢業

　　　日本陸軍大學校 1919 年班畢業

經歷 (1929 年以後)：1929-32 年，軍政部兵工署署長

---

3 Asst Military Attache, "Who's Who Information on Responsible Officals of the Office of Govern-Gereral , Taiwan Province," March 11, 1946, RG226, N54 55, Box.4（NARA）. 本文為美軍駐臺武官透過情報蒐集之資訊。文中所述人物之生平、經歷、年份等可能有誤，請讀者留意。

1929-34 年，軍政部常任次長及政務次長[4]

1934-41 年，福建省主席

1937-41 年，福建省綏靖公署主任

1937-41 年，第 25 集團軍總司令

1941-42 年，行政院祕書長

1942-44 年，黨政工作考核委員會[5]主任委員

1943-45 年，陸軍大學代理校長

1944-45 年，中央訓練團教育長

1935 年起，國民黨中央執行委員

1945 年起，臺灣省行政長官公署行政長官兼警備總司令部總司令

外語：日語

勳獎：2 等寶鼎勳章，抗戰勝利勳章

照片：附於照片附錄，編號 A-1

姓名：葛敬恩

職稱：臺灣省行政長官公署祕書長

出生地及出生日期：浙江嘉興，1889 年 7 月 30 日

學歷：北平陸軍大學畢業，1913-16 年[6]

　　　日本陸軍大學校畢業，1918-21 年[7]

經歷：1907-25 年，軍事教育工作，[8]身為現役軍人，多次參加孫逸仙醫師主導
　　　的革命運動，特別是 1911 年那一次

　　　1925-27 年，在國民革命軍總司令蔣介石將軍麾下，擔任參謀處長[9]

　　　1926-32 年，國民政府參謀部參謀次長[10]

---

4 中華民國政府官職資料庫（http://gpost.ssic.nccu.edu.tw/）（2017/11/28 點閱），記 1929 年 5 月 4 日任常任次長；
　1931 年 1 月 15 日任政務次長。
5 黨政工作考核委員會於 1940 年 9 月在「國防最高委員會」下設立，考察所核定之各機關方案之實施進度，並執行
　黨政各機關工作、經費、人事之考核。
6 《二二八事件辭典》記 1912 年入學。參見張炎憲主編，《二二八事件辭典》（臺北：國史館，2008），頁 555。
7 《二二八事件辭典》記 1919 年入學。見前引書，頁 555。
8 1907 年浙江武備學堂畢業後，留校擔任教官。
9 《二二八事件辭典》記 1926 年任孫傳芳部第一師參謀長。見前引書，頁 555。查中華民國政府官職資料庫，於
　1928 年 5 月 17 日任國民革命軍總司令部參謀處處長。
10 中華民國政府官職資料庫記 1928 年 11 月 13 日任職。

　　　　1930 年，青島特別市市長

　　　　1932-33 年，國民政府軍政部航空署長兼航空學校代理校長 [11]

　　　　1934 年，浙江省政府委員

外語：日語

兵役：1907 年 -1927 年，18 歲開始服現役與陸軍大學教育、軍事管理工作

照片：附於照片附錄，編號 B-1

來自駐中國武官　　　報告編號 R-177-46　　　　　　1946 年 3 月 11 日

姓名：周一鶚

職稱：臺灣省行政長官公署民政處處長

出生地及出生日期：福建建陽，1904 年 5 月 18 日 [12]

學歷：福建省立第一中學畢業 [13]，1920 年

國立北京高等師範學校學士，1925 年

法國普瓦捷大學碩士，1928 年

經歷：1928-30 年，國立北平 [14] 師範大學教授

　　　　1930-32 年，國立武漢大學（漢口）教授

　　　　1932-38 年，北平 [15] 中法大學教授

　　　　1938-39 年，福建省中央賑濟委員會 [16]

　　　　1939-41 年，福建省政府糧食管理局局長 [17]

　　　　1942-43 年，國家總動員會議糧鹽組主任

　　　　1943-45 年，中央黨政工作考核委員會第 4 組組長

　　　　1944-45 年，中央設計局臺灣調查委員會委員，兼中央訓練團臺灣行政

　　　　　　　　幹部訓練班副主任，臺灣省糧食調劑委員會委員 [18]

---

11 中華民國政府官職資料庫記 1932 年 9 月 28 日任軍政部航空署長。航空學校校長為蔣介石。

12 《二二八事件辭典》記 1905 年出生。見前引書，頁 197。

13 應為福建省福州第一中學。

14 此時已更名為北平，原文仍作北京（Peking）。

15 此時為北平，原文仍作北京（Peking）。

16 當時中央賑濟委員會派周赴福建視察。參見龍文出版社整理編印，《臺灣時人誌（下）》（臺北：龍文，2009），頁 48。

17 中華民國政府官職資料庫，記 1941 年 2 月 5 日任職。

18 原文為 Chief。但該會主任委員一職，為柯遠芬兼任，周一鶚為民政局長兼任委員。參見國史館臺灣文獻館，「臺灣省行政長官公署檔案」：http://ds3.th.gov.tw/ds3/app003/list3.php?ID1=00301300005023（2017/11/28 點閱）。

外語：法語及英語

旅外國家：法國 3 年

兵役：第 25 集團軍少將糧食局長

照片：附於照片附錄，編號 B-2

姓名：趙迺傳

職稱：臺灣省行政長官公署教育處處長

出生地及出生日期：浙江杭州，1889 年 [19]

學歷：國立北京師範大學畢業，1913 年 [20]

　　　美國哥倫比亞大學學士及碩士

經歷：1913 年，國立北平師範大學教授，師大附中教師 [21]

　　　1923 年，國立北平師範大學教授，Chief of the Press Dept [22]

　　　1926 年，中華文化教育基金會祕書

　　　1928 年，國民政府教育部參事 [23]

　　　1931 年，立法院立法委員，國立中央大學兼任教授

　　　　　　中央政治學校 [24] 講師

　　　　　　中央政治委員會教育專門委員會委員

　　　　　　國防最高會議教育專門委員會委員

　　　　　　考試覆核委員會委員 [25]

　　　　　　中央訓練團臺灣行政幹部訓練班教育組，主任導師 [26]

照片：附於照片附錄，編號 B-3

來自駐中國武官　　報告編號 R-177-46　　　　　　1946 年 3 月 11 日

---

19 《二二八事件辭典》記 1890 年 4 月出生。見前引書，頁 628。

20 《二二八事件辭典》記 1915 年入學。見前引書，頁 628。

21 《二二八事件辭典》記 1915 年入國立北京師範大學，畢業後任師大附中主任。見前引書，頁 628。

22 該校並無新聞系，參見李蒸，〈國立北平師範大學之過去現在與將來〉，《教育雜誌》，第 25 卷第 7 期（1935 年），頁 205。此處之 Press 疑為該校出版課，參見〈國立北平師範大學現在出版刊物一覽：22 年 12 月〉，《文化與教育》，第 5 期（1933 年），頁 22-23。

23 中華民國政府官職資料庫 1929 年 9 月 3 日任職。

24 國立政治大學之前身，是中國國民黨訓政時期培育國家政治及管理人才的主要基地。

25 依中華民國政府官職資料庫，趙氏於 1931 年受任為考試覆核委員會委員，隸屬考試院。

26 原文為 Chief & Instructor，當時稱為主任導師。參見近藤正己，林詩庭譯，《總力戰與臺灣：日本殖民地的崩潰（上）》（臺北：國立臺灣大學出版中心，2014），頁 660。

姓名：趙連芳

職稱：臺灣省行政長官公署農林處處長

出生地及出生日期：河南羅山，1894 年 4 月 6 日[27]

學歷：北京清華學堂畢業，1921 年

　　　美國愛阿華州立農工學院學士，1924 年

　　　美國威斯康辛大學，1925 年取得碩士學位，1927 年取得博士學位

經歷：1929-35 年，國立南京中央大學農學院，農藝系教授

　　　1934-36 年，南京之全國經濟委員會農業處處長[28]

　　　1936-42 年，南京及重慶之中央農業實驗所稻作組主任[29]

　　　1942 年起，農林部參事[30]

外語：英語

旅外國家：英國 1 個月，法國 1 個月，比利時 1 個月，丹麥 1 個月，瑞典 1 個月，
　　　德國 1 個月

兵役：1913 年江西講武堂[31]畢業

照片：附於照片附錄，編號 B-4

姓名：包可永

職稱：臺灣省行政長官公署工礦處處長

出生地及出生日期：江蘇吳縣，[32]1908 年 5 月 14 日

學歷：1921 年德國柏林工業大學電機系工程學士[33]

經歷：1931-37 年，上海南洋大學講師[34]

　　　1934-37 年，交通部上海電報局局長[35]

---

27 《二二八事件辭典》記 5 月 6 日。見前引書，頁 629。
28 中華民國政府官職資料庫記 1934 年 9 月 21 日任職。
29 據中華民國政府官職資料庫，南京應指實業部全國稻麥改進所技正，於 1936 年 10 月 1 日任職。重慶或指中央農業實驗所四川工作站，參見龍文出版社整理編印，《臺灣時人誌（下）》（臺北：龍文，2009），頁 147。
30 中華民國政府官職資料庫記 1944 年 12 月 22 日任職。
31 講武堂是中國清朝末期及中華民國初期培養陸軍軍官的教育機構。
32 原文為蘇州（Soochow），當時稱吳縣。
33 《二二八事件辭典》記 1927 年。見前引書，頁 82。
34 上海南洋大學為國立交通大學前身。其人之過往傳記多記為國立交通大學講師。如《臺灣時人誌（下）》，頁 14、《二二八事件辭典》，頁 82。《二二八事件辭典》記 1930 年返國後先任職西門子洋行，後任職交大。見前引書，頁 82。
35 《二二八事件辭典》記 1941 年。見前引書，頁 82。

1937-41 年，福建省政府建設廳廳長 [36]

1942-45 年，重慶國家資源委員會，[37] 工業處處長

1944-45 年，戰時生產局 [38]，製造處處長

外語：英語及德語

旅外國家：德國 7 年，美國短期差旅

兵役：無

照片：附於照片附錄，編號 C-1

來自駐中國武官　　報告編號 R-177-46　　　　　　1946 年 3 月 11 日

姓名：胡福相

職稱：臺灣省行政長官公署警務處處長

出生地及出生日期：浙江寧海，1908 年 11 月 [39]

學歷：浙江省警官學校畢業

　　　日本內務省警察講習所畢業

　　　日本東京明治大學畢業

　　　中央警官學校警政高等研究班結業

　　　中央訓練團黨政及民事訓練班結業

經歷：1932 年，浙江省（杭州）警官學校教官

　　　1934 年，南京中央憲兵學校法律教官、中央警官學校教官

　　　1938 年，福建省保安處警務科長

　　　1940 年，福建建陽縣長 [40]

　　　1941 年，福建永春縣長 [41]

　　　1942 年，福建省政府委員 [42]

---

36 中華民國政府官職資料庫記 1939 年 8 月 11 日兼任福建省政府建設廳廳長，至 1941 年 6 月 9 日免職。

37 1938-46 年，資源委員會隸屬國民政府經濟部。參見張朋園、沈懷玉，《國民政府職官年表（第一冊）》（臺北：中研院近史所，1987），頁 337：http://www.mh.sinica.edu.tw/ MHDocument/Publication/Publication_260.pdf（2017/11/28 點閱）。

38 戰時生產局隸屬行政院。參見前引之《國民政府職官年表（第一冊）》，頁 463。

39 《二二八事件辭典》記 1908 年 4 月 11 日。見前引書，頁 294。

40 中華民國政府官職資料庫記 1942 年 5 月 25 日任職。

41 中華民國政府官職資料庫記 1944 年 3 月 8 日任職。

42 中華民國政府官職資料庫對此職無記載。

　　　　1944 年，中央設計局專門委員
　　　　1944 年，中央警官學校臺灣警察幹部訓練班主任
　　　　　　　　中央警官學校第二分校副主任，福建臺灣警察幹部訓練班主任
外語：日語
旅外國家：日本 2 年

姓名：揭錦標
職稱：臺灣省行政長官公署警務處副處長
出生地及出生日期：浙江常山，1906 年 2 月 24 日
學歷：浙江省警官學校畢業
　　　日本內務省警察講習所畢業
經歷：1932 年，浙江省民政廳警務調查委員會委員，浙江警官學校教官
　　　1932-33 年，浙江省杭州民政廳警務處處長
　　　1933-43 年，浙江餘姚公安局長，警察局長 [43]
　　　1943 年，中央警官學校教官
　　　1944 年，中央警官學校東南警官訓練班（湖南）副主任，臺灣警察幹部
　　　　　　　訓練班副主任
外語：日語
旅外國家：日本 2 年
兵役：無

來自駐中國武官　　報告編號 R-177-46　　　　　　　　1946 年 3 月 11 日

姓名：王肇嘉
職稱：臺灣省行政長官公署會計處處長
出生地及出生日期：江蘇，1904 年 6 月 1 日
學歷：1931 年北京大學法學士 [44]

---

43 中華民國政府官職資料庫於揭之杭州、餘姚等職，未有記載。
44 應是商學士。

經歷：1934-36 年，審計部第二廳（南京）協審[45]

　　　1936-43 年，福建省政府（福州）審計處長，會計處副處長[46]

　　　1943-44 年，重慶主計部會計局第 5 組組長[47]

　　　1944-45 年，重慶之黨政工作考核委員會專門委員

外語：英語

兵役：無

旅外國家：無

照片：附於照片附錄，編號 C-2

姓名：樓文釗

職稱：臺灣省行政長官公署機要室主任

出生地及出生日期：浙江諸暨，1894 年 10 月 25 日

學歷：Min Kuo Law College

　　　中央訓練團第 24 期結業

經歷：1929 年，青島特別市政府公用局長

　　　1930-33 年，南京之首都警察廳主任祕書[48]

　　　1933-38 年，安徽省縣長[49]

　　　1943-45 年，財政部緝私署簡任祕書

外語：無

旅外國家：無

兵役：1928- 年，國民革命軍總司令辦公廳祕書

　　　1929- 年，中央憲兵司令部軍法處長

　　　1929-43 年，國民政府訓練總監部總務廳文書科中校科員，[50] 少將參

　　　　　　議[51]

---

45 國民政府監察院審計部，設置第一廳掌理全國各機關的事前審計，第二廳掌事後審計，第三廳掌稽察，而審計職權的執行人有審計、協審與稽察 3 種。參見審計部資料：https://www.audit.gov.tw/ezfiles/0/1000/attach/51/pta_619_3563462_62337.pdf（2017/11/29 點閱）。但中華民國政府官職資料庫對王之此職，未有記載。

46 據中華民國政府官職資料庫，王於 1939 年 11 月 24 日至 1942 年 5 月 21 日，任福建省政府會計處科長。

47 中華民國政府官職資料庫對王之此職，未有記載。

48 中華民國政府官職資料庫，樓氏於 1930 年 8 月 11 日任首都警察廳祕書。

49 歷任銅陵、涇縣、歙縣等。參見《臺灣時人誌》，頁 155。查中華民國政府官職資料庫，於 1937 年 1 月 9 日任安徽歙縣縣長。

50 據中華民國政府官職資料庫，樓氏於 1929 年受任為訓練總監部總務廳文書科中校科員，但於隔年另派新職。

51 原文記為 Chief Secretary，《臺灣時人誌（下）》記為少將參議。前引書，頁 155。

照片：附於照片附錄，編號 C-3

來自駐中國武官　　報告編號 R-177-46　　　　　　　1946 年 3 月 11 日

姓名：張國鍵
職稱：臺灣省行政長官公署人事室主任
出生地及出生日期：安徽宿松，1906 年 2 月 26 日
學歷：國立北平大學法律系畢業
經歷：1935 年，福建省政府民政廳祕書
　　　1936-38 年，福建省連江縣長
　　　1938-39 年，福建省南安縣長
　　　1940 年，江蘇學院行政管理學系教授[52]
　　　1939 年，福建省政府祕書處科長[53]
　　　1940-45 年，福建省政府人事室主任[54]
外語：英語及俄語
旅外國家：無
兵役：無
照片：附於照片附錄，編號 C-4

姓名：夏濤聲
職稱：臺灣省行政長官公署宣傳委員會主任委員
出生地及出生日期：安徽懷寧，1900 年
學歷：國立北京大學
經歷：1937-38 年，福建省莆田縣長
　　　1938-41 年，福建省政府祕書
　　　1941-42 年，行政院參事（重慶）

---

[52] 該系之名，參見江蘇學院四十年編輯小組編，《江蘇學院四十年》（臺北：江蘇省立江蘇學院旅臺校友會，1980），頁 9。
[53] 中華民國政府官職資料庫記 1941 年 9 月 24 日任此職。
[54] 中華民國政府官職資料庫記 1943 年 9 月 8 日任此職。

　　　　1942-44 年，黨政工作考核委員會祕書

　　　　1944-45 年，臺灣調查委員會委員

外語：日語

旅外國家：日本 1 年半

兵役：無

照片：附於照片附錄，編號 D-1

來自駐中國武官　　　報告編號 R-177-46　　　　　　1946 年 3 月 11 日

姓名：方學李

職稱：臺灣省行政長官公署，法制委員會主任委員

出生地及出生日期：廣東惠來，1901 年 1 月 28 日

學歷：德國波昂大學法學博士

經歷：1931-32 年，國立中山大學法學教授

　　　　1932-34 年，安徽省立大學法學教授

　　　　1934-37 年，福建省政府法制室主任

　　　　1937-39 年，福建省第四區保安司令及行政督察專員 [55]

　　　　1939-41 年，國立四川大學法學教授

　　　　1941-44 年，於廣東韶關私人執業

外語：德語

旅外國家：法國、德國、比利時、波蘭、丹麥、俄羅斯、英國

兵役：軍事訓練

照片：附於照片附錄，編號 D-2

姓名：黃朝琴

職稱：外交部駐臺灣特派員兼臺北市長

---

55 據中華民國政府官職資料庫，方氏於 1937 年任第四區保安司令及行政督察專員。

出生地及出生日期：臺灣鹽水，1899 年 [56]

學歷：1923 年日本早稻田大學學士

　　　1926 年美國伊利諾大學碩士

經歷：旅日期間，創辦《臺灣民報》（臺灣先鋒），[57] 提倡白話文及臺灣解放
　　　運動

　　　1928 年，外交部日本科科長及部長祕書 [58]

　　　1933-39 年，駐舊金山總領事 [59]

　　　1939-42 年，駐加爾各答總領事

　　　1942 年，外交部情報司副司長，參加中央訓練團高級班，為期 6 個月，
　　　　　畢業論文為〈臺灣收復後之設計〉[60]

　　　1944 年，中央設計局臺灣調查委員會委員

　　　1945 年，外交部駐甘肅特派員

外語：英語

著作：《日本統治下之臺灣》

　　　《廣源輪案》（英文版）

　　　〈於舊金山沒收日本廣源輪之報告〉[61]

　　　《中華民族之海外發展》

　　　《日本經濟之危機》

照片：附於照片附錄，編號 D-3

來自駐中國武官　　　報告編號 R-177-46　　　　　　　1946 年 3 月 11 日

姓名：石延漢

職稱：臺灣省行政長官公署氣象局局長及基隆市長

56　《二二八事件辭典》記 1897 年 11 月 19 日。見前引書，頁 500。
57　原文為 Taiwan Minpao（Formosa Herald）。
58　中華民國政府官職資料庫記 1932 年 3 月 28 日任外交部科長。
59　中華民國政府官職資料庫記 1935 年 5 月 21 日任駐金山總領事。
60　論文題目參見《臺灣時人誌（上）》，頁 116。
61　或指中文版之《廣源輪案》；或指《廣源輪案》相關文件，如黃朝琴研判廣源輪載運廢鐵將被日軍操控等。收於
　　國發會檔管處之《廣源輪案》（檔號：0026/443.4/0027）。參見許峰源之介紹：〈抗戰「船」奇：決戰千里外的
　　廣源輪案〉：https://www.archives.gov.tw/ALohas/ALohasColumn.aspx?c=1477（2017/11/28 點閱）。

出生地及出生日期：浙江績溪 [62]

學歷：東京帝國大學碩士

經歷：1937 年至今，福建永安氣象局長 [63]

　　　1944-45 年，福建省永安縣建設廳主任祕書 [64]

　　　1938-41 年，福建省立醫學院教授 [65]

外語：日語、英語及德語

旅外國家：日本 8 年

兵役：軍事訓練

照片：附於照片附錄，編號 D-4

姓名：任維鈞

職稱：臺灣省行政長官公署專賣局局長

出生地及出生日期：湖南，1907 年 9 月 21 日 [66]

學歷：中央政治學校學士

　　　愛阿華大學碩士

經歷：1939-40 年，行政院行政效率促進委員會專門委員，行政院縣政計畫委
　　　　員會委員 [67]

　　　1941 年，國防最高會議中央監察委員會成員 [68]

　　　1942 年，湖南省專賣局長 [69]

　　　1943 年，（掌管）財政部專賣事業司技術室 [70]

---

62 原文為杭州（Hangchow），但應為績溪。參見《臺灣時人誌（下）》，頁 16、《二二八事件辭典》，頁 101。
63 中日戰爭期間，省會由福州遷至永安。1938 福建省政府在永安成立測候總所，隔年升為福建省氣象局，石延漢自 1939 年任該局局長。參見葉文欽，由「氣象學報」談起：http://www.iap.cas.cn/qt/zthd/qxsh/201402/t20140218_4033394.html（2017/11/29 點閱）；陳學溶，〈關於石延漢先生〉：http://www.ncku1897.net/wiki/index.php/%E7%9F%B3%E5%BB%B6%E6%B1%89（2017/11/29 點閱）。
64 據中華民國政府官職資料庫，石於 1941 年 5 月 15 日任福建省政府建設廳技正。該資料庫無永安縣建設廳之記載。
65 福建省立醫學院為今福建醫科大學前身，石曾於該校任教物理。參見校方網頁：http://xyw.fjmu.edu.cn/2013/0502/c1686a5482/page.htm（2017/11/25 點閱）。
66 《二二八事件辭典》記 1908 年。見前引書，頁 103。
67 中華民國政府官職資料庫對此職，未有記載。
68 原文為 Central Political Supervisory Committee。但國防最高會議之組織並無中央監察委員會，或是指該會包括之中國國民黨中央監察委員會。中華民國政府官職資料庫對任之此職，未有記載。
69 原文為 Hunan Monopoly Bureau。但任維鈞應是任職於安徽省財政廳。參見范雅鈞，〈戰後臺灣菸酒公賣局及其檔案簡介〉、《檔案季刊》，第 11 卷第 3 期（2012 年 9 月），頁 27。
70 原文 Monopoly Bureau, Ministry of Finance 應指財政部專賣事業司，首任司長為朱偰。該司下設技術室。1944 年 8 月，該司與菸類專賣局、火柴專賣公司合併為專賣事業管理局。財政部，〈財政部組織法在臺修正〉：http://museum.mof.gov.tw/ct.asp?xItem=3662&ctNode=9&mp=1（2017/11/25 點閱）。；中國第二歷史檔案館，〈財政部專賣事業管理局〉：http://www.shac.net.cn/mgdacs/mgsqjgsz/201505/t20150511_2815.html（2017/11/25 點閱）。

　　　　1944 年，黨政工作考核委員會組長 [71]
外語：英語
旅外國家：美國 3 年，日本 2 個月
照片：附於照片附錄，編號 E-1

___

姓名：于百溪
職稱：臺灣省行政長官公署，臺灣省貿易公司總經理 [72]
出生地及出生日期：雲南宜良，[73]1906 年 [74]
學歷：日本京都帝國大學畢業
　　　日本東京帝國大學研究學者
經歷：全國經濟委員會技術專員，[75] 雲南省糧食廳儲運處長，糧食部駐滇督糧
　　　委員，雲南省聯合社總經理 [76]
語言：日語、英語
旅外國家：日本，10 年
兵役：無
照片：附於照片附錄，編號 E-2

來自駐中國武官　　報告編號 R-177-46　　　　　　　1946 年 3 月 11 日

___

姓名：韓逋仙
職稱：臺灣省行政長官公署，臺灣省地方行政幹部訓練團教育長
出生地及出生日期：浙江省紹興縣，1894 年 8 月
教育程度：日本東京法政大學、東北 [77] 帝國大學（1 年半）

___

71　任維鈞曾任黨政工作考核委員會組長。參見范雅鈞，前引文，頁 27。
72　臺灣省貿易公司設立於 1945 年 11 月 5 日，次年 2 月 11 日起更名為臺灣省貿易局。參見薛月順，〈陳儀主政下「臺灣省貿易局」的興衰（1945-1947）〉，《國史館學術集刊》，第 6 期（2005 年 9 月），頁 196。于百溪為貿易局局長。
73　《二二八事件辭典》，頁 34。
74　《二二八事件辭典》記 1905 年。見前引書，頁 34。
75　一說為全國經濟委員會專員。參見束禾，〈誰披彩雲當空舞——記誕生於雲南的中國首批飛天女傑〉，《雲南文獻》，第 42 期（2012）：http://www.yunnan.tw/index.php/literature/list-5/yunnanliterature42/803-article4206.html（2017/11/24 點閱）。
76　其經歷可參見《臺灣時人誌（下）》，頁 2。
77　原文為 Taihoku，指臺北。但應是東北帝國大學。

重慶中央訓練團黨政幹部訓練班第 11 期結業

經歷：1938-39 年；福建省警官訓練所政訓主任

　　　1939-41 年；三民主義青年團福建支團部宣傳組組長

　　　1941-45 年；暨南大學教授兼訓導長 [78]

語言：日語

旅外國家：日本，5 年

兵役：無

照片：附於照片附錄，編號 E-3

姓名：范壽康

職稱：臺灣省圖書館館長 [79]

出生地及出生日期：浙江上虞，1897 年

學歷：浙江寧波中學，日本東京第一高等學校，東京帝國大學學士

經歷：1926-27 年，國立中山大學教授

　　　1928-31 年，春暉中學校長

　　　1932-33 年，安徽大學文學院院長

　　　1933-37 年，國立武漢大學教授，國民政府軍事委員會政治部反宣傳處
　　　　　　　處長，[80] 國民政府軍事委員會第三廳副廳長，國民政府軍事
　　　　　　　委員會設計委員

語言：日語及英語

旅外國家：日本，10 年

兵役：於國民政府軍事委員會任職超過 3 年，職位等同於准將

照片：無

備註：姓氏以英語稱呼時為范（FAN），但資料上之中文則寫作苑（YUAN）

資料由駐中國武官提供　　　報告編號 R-177-46　　　　　1946 年 3 月 11 日

---

78 韓逋仙之經歷參見《臺灣時人誌（下）》，頁 166。

79 范氏為臺灣省圖書館館長。參見國立臺灣圖書館：http://ntlstory.ntl.edu.tw/mobile/story.php?sc=2（2017/11/28 點閱）。

80 應是第七處。

七十軍抵臺（圖片來源：208-AA, Box.159, NARA）

2-2.1 七十軍軍紀（1945 年 10 月 25 日）[81]

美國駐臺陸軍
戰略情報組
臺灣臺北

1945 年 10 月 25 日

標題：情報報告
受文：美國戰略情報局（OSS）駐中國戰區（China Theatre）情報部門[82]
　　　（受文者：史密斯・班（Ben Smith））

1. 本報告內的訊息，已自日本帝國陸軍的臺灣臺北總部得到確認。[83]

2. 1945 年 10 月 20 日，71 名隸屬 107 師 319 團的中國士兵在一名士官長指揮下，來到臺北州附近的日本陸軍倉庫，要求[84] 打開倉庫大門。日本哨兵因沒接到上級長官的相關命令，不願打開大門，中國軍人隨即從日本哨兵床上偷走三條毛毯。

3. 同日上午 11 點至下午 1 點間，約 30 名隸屬基隆 75 師 222 團的中國士兵，強行進入數戶民宅，搶走衣服及珠寶首飾。他們又從被叫來平亂的 8 名日本警察及若干憲兵處偷走手錶、皮夾、皮包等。在基隆，部分士兵偽裝成正執行街道守備的衛兵，卻從過路人身上剝下手錶和皮包。中國當局說，他們正在調查這些事件。

---

81 本文出處為：United State Army on Formosa, Strategy Service Unit, "Intelligence Report: this Report Deals with Looting and Pilfering on Formosa by Chinese and American Troops," Oct. 25, 1945, RG226, 140, Box.59（NARA）.
82 原文為 INDIV，是 Intelligence Division, OSS-CT 之代稱。意為美國戰略情報局（OSS）駐中國戰區（China Theatre）情報部門。參見 Archimedes L. A. Patti, *Why Viet Nam?: Prelude to America's Albatross* （Berkeley and Los Angeles: University of California Press, 1980）, p.xiii.
83 第一條具委以鉛筆註記「訊息日期 10 月 20 日」。
84 「要求」後方，以鉛筆改為「未出示授權而進入」。

4. 20 日深夜到 21 日清晨，約 20 名中國士兵在臺北近郊的大直庄搶走市民的衣服、珠寶、家具。但中國陸軍當局卻拒絕調查該事件，至 1945 年 10 月 22 日中午 12 時 30 分，仍不接受這樣的情資。

5. 22 日晚上 11 點到 23 日清晨 5 點，約 20 名中國士兵強行進入臺北機場附近 Nakasono[85] 街的民宅，拿走珠寶、衣服和家具。

6. 22 日深夜，34 名美國水手持輕機槍和軍刀，攻擊被解除武裝的日本軍隊。這些海軍人員遭美國海軍當局押上船艦，目前相關單位正在調查中。

1945 年 10 月 25 日，由克拉克上校發文予史密斯‧班的情報報告

駐臺灣臺北
戰略情報組指揮官
航空少校
雷納德 F. 克拉克（Leonnard F. Clark）[86]

---

85 音譯可為：中園。
86 二戰後美國戰略情報局（OSS）曾遣金絲雀小組（Canary）來臺從事情報工作，克拉克（全名為 Leonnard Francis Clark）即 Canary 第一任組長。

2-2.2 街談巷議（1946 年 4 月 4 日）[87]

3-4 月

第 1 位受訪者：車伕，40 歲。把這些傭兵官員趕回去！理由：日本政府就像一隻狗，它會吠會咬，但可以保持和平跟良好秩序。中國政府就像一隻豬，只會睡跟吃，但對任何人都沒有好處。

第 2 位受訪者：車伕，35 歲。最好解雇這些傭兵官員，以好人取代。

第 3 位受訪者：卡車司機，年約 25 歲。需懲處這些貪官、要改善行政。理由：我每天開卡車來往基隆，看到一些違禁品被送往上海、溫州、福州。假如這些官員沒接受賄賂，這些貨物怎麼可能出口？

第 4 位受訪者：卡車苦力，年約 40 歲。假如米價能降到我們都能買得起，那我無所謂。

第 5 位受訪者：市政機構員工，30 歲。假如員工薪水能調升到生活水準所需，那政府人員就不會去恐嚇索賄。

第 6 位受訪者：政府一般員工，25 歲。政府若採取行動、清除貪官，平息物價上漲，將來會更好。

第 7 位受訪者：自菲律賓回來的戰俘，25 歲。假如中國政府被趕走了，臺灣獨立了，並要求美國保護臺灣，臺灣會變成一個很棒的地方。理由：之前看日本人的文宣，我以為美國政府非常殘酷。但我待在戰俘營時，發現美軍對待日本人非常友善。現在美國是世界和平的守護者。假如這座島嶼由美國控制，現在的情況應該會好很多。現在的中國軍隊只知道賄賂跟找女孩子。

---

87 本文出處為：Tan, Ka Seng, "Opinions of the Man in the Street," April 4, 1946, RG226, 173, Box.11（NARA）.

第 8 位受訪者：日本海軍工作者（臺灣人），22 歲。這座島嶼最好由美國控制。我在日本時，那邊也有饑荒，但美軍的統帥下令部隊不能進入餐廳。所有遭摧的地區由美軍提供的機械非常安靜地重建。

第 9 位受訪者：一位從蘇門答臘返臺的士兵，30 歲。許多我的同伴返臺後都沒有工作。因此，有很多的竊盜。這種失業情況應該要補救。

第 10 位受訪者：一位高等商業學校的學生，21 歲。應革除鄙吝的官員，採用本地公民。許多有才能的臺灣人仍未被僱用。政府應晉用臺灣人，因為他們更熟悉本地的情況。

第 11 位受訪者：一位學校老師的觀點，25 歲。我沒有其他看法，除了：如果學生們未被承諾免除學費，臺灣人將全部變成傻瓜。

第 12 位受訪者：一位學校老師，40 歲。這些鄙吝的官員應該要被革除。譬如教育處處長不准其他人印教科書，然後他們自己印，所有的利潤都歸他。

第 13 位受訪者：另一所學校的老師，35 歲。陳儀需解職下臺，理由：當他非正式佔領臺灣時，日本總督給他兩千萬日圓，要求他因此項交易而更寬容。

第 14 位受訪者：人民協會會員，40 歲。人民需擁有言論自由，才能表達他們的意見，並改善行政。

第 15 位受訪者：商人，35 歲。需鼓勵交易以抑制物價上升，如此一來，臺灣才能復原。

第 16 位受訪者：另一位商人，50 歲。當米價 1 斤 15 圓時，中國官員竟然還可以經常上館子吃飯。他們哪來的錢？他們貪腐。

第 17 位受訪者：也是商人，55 歲。工廠機器都被移往中國，假如這種狀況持續下去，臺灣的工廠就沒工作了。這些機器以前從日本進口。

　　第 18 位受訪者：一位 65 歲的老人。假如市場價格在臺灣能回復到 10 年前的水準，那麼這座島上的居民就很幸運了。

　　第 19 位受訪者：從中國回來的臺籍軍人，24 歲。假如我們認真工作，不管當前政府的缺點，有一天，中央政府會考慮錄用臺灣人管理臺灣。

　　第 20 位受訪者：郵局員工，35 歲。我認為，美國政府應佔領這座島嶼。他們來了以後，將供給這座島嶼許多物資，如此一來，我們就不用再害怕物資短缺。

報告人陳家成（Tan, Ka Seng）
1946 年 4 月 4 日

Opinions of the man in the Street

March-April

1. Opinion of a cart puller, age 40 :—
Drive back the mercenary officials:
Reason : Japanese Government is like a dog which barks and bites, but he keeps peace and order well. Chinese Government is like a pig who sleeps and eats but do not good to anybody.

2. Another cart-puller, age 35 :—
It is best to behead all the mercenary officials and replace them with good ones.

3. Truck drivers opinion :— (age 25)
Covetous official must be punished and improve the administration be improved . (Reason) As I drive the truck everyday to and from Keelung I see contraband goods being exported to Shanghai, Wenchow, Foochow. If the officials did not receive bribes how could such goods be exported?

4. A coolie of the truck age 40 :—
If rice price can come down so that we can make a living, it will all be all right with me.

5. A city Government employee, age 30
If the employee's salary is raised to cope with the living standard, the government personnel will never extort bribes.

街談巷議（圖片出處：Tan Ka Seng, "Opinions of the Man in the Street," April 4, 1946, RG226, 173, Box.11, NARA.

2-2.3　1946 年 10 月的政治發展（1946 年 10 月 31 日）[88]

1946 年 10 月的政治發展

美國領事館
臺灣，臺北
1946 年 10 月 31 日

機密
主旨：1946 年 10 月的政治發展

尊敬的
美國駐中國南京大使司徒雷登（J. Leighton Stuart）

閣下：
　　我很榮幸在此向您摘要呈述 1946 年 10 月間，臺灣的政治與經濟發展。

摘要
　　蔣介石夫婦於 10 月 27 日結束他們為期 1 週的首次訪臺行程，對島上的經濟發展，及強化中國大陸經濟的潛力留下良好的印象。他們在行政長官安排的接見會上，對領事館同仁們展現的親切誠摯引人議論。本地的參議會正進行選舉，將於 10 月 31 日自行政長官核定的候選人中，選出 17 位赴南京參加國民大會[89]的代表。由於失業率攀升及大量外省人自大陸移入，使得武裝搶劫案件明顯增加，公眾秩序與安全趨於惡化。已開始遣返在臺灣的琉球人與剩餘的日本人。到訪臺灣的中國記者群一致認為，本地統治當局在重建島上經濟生活方面已有所進展，但仍有相當大的進步空間。新聞界持續鼓動將九龍與香港歸還

---

88 本文出處為：American Consulate, Taipei, "Political Developments During October, 1946, " October 31, 1946, RG84, UD3258, Box.2（NARA）.
89 此指 1946 年 11 月 15 日於南京召開之制憲國民大會。

中國。有一家報社敦促中國，要求索討琉球群島的主權。新竹與竹東之間未完工的鐵道工程開工了，這是日本人在戰爭後期，為使設於竹東的水泥廠能夠運作而興建的一條必要鐵道。臺灣目前正在收割的稻作，預期將沒有多餘的產量可供外銷。煤礦產量不及戰爭爆發時的半數，但較日本投降時來得多。

政治

蔣介石暨夫人於 10 月 21 日自南京抵達臺北，在臺灣北部與中部短暫視導後，於 10 月 27 日返回大陸。這趟被新聞界譽為充滿夾道歡呼與歡欣鼓舞的旅程，事實上，整體臺灣民眾並沒那麼熱情。

蔣介石於 10 月 25 日在臺北向紀念臺灣重回中國統治 1 週年而聚集的群眾發表演說。當天稍後，與蔣夫人在一場行政長官安排的茶會上，接見了長官公署的高級官員。聚會中，蔣介石藉著致詞機會，針對美國協助臺灣遣送日本國民，向受邀與會的領事館美籍同仁表達謝意。接著，他要求單獨會見美國領事館代表們，在這僅有行政長官及祕書長[90]陪同的場合中，又再度表達感激之情。同時他也期望，陳儀能鼎力協助領事館遂行的各種官方功能，這顯然駁斥了近來廣為流傳之關於行政長官將被撤換之說。

在謁見蔣介石之後，蔣夫人邀請美國領事館同仁「拜訪」她。在這段緊接而來的額外會面中，讓人明顯感受到蔣介石夫婦對日本人在臺灣留下的統治痕跡，也就是他們造就的農、工業發展程度與人民的高度生活水準感到印象深刻。蔣夫人一再就此與大陸上現存的不佳狀況相比，表示她樂見臺灣成為中國的模範省。相信元首蔣介石夫婦的到訪，應可對臺灣的治理產生正面影響。因為如今他們親眼目睹了臺灣的回歸，可以也應為中國帶來利益。

隨後得知，蔣介石伉儷對領事館同仁展現的熱誠親切，及會面歷時之久，均讓本地執政官員驚訝難忘。他們推測，領事館的聲望將因而提升。

10 月 31 日，位於臺北的臺灣省參議會將自行政長官公署核定的候選人中，

---

90 應指葛敬恩。

蔣介石夫婦抵臺參加臺灣回歸中國周年活動（圖片來源：高雄市立歷史博物館，登錄號：KH1999.004.100）

選出 17 位代表，出席於南京召開的國民大會。依中央政府指示，臺灣的 17 席代表分配如下：臺灣 8 個縣（包括澎湖），每個縣 1 位代表；臺北市 1 位；女性 1 位；原住民 1 位；農業、勞工及商會等組織，每類 2 位。臺灣《新生報》贊同中央政府的決定，讓這些代表由地方選舉產生，而非透過指派，同時也批評未顧及教育團體的應有名額。臺北市有 3 位候選人競選 1 個代表名額，其中 1 位極受行政長官青睞，其他 2 位中，有 1 位曾在《人民導報》社長任內，在報上刊登批評當地警察當局的文章，而被判刑入獄服刑 6 個月，褫奪公權 1 年。[91]這些文章被指為試圖煽動民眾，起事反抗當局，陰謀破壞公共安全。另 1 位候選人是有美國教育背景的臺灣人，他批評中國人治理臺灣的各種狀況時，經常直言不諱。選舉前夕，因申請手續不完備，遭取消候選資格，然而，這些所謂的違規事項，又因該候選人已持有待補足的文件而撤銷。據了解，目前他是合格的參選者。同樣這個人，在前一場為選派臺灣代表赴南京參加政治討論的選舉中，[92]因有 1 張寫著他姓名的選票遭塗抹，有點類似地被取消候選資格。[93]

10 月的犯罪案件數量明顯增加。最近的一些案例如下：一家本地米店遭竊損失了 40 萬元，及一位街頭小販，不但一日所得被搶奪一空，遭斬首的屍體還隨後在淡水河被發現。今早有 10 名武裝搶匪，入侵臺北市一家重要的商業銀行，在搶得 30 萬元後，駕卡車逃逸。另有一幫搶匪闖入工廠，將機械設備洗劫一空，導致停工。本地報紙將這些搶案與暴力事件激增的原因，歸究於警方無能與官員貪腐、臺灣人面臨的嚴重失業問題，及外省人自大陸湧入臺灣導致的不利因素。

在臺灣，自 10 月起遣返 1 萬名左右的琉球人。這個行動因獲得盟軍最高司令部[94]提供的船隻方能順利展開。據各方估計，尚有 2 萬 5 千至 2 萬 8 千名滯臺日本人的遣返工作將一併展開。這些日本人由一艘臺灣當局掌控的船隻運載。該船於 10 月 18 日首度由基隆航至佐世保，船上載著約 1,700 名返國者。

---

91 此事為《人民導報》報導高雄地主勾結警察迫害農民事件，社長王添灯遭判刑。參見李躍乾，《日據時期臺灣留日學生與戰後臺灣政治》（北京：九州出版社，2011），頁 32。
92 此指國民參政會參政員之選舉，係由臺灣省參議會的參議員間接投票產生。
93 原文所指的人士為廖文毅，所提之前次選舉為國民參政會的參政員選舉。原本得 13 票已可當選之廖文毅，因其中一票的「廖」字弄髒，變成只得 12 票，與同樣得 12 票的林茂生等人抽籤後而落選。參見陳正茂，《臺灣早期政黨史略（1900 - 1960）》（臺北：秀威，2009），頁 80。
94 原文為 SCAP。

遣散日軍工作告成

截至七月十五日止，留華日軍遣散回國者已達二百二十餘萬人。圖示最後幾批日軍登日本船艦回國。美國將繼續協助中國遣散東北一百餘萬日軍。

日人遣返情況（圖片來源：高雄市立歷史博物館，登錄號：KH1999.004.002）

目前的遣返計畫，要求在年底前將所有日本人（除了約 1,245 名仍留置外）遣送回國，但從那艘首航日本的船隻至今仍未返航看來，該計畫明顯難以在時限內完成。

　　一群 22 位來自南京與上海的中國各報記者，在中央宣傳部副部長率領下於 10 月抵臺，進行為期 1 週的訪問。比起數週前訪臺的外國記者團，他們未引起太多官方的注意。[95] 這些中國通訊員對島上的經濟發展感到印象深刻並稱許中國自日本人手中接管臺灣的方式，及已在各地展開的重建工作。然而，他們覺得這裡仍有「許多改進空間」，且對大量工廠仍未運作抱持負面評價。前中華民國駐臺領事，也就是日本人在南京扶植的傀儡政府代表，因通敵罪名被判處 2 年半有期徒刑，目前正服刑中。[96] 自從涉及貪汙的臺灣專賣局與貿易局局長[97] 於 9 月份遭撤職後，一直沒有進一步對其採取法律行動的聲明。

　　臺灣各報的社論，正對九龍與香港歸還中國之事持續施壓。一份臺灣人自營的小報：《大明報》，敦促中國「收復琉球」。該報強調，中國無論在戰略或歷史上，都擁有一切索回琉球的權利，以保障中國的海岸線，並確保臺灣安全。此觀點與行政長官的政策及宋子文博士[98] 發表的聲明不謀而合。

經濟方面的註記

　　新竹至竹東的鐵路興建工程於 10 月 2 日開工，這條鐵路已於戰時完成必要的測量工程，預定於 1947 年 4 月完工、通車。[99] 日本人在竹東興建，但截至投降都未投入生產的水泥廠，須仰賴這條鐵路才能運作。臺灣目前收成中的稻作產量，初估 2 億斤（1 斤等於 1.32 磅），[100] 將全數供應島上需求，沒有剩餘可供出口。島上約有 200 座煤礦礦場，其中約 170 座現正開採中。然而，120 萬

95　中央宣傳部副部長許孝炎率領，一行 22 人自 1946 年 10 月 12 日抵臺採訪，19 日陸續離臺。文中所提之外國記者團，則是同年 8 月 31 日由中央宣傳部國際宣傳處處長曾虛白陪同，一行 26 人抵臺，9 月 6 日離臺。參見張耀仁，〈建構「臺灣」——以臺灣省行政長官公署宣傳委員之宣傳策略與論述為例〉，頁 23：http://ccs.nccu.edu.tw/word/HISTORY_PAPER_FILES/683_1.pdf（2017/11/25 點閱）。

96　此人為二戰時期汪精衛派駐臺北的第二任總領事馬廷亮。參見許雪姬，〈中華民國臺北總領事館〉，《臺灣大百科全書》：nrch.culture.tw/twpedia.aspx?id=5242（2017/11/23 點閱）。

97　專賣局長任維鈞，貿易局長于百溪，均因貪汙案件遭撤職處分。

98　宋子文當時為行政院長。

99　1947 年 11 月 15 日通車至竹東，時稱竹東線。

100　此處的斤指臺斤。

噸的煤年產量，若與日本統治下，1941 年的 288 萬 4,510 噸，1942 年的 231 萬
965 噸相比都仍算少。目前 10 萬噸的月平均產量，高於 1945 年 8 月間日本投
降時，僅 2 萬 7,000 噸的總產出。

美國領事

步雷克（Ralph J. Blake）敬上

正本送南京大使館
副本 2 份（1 份氨燻本）[101] 送國務院

---

101 原文為 ozalid，為氨燻晒圖紙，是一種專門用來複製信件的圖紙。

2-3.1 臺灣當前的輿論（1945 年 11 月 23 日）[102]

臺灣當前的輿論

1. 在與代表臺灣所有團體與階層的人士晤談後，得到一種印象：大家都於此充滿不確定感的過渡時期中觀察、等待著。一般臺灣民眾與新中國政權之間的鴻溝似乎正在擴大中。民眾們愈來愈清楚，這些中國人還在摸索，他們沒有定見與準備，且這個新政權打算將臺灣人摒除在外。尤其在經濟控制上，不允許他們加入新政府。臺灣人痛恨繼續任用日本政策顧問與技術人員，也反感於持續徵收日本人（訂立）的「戰爭特別稅」。民眾敏銳地察覺到，美國在日本戰敗後躍升為主角，還有中國對她的依賴程度。美國的付出深受感激與評論，就算可見的軍事支援在麻煩的事件前就已撤離，相信在臺灣人心中仍可維持高度聲望。明顯衰敗的中央政府當局令臺灣人感興趣，這是目前執政當局擔心之處。日本人日趨悲觀。多數中國人則認為，臺灣人是戰敗國的人民，不適合自治。

2. 臺灣人的想法。對臺灣人而言，《開羅宣言》似乎因東京舉行的受降儀式而成真。自 8 月 16 日到 10 月 24 日期間，對自由與重回中國的熱望隨處可見，是日本人 50 年的占據將此事理想化了。但一個月後，大家便明顯覺悟。雖然只是瀰漫著觀察等待的氛圍，但深沉的怨恨與對抗都在醞釀中。最常聽到的抱怨包括：長官公署未在公認的重要機關中晉用臺灣人；這個自大陸（主要是行政長官的故鄉浙江省）來臺，組織緊密、自私自利的裙帶集團把持權力；未廢除「戰爭特別稅」（這個）始自日本人徵收的沉重稅賦；在接收日本工業資產的團隊編組中排除臺灣人。有一個不合理但普遍的抱怨則是，執政當局未清理並恢復公共設施。稻米的供應最令人擔憂。中國警察因為無能或抗拒，無法壓制漸增的暴力及搶案，並明顯縱容一個存在已久、遍及全島且勢力龐大，甚至得到某些軍方保護的勒索集團，這些都讓人們對未來的發

---

102 本文出處為：Unknown, "Current Public Opinion in Formosa," November 23, 1945, RG84, UD3258, Box.2（NARA）.

展增添許多恐懼與懷疑。

3. 臺灣社會中的團體利益。

　　A. 原與日本合作的人士，象徵著一個令人懷疑與不信任的團體。最知名人士包括辜振甫、許丙、林熊祥及晚近的林獻堂。他們過去在政治與經濟上和日本人搭檔，並在日本晚期政權的暗中支援下，參與了一場遲來的「獨立」運動，並據此向中央政府請願，授予臺灣自治權。在此盤算下，日本人的利益能獲得最大保障。因為這個日本授意的運動宣告失敗，幾位成員各自致力於臺灣同胞中恢復名譽之事。以辜氏為例，他主張應該多為新政權著想，若個人的才能足以與日本人共事，也一定能和中國人合作。他駁斥人們指控他與想「獨立」的夥伴自私貪婪，一心（只想）掠奪其他富有人家，以接管臺灣島上最有利可圖的商業團體。辜氏在日本政權結束後便相當低調，將家族事業委由弟弟經營。反之，林熊祥卻在新政權中，自力成功地於新政權中謀得顧問職務，並公開、活躍地投入、安排最近的商業整併（包括臺灣人與新近前來的中國政權成員）。據稱，他的主動權來自付出的大量賄款。不同於辜家一夕致富，林家在日本人佔據前就是全臺灣最大且最有權勢的家族，聲望格外不凡。據信，林獻堂會積極參與「獨立運動」，肇因於日本人對他施加的極大壓力。[103] 多年來，他在日本帝國下爭取臺灣的權利，始終是位傑出堅定的發言人，並對日本警方起了很大的緩和作用。近年來則被要求移居東京，並於1944 年當選貴族院議員。但最近的輿論卻轉而厭惡這位卓越且最受敬重的臺灣人與「獨立」團體來往，並懷疑他的動機與現有態度。他在新政權中擔任參政員，但多數時候待在臺中附近的家鄉。有些大眾的流言說他一直協助日本資本家的掩飾活動。

　　據報導，許丙在接受某些美國代表訪談時，雖然強調自己對政治毫無興趣，但在回答 3 個直接的問題時，又自願表達了以下意見：

　　(a) 臺灣只能以現行的方式回歸中國嗎？因為（臺灣）與中國南部在種族與經濟的關係如此牢固，且中國南部在經濟發展上提供了比臺灣更寬

---

103 林獻堂並未參與戰後初期之獨立運動。而辜振甫等人的臺獨案是「自己主動」向總督府請願，並非國民黨所謂「受日本人煽動」。相關史事參見蘇瑤崇，〈「終戰」到「光復」期間臺灣政治與社會變化〉，《國史館學術集刊》，第 13 期（2007 年 9 月），頁 45-87。

廣的空間，所以臺灣毫無疑問得回歸中國，即便這意味著，一般生活水準的下降。而臺灣人在中國當然必須享有平等待遇。

(b) 臺灣應該獨立嗎？臺灣在經濟上如此受限，不可能獨立。

(c) 根據可能的假定，臺灣應處於被保護領地的狀態，臺灣能像菲律賓一樣成為美國的保護國嗎？雖然人民的生活水準與總體經濟狀況將因而改善，但與中國南部重建親緣關係的渴望如此強烈，使這種保護國狀態無法和平延續。

許丙是位年約 55 歲，白手起家的富有商人，在臺灣最大的地主林家擔任財富與房地產經理人。他可以任意買賣土地，特別在臺北市及鄰近地區。他的生意頭腦、財富規模及樂意與執政當局合作的態度，為他贏得日本貴族院的提名。目前得聽取他的意見，因為他在臺灣經濟方面，持續掌握了許多人脈與利益。

B. 目前與新政權合作的代表團體也普遍遭到質疑。許多聲譽不佳的人士在省、市執政當局出任高階職務。尚未實施的新進出口許可制度造成了一場特權爭奪。據說臺灣人與中國官員之間有大筆金錢往來，但至今尚未明朗。這個新來乍到的團體，主要致力於處理、分配過去日本人的獨佔工業，以及在與中國貿易的組織中鞏固其利益與股份。

C. 據信，許多可能極為重要的臺灣人士，都對新政權冷淡以對，觀望著行政長官公署會晉用多少臺灣人。他們大都為地主的保守派，在鄉間擁有採礦與農業利益，在城市則擁有房地產。這派人士包括多數過去從事對外貿易的臺灣人，以及讓他們與外國人連結之行業（如茶葉買賣、石油製品經銷、本地汽車、縫紉機代理等）。他們的意見相當一致，在日本人統治下，貪污與回扣仍算輕微，至少有規律、在預料中，也不會超出交易所能承受的（額度），除非政府突然有意刪掉某些利益或行業角色。此集團的成員抗議新政權中有太多人企圖建立私屬的壓力團體，造成紊亂與混淆；且這種「回扣」索求，有了第一次之後，第二、三次就會接踵而來，每次要得都比先前多。在此情況下，嫺熟外國及中國本土貿易的人士預測，除非長官公署誠實而有效率地推動新的進出口許可制度，並把「回扣」降至最低，否則一開始就會扼殺所有進出口事業。

D. 定義模糊的「獨立」或「自治」運動，似乎純為本地的發想，也似乎與段落 C 所述之保守派有著隱晦不明的關聯。此集團的成員在從這些運動

抽身時，經常暗示了這點，但迄今只有少許證據顯示這層關係。這些運動偶然地，似乎都以臺中為中心。多年來，林獻堂積極提升臺灣人的自我意識，參與其中的人士，在對日本人發起「獨立」運動時，被稱為是最厲害的對手與批評者。他們不想在中國管轄下的自治省中，持續做當局的協助者；而是要在沒有中、日的緊密關聯下，讓臺灣人接管這座島的主權。有趣的是，他們之中有位中國陸軍的臺籍將領，長期被公認為現任行政長官的批判者，卻與蔣介石關係友好並得到其信任。他說，若人們不接受現行的政權，他威脅將在臺灣發動革命。這位將軍與段落 C 提到的團體成員大都有聯繫。

E. 在一般民眾，也就是苦力及農民這個鮮少能匯集意見的階層間，流傳著幾則極端的謠言。比如：有位臺北著名的算命師預言，日本人將於 3 年內重掌權力（這也許來自日本投降時，部分日軍年輕軍官的著名恐嚇）。不確定的現況使謠言永不止息，說所有的鈔票都將變為廢紙。暴力與搶劫將日益頻繁，犯罪遍布所有階層。物價失控，不分都市及農村。一般大眾配給到的稻米收成也嚴重不足。

F. 勞工界極度動盪不安，尤其礦工與伐木工的薪資趕不上物價漲幅，造成了廣泛但受約束的勞工運動。罷工頻仍，甚至提出補發過去 3 或 4 年間，未賺取之薪資與紅利的過分要求。部分業主與雇主（大部分來自段落 C 提及的團體）視其為共黨運動。雖然他們不相信這與國外有任何關連，但這些運動的領導者與宣傳中心所在地都尚待查證。某些礦場業主相信，這些勞工問題背後沒有組織性支援，其他則斷言有全島性、掌控性的組織存在。對此，長官公署至今仍拒絕介入或採取行動，並忽視了實際上：目前生產及礦場維護的中斷情況，將嚴重影響冬季月份煤炭供應。礦工及工廠工人的訴求若無調和妥協，業主勢將走上破產一途。

G. 海外臺灣人面臨的困境、長官公署對遣返及救濟行動的明顯不情願與無作為，已在所有社會階層間釀成嚴重問題。除了中、上階層送往海外的留學生（主要前往日本）及赴海外經商的人士外，還有來自各階層，以農民、苦力階層為主之數萬名被日本人徵召入軍、提供勞役的年輕孩童與男丁。獲派進行救濟的組織已收到 5 至 6 萬份救濟申請，他們的家人不遺餘力地敦促長官公署有所動作。為了能讓某代表團前往東京，光徵得中國人同意就花了 1 個多月。官方明顯的冷漠態度及對實際行動的抗

拒，已招致遍布全臺的請願者強烈地批評。因為每 1 位申請人都至少代表了 1 個宗族關係複雜的家庭，可見其對全島各階層造成的累積效應始終相當重大。（該代表團尚未獲得日本戰區司令部[104] 的核准。）

H. 在一位（福建背景）的臺籍將領對客家族群所做的惡毒流言攻擊中，暗示臺灣人潛藏分歧的意識形態。客家人的總數粗估在 60 萬至 70 萬上下，他們生活在相當排外的社區中，說著福建人不懂的方言，在臺灣史上一向較福建人更為積極、果斷，更關心政治，也更富冒險精神。過去 200 年來，多數反抗領袖不是具有客家血統，就是出身客家族群。在日本人的地方自治選舉制度下，新竹（該將軍的家鄉）的客家人口比例最高。據信，雙方的對抗起源於族群間的語言障礙，然而此次攻擊卻是前所未見，相信這個問題值得持續關注。

4. 可表達或控制臺灣人意見的團體。

A. 一個表面上為盡量協助新政權而組織的協會，正在臺灣商業界形成。有理由相信，此組織代表著一種自發性運動，想保護臺灣人的利益並尋求共同防衛，以抵禦來自中國的利益侵犯。新近抵臺的外省人，堅持參與那些不歡迎他們的事業。臺灣人因而開始懷疑，過往受日本統治的經驗將重蹈覆轍，若這些缺乏經驗、不具備任何技術或管理技能的外省人，加入這些產業並因而受惠，只會有不愉快的結果。

B. 救濟海外中國人的協會組織與功能，已於段落 3G 中說明。

C. 臺灣人創辦，須經檢查的雜誌與報紙如下：

(1)《民報》，民營；每版 1 萬份。

(2)《政經報》半月刊；政治與經濟雜誌。

(3)《大同》月刊；[105] 政治與經濟問題。

(4) Kung Hua Pa 月刊；[106] 文學雜誌。

(5) Chien Hong 月刊，[107]5 萬份；主要討論教育問題。由海外留學生協會贊助。

---

104 原文為 Headquarter, Japan theatre，但此日本戰區（Japan theatre）並不存在。應是指盟軍最高司令部（Supreme Commander of the Allied Powers, SCAP）。

105 創刊於 1945 年 11 月。參見何義麟，〈戰後初期臺灣出版事業發展之傳承與移植（1945-1950）──雜誌目錄初編後之考察〉，《臺灣史料研究》，第 10 期（1997 年 12 月），頁 18。

106 疑為《光華》，或是由《南方》改名。參見上述之何義麟（1997），頁 18。

107 譯音近《新風》，創刊於 1945 年 11 月 15 日。同上註，頁 18。

D. 廣播、海報及公眾口號、官辦報紙與雜誌，是官方影響輿論的工具，其中，規模最大也最重要的《新生報》，發行量為 10 萬份，由長官公署配送至全島各地。據報，國民黨計畫在臺灣創辦一份報紙。

E. 輿論將易受捲土重來並經修正的保甲或連坐制度影響。這是古代中國的社會工具，每家都是由 10 家組成的地方單位之一。這個 10 家的單位再由 10 個此單位組成的更上一級的地方單位之一（也就是說，一個社區團體代表了 100 個家庭）。[108] 採行這項制度的日本人，以極有效的機關來管制社區行為。家庭對其成員之個人行為負責，個人因恐於遭到家庭或社區報復而控制自己的行為。這項制度緊密結合當地日本人的警察單位，也被視為第二種警察系統，而日本居民倒沒有這種組織。1945 年 6 月，「因臺灣人與日本人已沒有差別」，保甲制遭到廢止，這顯然是為了挽回本地民心，以支援日軍部隊抵禦盟軍可能的攻勢。中國人聲明，他們有意改進這項制度，但這個決定極不受歡迎。長官公署對於何時恢復眾所關切的地方選舉制度[109]，由合格臺灣納稅人選出半數省縣議員，至今隻字未提。

5. 日本人的輿論。

A. 日本民眾困惑且悲觀。前任外事部長守屋[110]，在安藤投降後代理局長職務。他私下估計，約 3 分之 2 的日本人樂意並希望留在臺灣接受中國統治，因為他們已在此地落地生根，且認同臺灣更甚於遭戰亂摧毀而明顯混亂的日本。但 10 月 24 日之後，來自中國不分合法或非法的壓力逐漸增加，令這樣的態度漸漸有所轉變。守屋現在相信，僅半數人希望留下，且還會繼續減少。儘管長官公署尚未就遣返人員的基本政策做成任何決定，但日本社群裡還是察覺到，臺灣人想盡快將日本人趕走的那份堅持。年長一輩的日本人對戰爭終於結束，顯得既輕鬆又感謝。軍方遭受頻繁、憤怒的指責（晚期民政部門中較不常發生），未能讓大家明瞭日本損失

---

108 指 10 家為 1 甲，10 甲為 1 保，1 保代表 100 家的制度。

109 1946 年 3-5 月間，臺灣省各縣市成立鄉鎮民代表會後，接著成立縣市參議會，各縣市參議員採間接選舉的方式，分為區域和職業團體，由鄉鎮民代表會與職業團體選出，省參議員復由各縣市參議員間接選出。參見陳亮州，〈光復初期的高雄縣參議會 - 以檔案管理局管有檔案為例〉，《檔案季刊》，第 11 卷第 2 期（2012 年 6 月），頁 28。

110 守屋和郎，戰後負責終戰事務聯絡會。參見蘇瑤崇，〈論戰後（1945-1947）中美共同軍事佔領臺灣的事實與問題〉，《臺灣史研究》，第 23 卷第 3 期（2016 年 9 月），頁 91。

的程度與敗戰如此迅速的原因。有些人認為，日本應放棄對劍的神祕崇拜，並讓國家擺脫神性複合體的糾纏。日本商人未參與政治，他們支持戰爭是基於愛國精神而非堅決信念，對戰爭的結束感到輕鬆，因為民營企業將可擴張，而長官公署也會鬆綁對公、民營企業的過度管控，這點他們想呈獻給新政府。一般日本民眾對新政權的無能、漠視技術及腐敗感受敏銳，雖然能夠全心全意，不遺餘力地與美國人合作，但在必要時心甘情願與中國人合作卻很困難。

B. 不分軍民，所有日本公務分支機關中的前官員，皆認為新政權的施政，遠不及他們在任時的最低要求，故明顯抗拒與其合作。然而，若真有協助重建臺灣經濟的機會，他們樂意配合。

C. 本身也擔任技師的中島，是臺灣纖維工業株式會社的社長，[111] 他和手下的技師們計畫成立組織，藉以提升與中國人的合作關係。他們相信，確立互利聯合陣線，將有助於滿足他們可能提出的要求，至少主觀上看來如此。他們想確保人身、財產及工作安全，也知道中國人想一面利用他們的專業技能，一面將所有日本人趕出這座島，而這兩者間相互矛盾。

D. 據報，已遭解除武裝並等候遣返的日軍官兵態度浮動、陰沉且有時充滿威脅性。宿營環境惡劣，食物供應也日趨緊急，中國人的對待更加劇了上述情況。年輕軍官一致極度抗拒服從投降的命令。據知，他們正議論著反叛，並有許多謠言流傳著，關於如何成功窩藏武器及隱匿人員，以便在行動當天運用。據說，現藏匿於北投的前日軍總司令暨總督安藤將軍，已成為年輕軍官密謀暗殺的對象，以懲罰他在投降前對中國人施行的一番政策以及參與那羞恥的投降典禮，他並未自殺謝罪。後備軍人及退伍軍人協會的態度尚不明確。

6. 可供日本人表達意見的團體。

A. 日本人社團的形成分為幾種路線。一些先前著名的日本官僚，包括：《臺灣日日新報》（官方報紙）的井村，[112] 前臺北州知事今川，[113] 前專賣局長，臺灣石炭株式會社前社長等人，為了在當前局勢下代表日本商會發

---

111 應為臺灣纖維工業株式會社社長中島道一。
112 原文為 kawamura，應是井村大吉。
113 應是今川淵。

聲，計畫成立俱樂部（蓬萊俱樂部）。「為節省時間，減少麻煩」，他
們被選為俱樂部的領導者，明顯以前政權為後盾。其中，最知名且最具
權勢的日本人受邀參加 11 月 14 日在臺灣工商會辦公室舉行的成立會議，
計畫成立蓬萊俱樂部，並最終擴展成全島性的日本人協會。首次會議上，
組織委員會承認，未獲行政長官公署同意聽證是他們的徹底挫敗，委員
會的活動將由更成功的領導人推行。會員普遍反對以自行選舉這種唐突
方式產生社團幹部。當日會議僅決定：此指導委員會成員的選舉，應更
具普遍代表性，最好經由抽籤或既有的分區組織產生。

B. 許多知名的日本人明白，若舊政府企圖延續其利益，顯然將造成危險。
   正針對蓬萊俱樂部的支持者，盡全力反制其自認代表全體日本社群，掠
   取發言人地位的霸道行徑。這些人計畫成立一個最廣泛、由典型商業與
   專業人士組成的組織，以更自由地運作其代表性。這個仍為鬆散的團體，
   正尋求行政長官的核准。筆者熟識這群人，相信他們是最合理、適任的
   日本領導者。若組織獲允成立，必定可有效地緩和那些日本反動官僚。

C. 日本（醫藥、工程等）技師組織已述於前揭段落 B 中。

D. 前臺北州知事西村高兄[114]，任期迄於 1945 年 4 月，其領導的「Welfare
   Promotion Board」，欲協調所有退伍人員及其眷屬的救濟。其運作始於投
   降之前。

E. 目前尚未評估：一度勢力
   強大的後備軍人協會之活
   動。

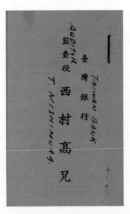
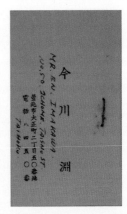

西村高兄、今川淵的名片（圖片來源：RG226, A1 154, Box.86,
NARA）

---

114 曾擔任臺北州知事的日本人中，僅有西村高兄一人較符合原文之描述，其任期迄於 1945 年 5 月 23 日，而非文
   中之 4 月。

2-3.2 臺灣的政治及社會現況（1946 年 8 月 12 日）[115]

臺北報告第 9 號
1946 年 8 月 12 日呈南京

美國領事館
臺灣，臺北
1946 年 8 月 12 日

機密
主旨：臺灣的政治及社會現況

尊敬的
美國駐中國南京大使司徒雷登

閣下：

　　我很榮幸在此呈送一份評論，有關臺灣在 1945 年 10 月 25 日接受日本政府正式投降並交由中國軍隊後，在其軍政府治理下的政治及社會現況。行政長官陳儀擔任軍事部隊總司令，並透過祕書長指導民政事務。

摘要

　　美國在臺維持高度聲望。大陸的政治鬥爭反映於此地，則是對共黨影響力的日益不安及恐懼。對此，本地富有見地的意見認識到，中下階層的快速貧窮化，將使共產主義蓬勃發展。經常（有人）表示，若目前本地的長官公署無法排除共黨人士對臺灣的直接影響，就會對美國未來的行動方案感到興趣。臺灣人正討論聯合國行動的可能性。一則盛傳已久的謠言提到，美國正準備干預，並可能在臺建立保護國。

---

115 本文出處為：American Consulate, Taipei, "Political and Social Conditions in Taiwan," August 12, 1946, RG84, UD3258, Box.2（NARA）.

令人疑惑的政局缺乏清晰界定，但反映於政策與對政策的討論上。本地的臺灣民眾因長官公署而被日益激怒，公署卻認為南京的中央政府應該要負責。長官公署與大陸當局，以及與中央政府關係緊密的利益之間，在政策上出現了缺乏和諧、不明確的跡象。此間的批評集中於兩件事。其一，部分外省人高高在上的傲慢態度，不僅在人員任用及權力的差別待遇上格外明顯，也公開出現於社交活動中。其二，陷入僵局的在地商業團體與顯然愈來愈窮的一般大眾，生活水準逐漸被壓低至大陸的水平。若不是經濟歧視的感受如此敏銳，他們或許還可以忍受傲慢的態度。

經濟癱瘓的主因，在於開辦半官方公司的政策，導致民間企業無從與其競爭。至今，工礦處及農林處至少設立了 33 家官方及半官方公司，納稅人的生意因而停頓，對長官公署的不滿漸增。這些半官方公司幾乎清一色地任用外省人，更讓他們怨恨不已。部分臺灣人強烈渴望與美國直接貿易，但因中國努力地將臺灣的外貿流量集中於上海轉口，經常落空收場。醞釀中的政治對立（起因為經濟），已明確地反映於國民黨發起之臺灣省參議會的首輪會議中。

參議會的會議

佔領（臺灣）後，國民黨及其附屬組織（與新成立的行政長官公署合作）隨即開始準備選舉與創設參議會。1946 年 5 月 1 日，舉行首屆會議。[116] 雖然參議員都是透過普選而選出的本地人，但有跡象顯示，他們很精明的在當局難掩的企圖下，控制議會、限制與支配議程，並在政府報告後限制質詢。中國未參酌本地意見就獨斷地選出參加中央（全國）的國民參政會的臺灣代表，就算這些代表至少都出生於臺灣也不恰當。後來執政當局顯然對遭受批評的尖銳與直接程度感到相當吃驚。中央當局透過國民參政會的初期組織，認識到臺灣人政治經驗相對進步的程度（日本人曾舉行普遍的投票，進行諮詢性政府機關[117]的選舉）。但從初期（1945 年的 11 及 12 月）對大陸領導的熱忱合作與追隨，到1946 年 5 月現在的參議會，這段期間發生了許多事，使行政機關與人民之間產生了鴻溝。

---

116 臺灣省參議會成立於 1946 年 5 月 1 日。
117 原文為 advisory government bodies，應指協議會或議會等。

會議前，新聞界登載了本地參議員的訪談與批評，為隨後以相當力道提升之議題，發出了明確警告。概括來說，參議員準備攻擊外省人的高傲態度、政府排斥臺灣人出任主官職位，及長官公署貿易局與半官方公司造成民間企業的競爭力癱瘓。此外，拒絕（人民）有權力檢視政府收入與編列經費（的態度），遭到尖銳批評。外來警力的無能與無情、中國軍隊行為不檢及給養耗費龐大也是個問題。有人要求落實陸軍與海軍在臺之訓練計畫，以訓練臺灣人。「因為（臺灣）是孤立又位置暴露的省份」。參議員還要求把日本人的事業交由公眾經營以追求公共利益。應恢復公共衛生制度。對大陸來臺的交通運輸應依檢疫規定重新實施。應重建並擴大義務教育，並在一段暫定期限內，允許在校園裡使用本地方言。

第一天熱情洋溢的開幕典禮後，每場會議都安排政府首長或其代表人進行報告，隨後接受質詢。主席透過不當操縱，盡力避免或限制公眾檢視這些官員及其報告，結果是引起了不小的混亂，主席則在新聞界抨擊下暫時退席。

民眾 vs. 地方行政機關

民眾普遍認同參議員公開抨擊行政機關的政策，以及其宣稱之目標、計畫與實際執行成效間的明顯落差。政府機關已對勇於揭發高官之貪污、腐敗的報紙發出威脅。工礦處的「代表們」就曾毆打過報社編輯。政府的低階人員，無論外省人或臺灣人已經出現離職潮，轉而投入民間企業。主要原因是長官公署不支付薪資或公家帳單，而利潤豐厚的半官方企業又具有「封閉」的特質。行政長官將被撤換的謠言已公開廣為流傳。臺灣人公認從一場飄移退回到混亂、低生活水準，而且（可能）倒退回日本人統治前的暴力。行政長官可能遭暗殺的謠言隨處可聞。儘管臺灣人經常稱日本人為「難聞的狗」，現在外省人卻被稱作「豬」，不像至少可以提供保護的「狗」，除了貪婪的食慾外一無是處。（民眾）敏銳地感受到首批不友善中國軍隊的出現，現在則明顯強烈地滿意於許多軍隊「與他們的機關槍」正被撤走、送往北方。雖然對外省人的暴力事件可能有增加，且在不法的臺灣幫會間有爭執，相信對行政當局的不滿，還不至於組成或聚攏為有強大領導（的組織）。法官及其他地方官員有時會因抗議而辭職，未領到薪資的檢察官辦公室低階員工正威脅著抗爭，並表達諸多不滿。民眾一向不情願的為公共問題而犧牲個人福祉，但無論如何，結果還是得忍耐混亂的

狀態。

　　必須強調的是，當前對長官公署的反對，並未衍生成任何對象徵中國之中央政府的不忠。人們在民族與文化的基礎上強調效忠中國，但卻有一個不確定的期望：中央政府將採取步驟，免除陳儀政府，代之以一個被認為更真正關心本省福祉的政府。國民黨、三民主義青年團及其他國民黨團體始終以霸道、歧視相待臺灣人，人們的熱情持續冷卻中。另一方面，這些期待他們的計畫或活動能被盲從的中國組織者，卻將成員人數下降、對初次熱潮之興趣消退等情況，解讀成（有人）「逃跑」與「不了解民主」。許多受過良好教育且家境富裕的臺灣人感到日益恐懼，因為癱瘓的本地企業與貿易將造成失業與普遍的貧窮，並為共黨人士的成功入侵別開蹊徑。許多輕率魯莽的人，因為對當前的長官公署感到憤怒、不滿，而遷怒國民政府（國民黨）中的派系與權力團體。中國共產黨人樂見於此，因為他們正對抗著國民政府。而這些輕率之徒對此不是略知一二，就是一無所知。可見大陸上的緊張局勢，無疑也反映於臺灣。

本地行政機關 vs. 大陸的利益

（一位在上海的臺灣人提出之暗示性私人意見。請見 1946 年 8 月 9 日第 6 號報告：〈臺灣的名人與團體利益〉[118]）

　　在陳儀的行政機關與大陸上和中央政府密切關連的利益之間，並無引起衝突之清楚、確鑿的證據。儘管如此，仍有些令人疑惑的跡象。本地之長官公署（主要由所謂的「浙江幫」組成，他們曾和陳儀共事於福建省的剝削政務）熱切地將所有臺灣主要經濟活動留給自己，以盡快謀求最大的個人利益。一般大眾相信，行政長官於主政的前 6 個月，聚斂了超過 300 萬美金。不僅輕視專業且反其道而行地發表各項計畫，在長程恢復工作上也鮮有建樹。另一方面，國家資源委員會逐漸控制某些具生產力的工業，且顯然正在思考可能為中國經濟帶來永久價值的長期發展。最明顯的衝突證據是定期空中交通（中國航空公司）為期 1 個月的不必要中斷。據報，之中有整整兩週，上海的電信局拒絕接收來自臺灣的電報。

---

118 本書選譯本報告之正文，附件或參考資料未在選譯之列。該文件為 "Personalities and Group interests on Taiwan," August 9, 1946.

就在空中運輸中斷前，有一批重要官員要返回大陸，但即便如陳儀動用緊急手段都無法讓妻子順利成行。工礦處長為他自己，並代表陳儀向美國領事館請求，希望能協助他、陳儀夫人及數位相關官員前往大陸。這位處長首度提到並強調他身兼雙職。而事實是他得向他的長官，國民政府的經濟部長報告。有位中國外交人員在長官公署已身居要職一段時間，且為現任的外交部駐臺代表，他也熱切地向美國領事館請求同樣的協助。事有湊巧，長官公署祕書處副處長，辭職後同步赴臺灣銀行接任新職，[119] 他也私下向領事館同仁直言批評長官公署。一位夙以不滿著稱，即將離去的臺灣銀行董事，加入中國駐日代表團。一位自稱是宋子文代表及顧問的人士，在交通中斷前不久抵達。當其就斷航問題向美、英居民徵詢意見，同時也企圖在非正式訪談中，透過對陳儀及其政府的尖銳批評，引出外國人的評論。

有一項未經確認的臆測暗示，蔣介石及國民黨將臺灣交由陳儀進行剝削，據說是為了償還陳儀（後來擔任福建省主席），因解散並剿滅曾於 1931 年參加上海保衛戰的第 9 路軍[120] 所欠下的政治債。長官公署於臺灣佔領後的前幾個月與招商局有瓜葛，還將上海的主要連絡處設於招商局內。推測中央政府對他的支持正在消退，因為陳儀擴大中的（經由其半官方公司）專賣貿易，逐漸癱瘓臺灣經濟。另外一個推測是宋子文的利益在當前特殊的「軍政府」狀態結束之際，正努力鞏固其主導影響力，並著眼於製糖、電力及重型製造業的復原。一位宋系人馬徐道鄰，據報正在臺北等著接替不久後將辭職的祕書長職位。這也暗示著，陳儀將從效忠蔣介石轉為效忠宋子文，或可能在中國的政治結構瓦解時，走獨立路線，這是中央政府人士最不滿意的地方。由此或可解釋，為何即將替換的執行民政之祕書長職位，代以知名宋系人馬，會令高層如此不安。這些都是令人疑惑難解的臆測，但在思考此地政治與經濟的對峙時，卻不容忽視。

美國和中國大陸的新聞界對陳儀的施政所做的不利報導，引起了強烈反應。祕書處處長向美國領事館表達長官公署對「錯誤傳言」的不安，並強調有澄清

---

119 據〈祕書處副處長馬咸案〉，《行政長官公署檔案》（國史館臺灣文獻館檔號：00303200027012）。祕書處副處長馬咸於 1946 年 7 月 9 日因另有任用免本兼各職。
120 原文誤植為第 9 路軍，應是第 19 路軍。

的必要。（這是對波利賠償委員會代表的密集官方接待過程中造成的。）長官公署悄悄地堅持，所有政府的資訊都對美國領事館開放，但必須透過行政公署祕書處。雖然在許多個案上，這代表著不便與耽擱，

社會動亂

來自大陸的公務員看來像是懷著不安全感。公共工程局在官員住家四周蓋起圍牆或加高舊牆，並在所有圍牆頂端綴上可怕的碎玻璃片。有些則進一步加裝了刺絲網。這些看在臺灣人眼裡，和先前日本統治下，官員們的安全感形成明顯對比。這種情況擴大了公眾焦點裡，大陸新來者與本地百姓的距離。

政府的要職與預設條件都將臺灣人排除在外。臺灣人將此解讀為經歷日本人50年統治，各方情況的延續與惡化。然而，沒有隨後享受到的人身及財產安全的效益；也缺乏有序地並發展交通、工業及商業所帶來的技術效益。

就長官公署雇員的比例而言，紀錄顯示臺灣人占了多數，在政府薪資名單中達75.46%。16.17%表面上為技術服務而留用的日本人，而大陸人僅占8.37%。然而實際上，長官公署的雇員中，第一級官員裡臺灣人僅有1位；市政與地方政府中，僅有4位為第一級官員；長官公署的第二級官員中沒有臺灣人，其他階級僅有少數，最低階級則稍微多數（77人）。在市政與地方政府中，臺灣人在第一至第四級官員裡皆占少數，第五級些微多數，第六級也就是最低的一級，如辦公室雜役、信差及女傭等工作全被他們占滿。5位擔任要職的臺灣人分別為教育處副處長、臺北市長、高雄市長及新竹與高雄的地方首長。[121]他們全都在臺灣出生，但每位都因赴大陸而至少離開臺灣14年。在多數議題上，他們普遍被認為是為了取悅大陸而不是本地的觀點與贊同。每位自大陸過來的官員每月都有「房屋津貼」，金額自行政長官的75,000法幣（2,500元）[122]到辦事員的12,000法幣（400元）不等，高階官員還配有屋舍、僕傭，且在許多案例中，還有汽車與司機。在一項已公布之長官公署人員裁減政策中，許多縣市政府中的臺灣人將被解雇。同時，新獲任命者、低階官員持續自大陸前來。

121 應是指教育處副處長宋斐如、臺北市長游彌堅、新竹縣長劉啟光、高雄市長黃仲圖、高雄縣長謝東閔。
122 原文括弧內之數字指臺幣，換算臺幣兌換法幣匯率為1：30。

據報導，僅僅在 7 月 21 這天，就有 2,000 人抵達。許多行政單位無法及時支付員工薪資與公家帳單、到期款項，甚至一點也付不出來。對身為低階雇員的臺灣人來說，情勢更為惡化。新竹縣檢察官辦公室面臨罷工，因長官公署僅支付了較低階人員（臺灣人）一小部分薪俸。歧視也出現在補給品及透過半官方管道進口的舶來品分配上。因公營公司帶來的競爭，影響了對本地最基層勞工的雇用，導致得歇業的商家數量急遽攀升。

公衛的失策持續造成不滿與恐懼，腺鼠疫藉著未受管制的舢舨自大陸來到這裡；霍亂也於 1919 年後首度再現。雖公布了許多計畫來控制疫情，但還是變成了流行病。公衛人員一直處於報酬過低或無薪狀態，在某些案例裡，除非有適當補償，否則（他們）拒絕工作。

因不滿於熱帶醫學研究所士林支所[123]（由日本政府創立並由留在臺灣的日本專家實際管理運作）製造的血清與衛材，衛生局長在新竹另設新的試驗所。[124] 當局表示，這些製品將免費提供民眾使用，但回報的運作情況卻非如此，這位衛生局長也遭舉報，在商業基礎下，承擔管理與全面指導全島一系列處理藥品衛材的藥局。據說這是他代表陳儀設立的，陳建立這些是當作一種私人的商業利益。

醫師的執業許可及藥劑師、藥品的許可與核准，分別集中於衛生局轄下的 2 個部門，由衛生局長統籌。

全省各地皆對警察的暴力作為與無能生疏有所反應。太多新任人員是 18 至 25 歲的青年，對本地方言一無所知，不瞭解警察勤務且僅依賴隨身武器，使用時亦不分對象。違法案件或民事糾紛發生時，願意向警方報案或求助者愈來愈少。此團體不論階層，貪污比比皆是。駐紮民間各地的中國軍隊也有類似不當行為，他們要為竊盜，非法訴諸武力及激增的性病負責。另外，由於他們需要

---

123 原文為 Shirin Laboratories，應指士林支所。
124 衛生局隸屬於行政長官公署民政處，局長為經利彬。臺灣省衛生試驗所於 1946 年 5 月 1 日成立，所長由衛生局局長兼任。1946 年 7 月，臺灣省衛生試驗所再接收新竹縣試驗室，改為新竹衛生試驗分所。參見衛生福利部疾病管制署，《百年榮耀 世紀傳承：1909-2014 臺灣百年公立疫苗製造史》（臺北：衛生福利部疾病管制署，2014），頁 68。

自給自足，常被指控強迫商家以低價賣東西給他們。

　　教育系統瀕臨瓦解，因為無法支付薪資或運作、民政當局無力向軍方討回遭占用的校舍、教師品質不佳的用普通話教導臺灣孩童使得教學受限等。有一所中學在 1 個學年的前 3 個月裡，只獲得 2,000 元經費。教職員正運用私人資源，而且只要可行他們也願意繼續這樣做，但這仍不足以支付維護和設備開銷。舉例而言，據說一位已代表所有教育從業人員前往南京抗議且或許會辭職的大學處長，近幾個月來必須出售個人財務來貼補不足的經費。暫停慣常的職業訓練，則讓全省教育系統基層人員感受格外強烈。一場為滿足大眾長久以來需求而創設私立大學的重大努力，已遭陳儀拒絕。他的說詞是，私人高等教育機構是中國過往的產物、資本主義的遺跡。所有的教育都應該掌握在國家手裡。長官公署很不情願地核准了一所夜間學校，且政府一再地設下阻礙。

　　乞討者與貧窮小販的數量急遽增加，小偷也是。雖然偶有人抱怨饑荒即將出現，但都不是真的，也可能不會成真，除非是前所未有的天災降臨此富庶且充滿生產力的島嶼。每塊農地每年可 2 穫，經常是 3 穫。稻米短缺的恐懼已持續了數月，且價錢貴到許多人都買不起。當今年第 1 期稻作欠收，普遍相信（並非沒有理由）這些稻米已透過公家或私人管道被囤積，並以糧食委員會的命令為掩飾，暗中運往能在黑市中大賺一筆的中國大陸。

　　政府法規朝令夕改，以及生產與行銷方面難以預料的控管，都遏止了個人的經濟活動，生活費的漲幅異於常態且迅速。長官公署與半官方企業不受競爭對手的限制。以電力工業為例，一家小型採礦企業在 8 個月前，礦場每月支付約 5,000 元左右的電費，但現在必須付 15 萬元。與此同時，在官方專賣之下，出口市場（上海）關閉，本地市場又無法產生足夠的利潤以符合生產成本。鄉間民眾及部分城市居民已放棄使用電力而改用油燈來照明。公營的交通運費價格，一張訂單就漲了 20 倍。無論內陸或海運，到上海的一般貨運，因失竊而損失的比例變得如此高，以至於每趟都得雇用人員隨行，大幅提高成本且拖累商業發展。

附帶的美國問題

雖然美國政府機關在此地表明，自身與數以千計因「技術服務」留下來的日本人，及數千名生存於飢荒邊緣、等著美國政府核發返鄉許可的琉球難民等問題皆無瓜葛，但這些問題的發展及對臺灣的影響均不容小覷。

雖然依盟軍最高司令部與中國政府的協議，本地長官公署獲准留置 7,000 名日本「技師」及其眷屬（約 25,000 人），但一般相信且明顯屬實，更多的日本人留了下來。某些日本人坦誠並愉快地向美國人承認，在日本國內的情勢緩和前，他們曾設法取得留在臺灣的特權。這些掛名的「技師」或「顧問」，有些是單身的流氓，有些是小生意人。中國當局硬說，超過 2,000 名日本軍人在投降時逃往山區，目前仍在躲藏中，並在一般民眾間鼓動反中國的情緒。現在流傳的謠言是，所有日本人皆必須在今年年底前返回日本。一方面，在日本人的社群中（包括合法及有用的人員）充滿了不確定感，其餘則明目張膽地計畫著，奪取、佔據並使用目前日本國民仍持有的財產。因為在臺灣的生活日益困難，多數日本人渴望返回日本。一位曾在大學擔任院長的知名日本人，同意中國人的請求，留下來協助移交。除了小額的特殊津貼外，他沒有領到當初講好的薪資。他的房子是他蓋的也是他擁有，但他卻得付出被追溯的高額租金。現在，他被迫賣掉個人財物，以支應每日生活所需。

此地的琉球人認為，無論對錯，若他們在此的處境裡，沒有更虛名的利害關係，那麼美國政府接管了琉球及附近的島嶼，就該承擔對琉球人的某些責任。他們覺得，自己若非被視為日本國民，以相同條件和其他日本人一道遣返回國；就應該由美國宣告保護，並在當他們與本地中國當局、公民發生許多問題時，給予若干聽證與陳述的機會。他們之中，因被驅趕而住在被炸成廢墟的舊政府建築，就超過 1,000 人。那裡根本沒有衛生設備，並持續瀕臨飢餓邊緣。終於，聯合國善後救濟總署透過中國善後救濟總署開始提供他們一些有限的救濟服務。由於完全喪失社會單位的身分，且顯然將錯誤歸咎於美國的忽視，導致他們無論是否受過教育，皆醞釀著怨恨與極端的情緒。最終他們返鄉後，或許會有不利的影響。

臺灣與美國控制下的地區之間，包括日本、琉球及菲律賓，顯然有地下貿易

在進行。變得明顯的是，這些貿易裡的某些關鍵人物說他們靠著美國領事館，擁有穩固、特殊的貿易特權。這使領事館經常得藉著拒絕許可這類（根本不存在）的申請，以否定這個傳說。後來又出現居民的不幸看法，認為領事館實際上偏袒（某方），卻拒絕公開事實。會盡可能在官方與私人圈子裡否認這些捏造的報導。

美國的地位

美國依舊維持著高度聲望。有智識的人們注意到了美國在菲律賓實施的計畫。群眾亦查覺到美國軍隊於擊敗日本扮演的主要角色。歸來的戰俘，傳揚著受到美國人良好對待的感人故事。戰後數以千計自日本返回的臺灣人，都用讚美的口吻，述說著美國政府在日本展現的正義與公平對待。自勝利日[125]起，一直有一支小型的美國部隊（包括陸軍遣返組、軍墓登記組及從事遣返作業的海軍人員）駐紮於島上。他們普遍表現良好，受到歡迎與友好的對待。此地的人們經常暗自欽羨美國的技術成就與高生活水準。而美國為中國各派間帶來和平的友好努力，也備受感佩與新聞界的公認，並使本地對中國官員的批評更加劇烈。在實踐層面，這裡有幾家知名公司的代理商，對建立直接的臺、美實質貿易關係，懷抱著高度興趣並表達強烈欲望。本地民眾旁觀的認為，屈從半官方公司的要求，只能透過主要在上海的中國代理商運作，是一個對臺、美經濟不公平的阻礙。

普遍觀點造成的不利對比，其結果有二。一方面，有跡象顯示高階官員中，可能因重要媒體對美國的評論，基於反應而出現了不友善的態度及某種潛在敵意；另一方面，謠言漫天飛（或許是一廂情願），認為美國為了在臺鞏固一個更好的政權，將以某種形式介入。其中最極端的莫過於美國陸軍將於近期內展開行動，並在重建與中國的貿易時拿走 7 成利潤。第 2 個更廣為流傳的謠言硬說，近期內，美國將在聯合國委託下在臺建立託管統治，接手為期 10 年的保護政權，或直到共產主義者從大陸入侵的危險過去後，中國政府完成統一為止。

---

125 指 1945 年 9 月 2 日。

本地日日冀望且措辭強烈地盼望美國干預臺灣事務，直到中國完成門戶清理。所有經濟階層及職業團體中都出現了這種心聲，不應該僅被認為是求助的奉承之語而不以為意。加拿大、英國教會及聯合國善後救濟總署中哥倫比亞與哥斯大黎加籍的工作人員都表示，無論在島上哪個角落，都有人明確且持續向他們表達這樣的願望。在私下場合，臺灣人一有機會就開啟這個令領事館同仁尷尬的話題。當（有人）引用「美國表明的義務是推動民主」，來支持這些主張干預者的理念時，同仁須不置可否。

鐵路管理委員會[126]主任委員與參議會主席[127]（後者為前臺北市長與前外交部臺灣特派員）就是某些官方單位暗藏敵意的例證。這兩位長年旅外的人士，一向直率地和領事及副領事表達他們的意見：外國人不要再期待可以在中國過著奢華的生活，他被奉為上尊的日子已經結束了。有時，這兩人都為領事館同仁帶來一些不重要但惱人的個人問題。有位官階等同處長的友好官員私底下主動表示，這些明顯存在於「某些」政府圈中，針對美國的「不友好」態度，令他感到焦慮。

您恭敬的
美國領事
步雷克

謹代表領事
美國副領事
葛超智敬上

正本送南京大使館
副本 2 份（1 份膠騰）經南京大使館送國務院

---

126 原文為 Railroad Bureau，當時的機關名稱為鐵路管理委員會。主任委員則為陳清文。
127 指黃朝琴。

葛超智（中坐者）（圖片來源：台北二二八紀念館）

2-3.3 1946 年 9 月間政治、金融及經濟的發展（1946 年 10 月 2 日）[128]

臺北報告第 19 號
1946 年 10 月 2 日

美國領事館
臺灣，臺北
1946 年 10 月 2 日

機密
主旨：1946 年 9 月間政治、金融及經濟的發展

尊敬的
美國駐中國南京大使司徒雷登

閣下：

我很榮幸在此呈送一份有關臺灣在 1946 年 9 月間政治、金融及經濟發展的報告。

摘要

傳言中，要求撤除行政長官及其重要幕僚的聲浪日益高漲。已取得的證據顯示，中國或終會致力於合法化琉球群島的主權。訪臺之外國記者團成員不看好長官公署之國家管制產業與經濟活動的政策。貿易局長及專賣局長皆因貪汙而遭撤職。針對許多仍滯留臺灣的日本人與琉球人，正制定相關遣返計畫。海外歸來的臺灣人因缺乏官方的妥善照料，已造成民怨。長官公署近來方承認，他們對出版品與新聞廣播進行審查。美、蘇間的差異與近來華勒斯（Wallace）

---

128 本文出處為：American Consulate, Taipei, "Political, Financial and Economic Development During September," October 2, 1946, RG84, UD3258, Box.2（NARA）.

先生的辭職，[129] 已成為本地報紙社論中的主要議題，某些批評集中在杜魯門（Truman）總統身上。本地一家民營報紙批評美國軍隊之駐留中國，及美國商品在中國市場的氾濫情況。已報導之美國陸軍軍官侵占先前日本在臺黃金一案，受到新聞界注意。原先由長官公署訂定的臺幣1元換法幣40元的固定匯率，在南京的指示下改為1比35。據一家大型美國進出口公司之臺灣與外國貿易可能性的第一手調研，其結論為在政府管控的現行制度下，在可預見的將來並無值得期待的貿易。失業問題正擴大中。

政治發展

中央政府即將撤換行政長官陳儀及其高階中國幕僚的傳聞甚囂塵上，但仍未發現這些報導的事實根據，很多可能只是空想。在一場本地報社的訪談中，甫自南京、上海歸來的祕書長葛敬恩聲稱，中央政府對長官公署在臺之工作感到滿意。他還發現，大陸上的中國與外國觀察家都開始對島上情況做出讚揚的評論。然而，絕大多數的臺灣人對此不以為然，覺得在臺灣的政治與經濟生活中，應當就他們的能力與所受的訓練賦予相稱的參與機會。上個月的一場罷工，有3,500名陶瓷工抗議，他們的工作條件不如從大陸來的人員。

領事館據可靠消息得知，長官公署已下令展開歷史調查，並從臺灣可得的資源中蒐集所有的可能資料，（這）或許可提供正當理由，將琉球的主權讓渡給中國。

約25位外國記者組成的臺灣訪問團，在為期一週的官方密集接待與安排參訪島上的工業設施後，於9月稍早返回上海。許多成員都表達希望能再到臺灣進行獨立的觀察與調查。這些代表著重要的新聞通訊社或報社的成員，普遍懷疑長官公署在工商活動上採取壟斷、控制政策的效益。其中，蘇維埃的記者對民眾的教育水平做了讚揚的評論，但卻與低落的生活水準相對比。雖然在事實上，後者仍高於中國現有的一般水平。他還說，臺灣對蘇俄有所誤解，不了解蘇俄其實是個愛好和平的國家。

---

129 華勒斯 (Henry Agard Wallace)，曾任美國第 33 任副總統，副總統卸職後又出任商務部長，1946 年杜魯門總統對蘇聯採取冷戰策略，華勒斯因與其理念不合而於 9 月 20 日遭撤職。見 *The Pittsburgh Press*（Sep 20. 1946）。

　　閩臺區接收處理敵偽物資工作清查團於 9 月 14 日返回南京，在停留臺灣的 42 天中，收到 384 件有關政治與刑事賄賂案件的報告。據說，該團建議行政長官與本地法院嚴懲涉案人。臺灣的貿易局與專賣局兩位局長因貪汙而被起訴，提交予法院調查、審理，但案件已撤銷。迄今沒有聲明指出，起訴兩人的具體原因或司法調查的結果。

　　臺灣省日僑管理委員會已完成遣返計畫，只要準備好運輸工具，便可將留用於臺灣，大多擔任技師與顧問的日本平民遣送回國。據各方報導，包括眷屬在內，他們的人數約在 24,000 至 28,000 之間。長官公署希望，少部分技師能再多留一段時間，但多數被留任的人都不願接受。例如，有 380 位與漁業有關的日本平民，長官公署提供他們「申請」留用許可的機會，但僅有 7 位選擇申請。常有已證實的報導指出，中國當局幾乎未曾履行承諾，沒有給留用的日本平民發放薪資和生活費。領事館已注意到多起案例，島上的日本人雖由行政當局僱用，卻得被迫賣掉個人財產來維持個人和眷屬的生活。

　　滯臺之 10,132 名琉球人中，現在只有 284 人想留下來。幾個月前，（想留下的）人數遠大於此。臺灣當局提供小型船隻遣返琉球人的計畫，已被盟軍最高司令部（SCAP）否絕。司令部已訂定在其掌握的條件下琉球人可能的遣返（方式）。SCAP 擔保的計畫中，需以每個月 2,000 人的進度自臺灣遣返琉球人，並假定由其提供船隻。此計畫原訂於 8 月 15 日起實施，但因等待南京中央當局的書面協議而延後，故遣返行動尚未展開。

　　目前已有 88,000 名臺灣人自太平洋各地返臺。其餘尚在等待返臺的交通工具，包括據報仍留在海南島的 2 萬名臺灣人。聯合國善後救濟總署的代表們最近觀察到，大約 2,000 名臺灣人從海南島搭乘中國管理之船隻返鄉，（他們）震驚於在航程中缺乏飲食供應與醫療照護，以及在實際遣返前後，都沒有照料他們的適當安排。前來提供運輸協助的臺灣鐵路管委會主任委員表示，他對協助這些被遣返者毫無興趣，因為他們「不是中國人，更像日本人。」這些返臺人士怨恨中國人的惡劣相待，他們在臺的親友也感受到這股恨意。據信，若是對當今政權發起有組織的反抗，這些海外歸來的臺灣人或許會是整起運動的中心。

臺灣省宣傳委員會的主任委員（階級等同於行政公署其他部門的主管），在
9月4日的一場記者會中說，該委員會的功能包括出版品與新聞廣播之審查。
這是當今政權首度正式承認審查制度的存在。行政長官在數月前與領事館官員
敲定的一次訪談中，還曾藉著機會相當具體地強調：完整的言論及出版自由會
在臺灣普及。

本地的報紙社論對俄羅斯與美、英政策間之歧見已有許多揣測。關於導致前
商務部長華勒斯辭職的相關事件，更讓這些評論達到高峰。大部分報紙對華勒
斯實際上創造了東、西方權力集團的提議，抱持批判態度。由臺灣官方控制、
發行量全島最大的《新生報》，對此問題通常避免採取立場，但對美國的批評
比俄羅斯少。然而，這家報紙卻提到，美國與蘇聯間的對抗阻礙了中國的統一
與和平。如果第三次世界大戰發生，中國將成為主要戰場。由國民黨中央黨部
宣傳部支持的臺南《中華日報》則謂，華勒斯事件與先前的行動是杜魯門總統
「無能、猶豫不決及模稜兩可的明證」，中國必須獨立於莫斯科與華盛頓之外。
一家臺北的民營報紙《人民導報》也提倡中國維持獨立之政策。但該報補充，
雖然中國希望建立一個「獨立的國家」，但戰後至今，美國軍隊還留在這個國
家裡，而大量進口的美國商品正在扼殺中國的國內產業。這家報紙還說，俄羅
斯部隊已從滿洲撤出，且未意圖讓俄羅斯商品氾濫於中國市場。

對出售美國在太平洋地區的剩餘物資給中國之事，報紙上出現了有利的社
論。無論官方或私營報紙皆對英國嚴詞批判，催促將香港及九龍的行政還給中
國。

威廉・艾文思（William K. Evans）中校被控侵占之事登上了報紙版面。[130] 日
本人投降後不久，他隨著美國陸軍部隊駐防臺北，被指控從中國當局扣留了近
120公斤的黃金，於上海出售近半數，且將所得中飽私囊。他勸誘一名日本陸
軍代表交出黃金。由於他返美也退伍，不需受軍法審判。因此中國提議，將他
引渡至中國法院受審。據一位日前曾訪問臺北的美國陸軍刑事調查單位駐上海

---

130 其事請見蘇瑤崇，〈論戰後（1945-1947）中美共同軍事佔領臺灣的事實與問題〉，《臺灣史研究》，第23卷第
　　3期（2016年9月），頁108-110。

人員表示，美國陸軍駐中國當局，包括吉藍（Gillem）中將在內，都贊同這項提議。未有官方或私人批評美國關於這起已有人在臺講述的知名事件。新聞界在報導中，對美國當局在追查多數失蹤黃金時所提供的莫大協助表達感謝。

金融的發展

　　近來由於法幣兌換美金的官方匯率貶值，長官公署將臺幣與法幣的匯率訂為1比40（之前為1比30），現在則依中央政府的指示訂為1比35。長官公署未徵得南京同意，逕自將匯率訂為1比40，使行政長官公署的財政處長需赴大陸以協商解決方案。雖然根據聲明，9月底將啟用新的官方匯率，但在約1個月的過渡期間，匯往上海的匯款已實際中止。

經濟的發展

　　一間重要的美國進出口公司（蓋茨兄弟，舊金山公司）[131] 的代表們，目前正在臺北訪問。戰前，這家公司有廣泛的中國經驗。這次前來是為了調查島上商業貿易的可能性。雖然他們對臺灣的生產潛力印象深刻，但在當今政權之專賣、國家控制的經濟政策之下，只能不情願地認為，在可見的未來將會妨礙大量或有利的雙邊貿易。他們認為，日本人統治時期始終高度發展的經濟，已迅速降至中國沿海的水平。當他們批評，長官公署竟容許工業廠房及設備敗壞到這等地步時，隨行的官員還毫不在意地說：「希臘與羅馬不也有廢墟？」進一步討論這家美國公司代表們的調查研究，可見於領事館9月份的經濟報告。

　　失業已成為嚴重問題，長官公署也注意到了。雖然尚未制定打擊（失業）的具體計畫或完成影響程度的官方聲明，但私下估計全臺630萬總人口中，多達30萬可雇用人口目前並未就業。

機密

　　一組美國陸軍航空部隊的軍官與工作人員，受命要完成一套臺灣空照圖，將於9月30日搭乘特殊飛機自琉球飛抵臺北。他們每隔2、3天就會由另一架來自琉球的飛機整補一次，他們將與所屬總部保持密切聯繫。該小組指揮官請

---

131 應為吉時洋行。

領事館留意，萬一有本地官員問起他們的任務時，別透露小組的任務性質。若他們正式詢問，則建請領事館代為說明，這項任務係奉盟軍最高司令部命令，透過駐華美軍司令核准執行。後者據信正為互助的中國軍方當局提供諮詢。但（他們）亦承認，有經驗的觀察者可依運行之特殊飛行戰術，看出這架飛機可能從事的任務。該組預計於此停留 2 至 3 個月。先由目前駐紮之臺北基地執行任務，然後繼之以臺灣中部及南部的基地。

結束　機密

您恭敬的
美國領事
步雷克 敬上

2-4.1 群眾大會抗議美國對日政策與中國軟弱，以及後續未到美國領事館前示威的緣由（1946年12月31日）[132]

第 33 號

美國領事館
臺灣，臺北
1946 年 12 月 31 日

機密

主旨：群眾大會抗議美國對日政策與中國軟弱，及後續未到美國領事館前示威的緣由

尊敬的
美國駐中國南京大使司徒雷登

閣下：

我很榮幸地向您報告 12 月 15 日本週發生的事件，期間一場為抗議某些臺灣人遭控在東京犯下擾亂治安罪並處以刑責的「不公」判決[133]而籌劃的群眾大會，於臺北市中山堂舉行。儘管未有證據顯示，行政長官公署策動了這起反對美國政策的抗議行動，但臺灣觀察家與本館皆認為，長官公署樂意接受此機會，把民眾對它的憤慨轉移到國外議題上，並藉此破壞民眾對美國的普遍好感。這種做法在這座島上向來很普遍。

摘要

12 月 19 日，行政長官派遣代理祕書長前來拜訪副領事，預先警示領事館前

---

132 American Consulate, Taipei, "Mass meeting in protest of America's Japan policy, and China's weakness, and subsequent failure of projected demonstration before the American Consulate," December 31, 1946, RG84 UD3258, Box.2 (NARA).
133 指澀谷事件的審判。

或將發生大規模示威，並可能伴隨暴力行為。12 月 20 日，一隊煞費苦心的警察和憲兵標記了一條自中山堂到美國領事館的動線。然而這場集會過程平和，最後，示威群眾略過領事館而向行政長官公署行進。5 小時後，在嚴肅但友善的氛圍中，一個代表團遞交了 1 封信件給副領事。

示威群眾提出美國在日本之「自私政策」的問題，但對於這個未能團結自己國家、無法保護中國聲望，且辜負美國曾對其中國盟友抱持信心的中國中央政府，混雜著尖銳且直率的批評。示威群眾的動機在不同程度上，顯然混淆了 4 種主要想法，這些想法依重要性排列如下：

a. 美國不公正地歧視臺灣人，並對幕後的日本軍國主義者之陰謀視而不見；
b. 國土遭內戰撕裂的中央政府是軟弱的，無法維持中國在國際上的合法地位；
c. 傳統上擁有革命精神的臺灣人，需透過一個臺灣人的臺灣政府，並藉著政治上的重構，引導中國邁向統一；
d. 學生們需組織起來，讓長官公署感受到其影響力。

據信，儘管示威活動並未直接在美國領事館前進行，但利用組織散播猜忌與懷疑至此，可能在日後更成功地破壞民眾對美國的好感，則是個不爭的事實。某份報紙持續抨擊美國的「帝國主義」及對在日臺人的「歧視」，引導民眾相信，對麥克阿瑟（MacArthur）將軍的一次抗議，便能讓那個已完成的判決立即有轉圜的餘地。

這份報告的資訊來源，包括：代理祕書長、警方代表、新聞界、自願提供資訊的熟識人士、5 位個別被要求來參加這場示威活動的人士。

目次

陳儀給副領事的預警

12 月 19 日中午 12 時，長官公署代理祕書長嚴家淦遵照行政長官指示，來電要求立即與副領事進行會談。他將前來領事館轉達陳儀的情報人員蒐得的情報，並提到這些情資僅供陳儀、憲兵司令、警務處長及代理祕書長持有，陳儀也要求，這次會談的內容必須保密。

根據代理祕書長的說法，4 位已知絕對與「延安有關」的臺灣人，於 12 月 15 日召開了一場有 15 人參與的會議（包括他們自己），針對所謂的東京「澀谷事件」之處置，策劃了一場向行政長官與美國領事館抗議的行動。根據嚴先生，臺灣省政治建設協會、臺灣省學生自治會及（臨時的）臺灣青年澀谷事件後援會這三個組織皆涉入其中。他們決定在 12 月 20 日早上 9 點於中山堂舉行一場民眾大會及示威活動，表面上，集會目的是抗議美國在日本的政策，尤其澀谷暴動中，遭逮捕的臺灣人聲稱受到的歧視待遇。然而，行政長官相信，這場集會的真正動機是分化中、美兩國的政府與人民，並在此地讓美國難堪。

嚴先生說，鑒於言論自由的重要性，行政長官認為，他必須准許這場集會舉行，但他也正採取預防措施，向憲兵司令（陸軍）與警務處長示警。據嚴先生的說法，最近發生在上海的暴動 [134] 已向陳儀顯示，一起像這種抗議集會的小事件，或許就會引發難以控制的集體暴力。陳儀預期，抗議代表將呈遞一封請願書或抗議聲明，而類似的抗議聲明也將會被送到美國領事館。

---

134 上海市攤販因不滿上海市政府禁止擺攤，於 1946 年發起了一場請願運動。此次請願運動最後於該年 11 月底至 12 月初，發展成攤販和上海市警方的大規模衝突。

　　陳儀指示嚴先生告訴副領事，他大概會在收到請願書後，向群眾解釋東京才擁有澀谷案審判的司法管轄權，並承諾將透過合適的管道轉交這些請願書。他打算向代表團保證，中國駐東京代表已為捍衛中國利益做好萬全準備。由於美國領事館在此案件上並無管轄權，陳儀進而希望建議副領事，最好也接受抗議聲明，並給予抗議代表一個簡單的保證，說明抗議之聲明將會經由合適的管道轉交。副領事回道，這顯然是回應此事的合理作法。

　　接下來，嚴先生傳達了行政長官的承諾，表示長官公署瞭解，這種抗議行動是受到共黨份子的煽動而起，並清楚這是一種分化中國人和美國人的作為。陳儀希望向領事館承諾，中國政府與人民深切了解美國對他們展現的友誼，也十分感謝他們在整場戰爭裡對中國的幫助。嚴先生額外地表達了他個人的一番謝意。

　　據嚴先生的說法，那4位臺灣的始作俑者，是曾遭日本人關押且有共產活動紀錄在案的共黨份子。他們在政權轉移給陳儀政府後獲釋。嚴先生提到，儘管他認為其他與會的11人也許也和共黨有關，但陳儀相信，這些本地人只是無意間成為那些有「延安關係」者的工具。

　　其中之一是發言人蔣渭川。嚴先生說，他是一名文具商，喜好藉由演講和印製小冊子吸引民眾的目光。嚴先生建議，儘管蔣氏向副領事說話時看似激動且大膽，但不用太把注意力放在他身上。

　　接著，嚴先生再次重申陳儀對美國的善意，及對美國協助中國的感激。

　　彷彿要確認一個被遺漏的重點般，副領事問到，這場集會是否在中山堂舉行。嚴先生確認了這點，且或許察覺到還有個重點沒說，他詳述行政長官對言論自由的高度重視，而為了確保言論自由，認為准許這場集會的舉行有其必要。

　　嚴先生離開時，不忘要求這場會談的主題必須保密，也再次強調，陳儀希望領事館能認定這是一場共黨份子煽動的抗議行動。

行政長官公署前的民眾集會、示威活動及遞交領事館的一封信

　　儘管即將召開會議的訊息在當時已在各所學校散布，但據 12 月 19 日傍晚在市區做的謹慎調查，多數人對此並不知情。

　　12 月 20 日早上 8 點 30 分前，警察和身著制服的憲兵，戴著特殊勤務的臂章[135]，進駐領事館的鄰近地區。卡車不時來去，整個早上排列成行並分散開來。據估計，隨時都有約 50 輛卡車在場。

　　領事館的員工在上班途中向這些特殊警力探問他們在這裡值勤的原因。得到的答覆是，市區遍布著針對美國領事館的宣傳躁動，但這些騷動都在意料之中。

　　副領事要求領事館職員嘉度（Robert J. Catto）先生[136]在中山堂集會現場附近的美國圖書室待一個早上。嘉度先生回報，許多學童在老師引導下整隊進入中山堂，年齡介於小學低年級與中學之間。在這些魚貫走進中山堂的大人、小孩臉上，看不出他們的情緒激動。

　　其中一位領事館工作人員應要求參加集會，帶回發給現場民眾的印刷品。這份印刷品的譯文請見第＿＿＿頁。原件則隨函附呈。他回報說，中山堂塞滿了人，集會中的鼓動橋段，由一個在每所學校都設有分部的學生組織有條不紊地策劃出來。學生們首次有機會可不受限制的發表意見，因而感到振奮且情緒高昂。

　　現場特別的與會人士包括市長、憲兵第四團指揮官[137]、蔣渭川（臺灣省商業總會理事長），[138]及高雄市參議會的參議員郭國基先生[139]。在這次由學生領袖主持的集會活動中，共發表了 12 場群情激昂的演說。

---

135 原文為 arm hands，或為 arm bands 之誤植。
136 嘉度時任美國駐臺領事館新聞官。
137 指張慕陶。
138 此處疑原文誤植。當時的理事長應為張翔傳，為臺灣省商業總會的第 4 任與第 5 任理事長。
139 郭國基於 1946 年當選高雄市參議會參議員。原文記郭氏為高雄縣參議會參議員，應為誤植。參見謝欣純，《郭國基與戰後臺灣地方自治》（臺北：國立臺灣師範大學歷史學研究所碩士論文，2002）。

　　據領事館工作人員的說法，這場集會的主席賣力強調，活動目的在於抗議臺灣人在澀谷事件的審判及定罪上遭到不公平歧視。按他的敘述，東京特別法庭由兩位美國人和一位中國人組成，並以兩票對一票做成有罪判決。他們強調，這項判決是一種歧視，需抗議到底，因為日本人是被打敗的一方，而身為中國人的臺灣人才是勝利者。這牽涉了民族自尊的問題。

　　他們決心透過電報將抗議聲明發給蔣介石、國民大會及中央社，並將聲明呈給此地的行政長官、臺灣省參議會及美國領事館。

　　這場集會中，僅一位演講者針對美國作了毫無保留的批評，攻擊美國在日本的政策是自私的政策，刻意強化與日本的聯盟關係，藉以因應日後與俄國的對抗。

　　觀察者表示，當美國在澀谷事件審判不公的主題開始發酵後，對中國政府的潛在敵意也不斷湧現。演講者檢視了臺灣人從 17 世紀以來的叛亂歷史並指出，儘管懶散的北京政府把臺灣讓給日本人，日本人還是付出巨大的犧牲與極大的痛苦平定臺灣人的叛亂。演講者指責中央政府因為外交的失敗及軟弱，在每項國際議題上都背叛了中國人。他強調，臺灣人不同於中國人這個「愚蠢的兄弟」，能向中國人展現團結的力量與國家的榮耀。

　　不斷嘗試在每所學校建立分支的臺灣省學生自治會，是推動這場示威活動的活躍機構。然而，從臺上演講者和臺下聽眾的尖銳交鋒可見，大學生並不全然附和臺上的學生。大學生在這場集會中，泰半被指為懦弱、不願參與這場活動，為此自臺下以日語、福建語及普通話激烈反駁。

　　這場集會演說約從早上 9 點 30 分持續到中午。約 12 點前後，領事館的警察衛哨突然增加。一位便衣政府人員前來告訴副領事，一支示威隊伍正在接近中，並提到，行政長官對目前的局勢發展感到尷尬，希望警方能遏止任何「不幸事件」的發生。他建議關閉領事館大門，不讓大量民眾湧入館內。

　　當副領事還在交談時，一大隊特殊憲兵停在領事館門外稍息列隊。接著，

美國駐臺北領事館，1946 年 8 月（圖片來源：American Consulate, Taipei, "Occupancy of Permanent Consular Office and Residence Quarters at Taipei and Recommended Acquisition of Property by Exchange for Surplus Materials," August 9, 1946, RG84, UD3257, Box.2, NARA）

另一輛載了警察的卡車也抵達了。一輛警察總部的深紅色吉普車也停了下來。此時，一輛載了 4 名便衣男子的轎車不幸引起了一些混亂。民警、憲兵的代表來到領事館辦公室的入口處，副領事在那裡感謝他們對領事館的維安所做的努力。然而，副領事並不希望美國領事館出現需要防範當地民眾及需要行政長官公署保護的狀態，且為避免領事館大門內出現警民衝突的任何可能藉口，他要求軍、警代表，當抗議民眾想進入領事館館區時，得以放行。當他們的發言人想直接進行抱怨時，也允許自由進入領事館的建築內。他們起先猶豫了一下，最後還是同意了。

　警務處長的代表再次來領事館告知，示威群眾將在 10 分鐘內抵達。副領事要求館內同仁如常繼續工作。

　歷經約 15 分鐘的忐忑不安後，駐守美國領事館的軍警人員，突然在未知會的情形下，自領事館周邊與門前的街道撤離。再過半個小時，工作人員確定不會再有任何事情發生後，才恢復日常作業。

　後來才知道，那些示威群眾行進穿越市區，聚集在長官公署前，行政長官對他們發表了演說。

　下午 4 點 30 分，當街頭所有不尋常活動的跡象皆已消失，2 名成年的臺灣省政治建設協會成員與 11 位學生拜會了領事館。他們做了簡短聲明，抗議澀谷事件的判決，並要求領事館轉交一封抗議信給麥克阿瑟將軍，敦促他重新考量法庭的決定。

　此代表團以友好的姿態造訪並離去。幾位學生面帶微笑，用英文生疏地表達感謝，結束時還說：「下回見，再見！」

　在這份報告的第 ＿＿＿＿ 頁附上一封抗議信的英譯本。隨函轉交抗議信的正本。

副領事的評論

副領事在代理祕書長探訪領事館的會談中，對行政長官認為應不致發生不幸事件的關切表達了謝意。他並向代理祕書長保證，自己感受到他代表行政長官所展現的善意，並將根據慷慨提供的祕密情報做好準備，理出這場預期內之示威活動的頭緒。

12月20日下午4點45分拜訪領事館的小型代表團，未攜帶任何形式的布條、徽章或喇叭，他們獲得領事館的接待及保證，領事館理解言論自由的重要性、歡迎任何合法的輿論表達，並因應他們的要求，轉交這些用以表達其立場的聲明。副領事提到，很榮幸接見這些學生代表，因為數年前，他本人曾任教於這些學校。

長官公署對於這場示威活動的態度

雖然沒有行政長官公署策動這起事件的證據，但長官公署可能意識到其潛在的利用價值，故允許它舉行。

長官公署允許這場示威活動在最大的公家禮堂舉行，並允許印製傳單時使用日語。

長官公署不得人心。行政長官或如他所言，擔心這場示威可能演變成暴動，但他真正擔憂的，實為反對行政長官公署的行動，而非如最近發生在上海的那種暴民舉動[140]。但禁止一場為「捍衛國家名譽」而舉行的集會，在此又顯得太嚴厲。政府因而退而求其次，表面上同情這場示威活動，同時利用這次機會，將民眾的注意力自中國在臺灣與日本的政策，轉移至美國的不公正和日本的軍國主義。

據信，長官公署要在場警力清楚標示自中山堂前往領事館的路徑，是希望一開始就能藉此將示威者的注意力轉移至美國領事館。儘管未達此目的，但再沒

---

140 上海於1946年所發生的暴動。這場暴動的性質表面上，係上海市政府禁止上海市攤販擺攤引發的抗爭活動。然而，許多觀察者認為，中共在這起抗爭活動中扮演了重要角色，目的是為減損國民政府的統治正當性。

有比將民眾注意力及好奇心聚焦於美國領事館還更充滿算計了。因為臺灣人毫不掩飾對中國人的不滿及對美國和美國人的景仰，因而若這場示威活動能對美國人在臺灣人之間的受歡迎程度有所減損的話，便有助於達成更基本的目標。

在示威活動中現身的重要人物

游彌堅市長出席活動並發表了一篇演說，於演說中鼓勵這些渴望組織起來並成為明日領導者的臺灣學生。他呼籲，臺灣要如科西嘉為法國孕育出拿破崙一樣，也要為中國培養出一位領導者。此外，他把澀谷事件解讀為一個嚴重的徵兆，說明日本人仍具侵略性，而這也說明了美國對以軍國主義統治臺灣50年的日本人，缺乏察覺其陰險詭計的能力。但他未質疑東京的審判方式及判決本身。

鑒於最近傳言市長和那些預言臺灣如果斷絕了中國中央的控制（或中央的經濟）就是一場危機的臺灣人已結為盟友，那麼市長的出席與自願在一場學生集會中陳詞、號召新領導人之事，就頗耐人尋味。這個團體預知了一場控制臺灣的鬥爭，他們主張將臺灣排除於內戰之外，臺灣應由臺灣人管理。最近的一項重要測試（由「依法治理」對抗高於法律之上的「政府警察武力治理」的測試），更加劇了目前事件所挑起的公眾不滿。

郭國基是高雄縣參議會中，[141] 一位能言善辯的議員，也是位論點粗暴且不太講理的人。他本人並不受歡迎，許多觀點也遭到強烈批評。然而，由於民眾欣賞他無懼地攻擊本地政府的腐敗無能，才使其大獲支持，並因而常讓本地政府感到侷促不安。他提倡在臺灣駐守軍隊並強化防禦工事，要求徵召並整訓臺灣人的武裝部隊以保衛臺灣。近來關於美國企圖運用日本作為盟友及戰爭的傳聞，為郭增添了許多聽來新穎、引入注目且振奮人心的演講題材。人盡皆知，他利用公開場合推銷自己，這次為了讓抗議集會進行下去，他被要求縮短其怒吼不斷的演講。

臺灣省商業總會理事長蔣渭川先生，其兄長為臺灣最著名但目前已過世的一

---

141 應是高雄市參議員。

位抗日運動先驅，[142] 使他也因而成名。但是他身為一位公共事務領袖，卻被認為是浮躁、生澀以及缺少經驗的。蔣氏和《人民導報》的經營者 [143] 存在著密切的商業和友誼關係，《人民導報》可以說是僅有的一份立場一貫的反美報紙，對討論中的這起事件，宣傳也最為賣力。

蔣氏對於中國中央政府的攻擊砲火頗為猛烈。他將美國視為中國及日本反動分子的盟友和支持者。

蔣氏在這場示威活動後遭到逮捕，因為他在 12 月 15 日一次電臺廣播裡，大肆抨擊行政長官及中央政府。

憲兵第四團的指揮官在現場對集會民眾進行了簡短談話，建議他們不必走上街頭示威，但這個建議未獲理會。

臺灣省政治建設協會

據傳，那些長官公署聲稱有共產黨案底並因有「延安關係」而遭調查者，就是那群多年來向日本人施壓的臺籍知識分子。他們於日治時期要求在臺成立代議政府，並創立臺灣人唯一一份報紙 [144]、臺灣曇花一現的唯一政黨 [145]，及一本企圖抵抗日本摧毀臺灣文化認同的文學雜誌 [146]。其中一名「政治建設協會」成員為副領事所熟識。他準備對自己有「延安關係」的指控提出實質反駁。這群知識分子在 1945 年自日本人的監禁中獲釋，並懷抱極大熱情迎接中國政府的到來。然而，他們後來幻滅了，開始像以往攻擊日本人那樣，激烈攻擊中國政府在落實經濟改革、建立法治政府及賦予臺灣人平等機會方面的作為。據信，就算延安的幹員近來曾聯繫他們，並感到他們的善意，但之所以會促成這種關係，多半是因反對陳儀長官公署的統治而尋求支持，而非為了認同延安的意識型態或了解其原理。但目前遭激烈攻擊的長官公署，很自然地便會將這些反對

---

142 指蔣渭水。
143 《人民導報》為 1946 年 1 月 1 日創刊於臺北的報紙，該報立場偏向於批評臺灣省行政長官公署，而於二二八事件後遭勒令停刊。經營者應指王添灯。
144 應指《臺灣民報》。
145 應指臺灣民眾黨。
146 應指新民會於 1920 年所發刊的《臺灣青年》雜誌。

的作為貼上「激進份子」和「共產黨徒」的標籤。

　　然而，儘管這些成年人真誠、勇敢且令人感動，卻缺少良好的領導能力。他們似乎想藉著示威活動來贏得學生們有計畫的支持。他們雖不放過任何發展組織及發洩情感的機會，但卻缺乏權衡反美情緒高漲可能帶來什麼後果的能力。

學生組織者

　　極少數發起這場示威活動的學生，找到了恢復數月前遭政府鎮壓之學生聯盟的「理由」。從他們在這場集會中的演說內容可知，這些主要的學生策動者（令人感動且在公眾關注下嶄露頭角）在較高年級的學校中，得到的反應卻很冷淡。儘管也有一些大學生參與這場集會，但他們（許多大學生才剛從日本遣返）拒絕指派學生代表參加示威活動。因為他們並不充分了解「澀谷事件」的實情，因此不願對此表明立場。這場集會中，熱情的法、商學院參與者最多。低年級學生（中學和小學）則按年級與年次，派出學生代表和老師一同遊行往返中山堂。主要的策動者坦言，即使在那些中學老師裡，他也發現了他們不情願被一件他們知之甚微的事情所策動。這場集會中的演講者包括 2 名年輕女性。其中一名為大陸學生策動者。她穿著藍色短裙、留一頭短髮，用普通話發表演說。但現場學生大都聽不懂她說的話。她呼籲學生以「5 月 30 日事件」[147]為發難名義，但其內涵模糊，在臺灣不具吸引力。

學生的態度

　　臺灣學生的自主意識正在成形中，並展現了一種在日本人統治下未曾經歷過的責任感。他們說，軟弱的政府將所屬地區的領導責任推向他們。在一個強大（日本）政府支配下的國際事務，是一個沒有他們容身之地的世界。在日本人長期、恣意地向其揭露、強調中國的弱點後，他們或將日趨敏感並開始相信，日本在其宣傳中強調之中國缺乏能力承擔國家責任這點是有一定的真實性。

　　當前的事件（按說是一樁臺灣人牽涉其中的國恥，但中央政府卻未提出抗

---

147 指五卅運動，亦即學生與工人在 1925 年 5 月 30 日，於青島、上海等地所進行的示威活動，抗議日本資方非法解雇和毆打中國勞工。

議）似乎證實了臺灣學生對中央政府的深切懷疑。他們認為，比起實現一個和其他國家平起平坐的統一中國，中央政府對其從戰時專制政治所得到的個人特權，以及目前的內戰衝突比較感興趣。學生普遍對美國沒有敵意，反而期待美國與美國機關提供指引。12月19日4點30分拜訪領事館的小型代表團裡，只有那種外表粗率和不太世故的年輕人。看似生怯，卻試著用英語對於有機會能將意見轉達至盟軍最高總司令部友善地致謝。那位成年的領袖兼發言人則圍繞著副領事，持續感謝副領事與他兒子維持長期的友誼，並希望副領事繼續指導其子。很難想像此人會受延安驅使，企圖破壞臺、美之間的友誼，並被長官公署判定為共黨份子。

　　鑒於中國通訊社的報導中完全不見這場集會因何而起的細節。後來與學生團體密切聯繫的臺灣人，建議領事館應盡量讓更多人了解這場集會的相關事實。其中3位臺灣人提到，這場集會為長官公署策動，目標為破壞臺灣人對美國的推崇。

演說摘要簡述

　　貼在演說者後方簾幕上的宣傳口號如下：

「發揚我們的革命精神，在國際場合上提高國家聲望！」
「徹底根除日本的軍國主義與侵略，抗議澀谷事件的不公！」
「團結並集合全部的力量與資源，在三民主義之下建設新臺灣！」
「中華民國萬歲！」

　　首位演說者是主要的學生策動者，強調任何人讀了中央社關於澀谷事件的報導，定能感受到國恥：「截至目前，我們仍不清楚（澀谷事件的）實情，但我們認為，這個判決不公平且羞辱人。臺灣人是戰勝國的人民，日本人是戰敗國。不管此事的實情為何，判決都應有利於戰勝國的人民才對。

　　臺灣人是國姓爺的後代，繼承了最富革命性、愛國心的奮鬥精神，這點在年輕人身上最為明顯……法、商學院的大學生（演講者便為其中一位）最為活躍且積極地投入、籌畫這場集會，但大學生都是冷血的懦夫，儘管十分聰明，懂

得推理和辯論，卻消極、被動、不負責任。當人們力勸他們參加這場示威活動時，他們說：『這起事件的實情為何？我們並不清楚。除非了解實情，否則我們不會採取行動。』今天，他們沒有人來這裡，多數參與者都是中年級學生。此外，幾所學校的老師也都是負面的回應，他們只對學生的乖巧與否跟整齊秩序感興趣。秩序！秩序！讀書！讀書！但國姓爺的後代，怎能對此不公正的判決漠不關心？……」

　　第 2 位演講者則是在當地學生中十分知名且情緒化的人物，他請求學生們振興學生聯盟，一個曾遭長官公署鎮壓的學生組織。他要求長官公署了解民意。為此，學生必須積極地表達意見。他大聲疾呼，反對廣為人知的《時代雜誌》於 6 月 10 日之新聞評論：當今的臺灣應優先選擇美國，其次日本。這位學生說：因為他們已經體驗到中國政府在這裡的表現：「這座島上的知識青年應利用這次罕有的機會，組織一個學生聯盟或同盟，如此才能為我們和我們的家鄉，帶來一個自治政府！」

　　第 3 位演講者為廖先生[148]，他是臺灣省政治建設協會（此團體被政府認為是企圖分化中國和美國的共產主義者）的領導人。然而，他在演講中並未提到澀谷事件，也未提到美國。他把演講的主題限縮在發表不滿的批評上，抨擊本地政府的腐敗、失業率及治安的不穩定：「儘管我們開心地看到日本人投降，我們當中的多數人卻失去了希望，許多人開始餓肚子。雖然臺灣銀行的資產僅 6,000 萬圓（TY），卻發行了超過 60 億圓。就像沒人能夠在未諮詢他的情況下為他裁製衣服一樣，為了符合臺灣的需求，臺灣政府必須為臺灣人擁有，並為臺灣人服務的政府。臺灣省政治建設協會源於臺灣人的文化和政治組織，繼續保持著日本統治時期的活力。今天，學生們要求加入（臺灣省政治建設協會）爭取自治政府的活動。我們的目標是解放臺灣，並奮力實現一個自治政府。我們尤其注重人民的生計。……」

　　第 4 位演講者是一位女子學校的校長，認為儘管臺灣人全是具革命精神的國姓爺後代，但中國接管臺灣、臺灣不能產生自己的領導人，都帶來了失望的情

---

148 指廖進平先生，其為臺灣省政治建設協會的其中一位領導人。

緒，而在這種失望情緒下尋找一個建立學生組織的機會，卻非常振奮人心。演講者並未提到美國，但卻以澀谷事件暗指日本人未放棄軍國主義與侵略主義的政策。

第 5 位演講者是一位自聽眾中挺身而出的大學生。他表達的內容反映了受過良好教育的臺灣人觀點：「首先我反對共產主義，儘管它維持了一支軍隊，卻未用它的力量在國際外交與這次的澀谷事件中支持中國，在這起事件上，甚至未對中國人的權利發表任何意見。我反對國民黨，因為它壟斷了政府。只對內戰與爭取政治優勢感興趣。他們什麼都沒做，只會尋求美國的支持，因此當然不允許任何人批評麥克阿瑟在日本的政策。」

第 6、7 位演講者（來自師範學院）指出，來自臺灣的食品和原料今天仍以相同的方式繼續輸往日本，扮演日本生計供給者的角色。澀谷事件明顯彰顯了美國政府並不尊重中國人民。這是因為中國國內分裂太過嚴重且太過虛弱，導致其發揮不了國際影響力。日本人吹噓說，美國人打敗了他們，不是中國人，甚至清楚表明，他們想回來征服中國。

第 8 位演講者呼籲，抗議偏袒日本，但找到了鄙視中國的理由。鄙視的原因是官員們的腐敗、貪汙和濫用聯合國善後救濟總署供給的物資，讓救濟物品流到私人口袋、處理事情的態度總之就是「馬馬虎虎」。他提醒聽眾，記得擁有革命精神的臺灣祖先，並呼籲團結抵抗外國勢力的威脅。為了採取行動，他建議從街上的示威活動開始。

來自大陸的一名女學生是典型的學生策動者，她用流利的普通話向聽不太懂的聽眾發表演說，力邀臺灣學生加入中國學生的抗議傳統。她以下列大陸過去的示威活動為例。

（當地學生對這名演講者的反應並不熱絡，不僅因為在這裡，她是一位沒人認識的強勢女性領袖，也因為她呼籲和大陸學生一起承擔的共同利益目前並不存在。這場集會暗地裡是反對大陸的，這種情況下，她的演講沒有太受歡迎。）

市長的演講，摘要在第 ___ 頁。接下來是一位情緒激動的當地人士的冗長演說，他是參議會的成員郭國基，他批評美國的政策出於自私利益，為了即將到來的對俄戰爭，而讓日本成為盟友。大陸人只對內戰感興趣而已。臺灣人應組織一支軍隊占領日本，並成為亞洲的新領導者。如果一小撮蒙古人就能建立蒙古帝國，一小支滿洲人就能建立大清王朝，為何600萬臺灣人不能團結起來「建立並主導一個新中國」？臺灣必須武裝起來並修建防禦工事，以防日本再次入侵臺灣。

郭氏的演講被打斷後，最後一位演講者蔣渭川呼籲，強大的學生組織應重新建立起來並發揮影響力，且大學生要在學生組織裡面發揮領導的實力。社會大眾拖了很久才意識到澀谷事件的重大意義，留待學生們去組織一場抗議活動，揭露中國外交與政府駐外代表的軟弱。

提交決議通過後，憲兵第四團的指揮官建議不要示威，僅推派代表團向政府機關表達抗議即可。他呼籲那些相信政府會採取行動的人民應團結站在一起。

新聞與文宣

12月12日，地方新聞登載了一則中央通訊社的簡短新聞稿，宣布澀谷事件中涉案的臺灣人，在東京的判決與處刑。

15位臺灣人長期參與那些抵抗日本在政治與文化上的同化計畫並積極要求改革中國政府的組織。12月15日，這15位臺灣人召開的會議中，決定要協力贊助一場抗議澀谷判決的抗議集會，特定的學生於是便策動舉行了這場集會。

同一晚，郭國基和蔣渭川藉由電臺廣播以臺灣方言警告，俄國和美國即將開戰，美國的政策是企圖重新以日本為其盟友，如此一來，臺灣或將面臨日本的再次入侵。據說，其中一人特別強調，中國失去了美國對她的信心，也背叛馬歇爾將軍要在中國內部達成團結的誠摯努力。美國要是放棄了她在中國的作為，轉而尋求日本為其遠東地區的盟友，中央政府應為此受譴責。但這些演講的重點，在於對大陸政府及其在臺代表，也就是當今長官公署的低能與腐敗展開大力抨擊。許多聽眾把它解讀成對中國人的直接挑戰，要求他們撤出臺灣，

並將這座島嶼還給臺灣人，而（郭氏假定）臺灣人有能力徵召、維持自己的武裝部隊，並強化島嶼上的防禦工事以抵抗未來的入侵。很多臺灣人聽了廣播後，皆對郭氏的人身安全感到憂心。蔣氏則遭到逮捕。

12月19日，《新生報》（官方報紙）和《人民導報》（編者為教育處副處長，其對美國的帝國主義充滿批評[149]）皆登載了一則簡短新聞，宣布一場關於「澀谷事件」的民眾集會將於隔天在中山堂舉行。後者以極大的字體及重點的形式呈現。

12月20日，《民報》[150]（臺灣人的報紙，反對陳氏的政府）與《和平日報》[151]（原由國民政府軍事委員會出版）上的後續報導，位於版面上不起眼的位置。不同報刊皆署名，聲稱其為這份報紙的「獨家新聞」，但故事內容都相同，可見這些新聞來自單一的來源。

「給臺灣愛國人士的第一封信」，引用於第23頁，出現在12月20日的〈民報〉。同一天的《人民導報》刊出這封信與子標題「給我們同胞　關於東京澀谷事件的一封信」。發給中央政府與國民大會的電報請願，也以相同方式刊載於這一期，佔據了很大的版面並以重點的形式呈現。

12月20日，有人在中山堂發送傳單，其中一面印了中文版本，另一側為日文翻譯。值得注意的是，政府本來禁止在公共印刷品上使用日文，但這場集會卻允許使用日文。這讓一群不會閱讀中文的聽眾，能接觸到這場集會討論的主題。傳單的翻譯在第＿＿＿頁，原文版本請見隨函附件。

這場民眾集會最後決議，強而有力的抗議行動必須立即傳達給以下人士及機構知悉：

蔣介石；

---

149 指宋斐如，時任臺灣省行政長官公署教育處副處長，同時兼任《人民導報》社長。
150 前身為《臺灣青年月刊》，為臺灣人於日治時期所創立之影響力最大的報刊。
151 原名為《掃蕩報》，是國民政府在大陸創辦，也是國民革命軍的報刊，於二戰結束後更名為《和平日報》。

中央政府外交部長；

南京國民大會；

中央新聞社（要盡其所能公開此事，並向政府施壓）；

臺灣省參議會（促其向陳長官施壓）；

陳儀行政長官；

麥克阿瑟將軍的總部（經由臺北的美國領事館）。

12 月 21 日，所有的地方報紙皆盛大報導這場民眾集會的實況，但沒有一份報紙提及美國領事館，或提及：遞交了一封信給副領事，並傳送至盟軍最高司令部。

臺灣省參議會第二次大會於 12 月 24 日決議，發出一封電報給所有參議會，呼籲支持：反對澀谷事件中的「美國判決」。

12 月 25 日，《人民導報》刊載了一則對麥克阿瑟將軍其日本政策的惡毒批評，聲稱他為了日本人的利益，剝奪臺灣人的財產，並逼迫臺灣人成為臣服的子民。它斷言被遣返的臺灣人只被允許攜帶 200 元。這顯然是純粹捏造之事，據臺北領事館及陸軍在臺之遣返組，關於臺灣人可攜回多少金錢，除了遣返船隻的行李與容量限制外，並無任何限制。

已翻譯的相關文件

1. 針對澀谷事件在東京的不公判決，給臺灣愛國人士的一封信（這份文件的中文版刊於 12 月 20 日發送的宣傳手冊上）

致我們親愛的六百萬臺灣弟兄姊妹們：

在日本占領後 50 年重回祖國懷抱，我們多麼開心！歷經如此長期的日本帝國主義壓迫，我們將不會忘記日本人的屠殺與壓榨，我們在這些屠殺和壓榨中遭受的痛苦已難以補償。如我們所知，日本軍閥極端野蠻與殘暴。他們於 1937 年始入侵中國，我們數百萬名愛國志士因而在這些入侵中遭到屠殺。他們擄掠、強暴。他們的窮凶極惡為人類歷史上前所未見。

　　儘管已征服他們，但當今的事件證明，野心勃勃的日本侵略者未被全面根除。儘管舊的血債尚未償還，他們再次欺凌我們住在東京的臺灣弟兄。澀谷事件的發生過程如下：

　　某日本企業的一塊開放空地被一些臺灣人租了下來，作為販售商品的攤位。為了趕走臺灣人，日本政府要求那間企業停止出租那塊空地。雙方開始協商，但協商無果。於是，那間企業便藉由日本流氓發起以下事件。

　　7 月 14 日，臺灣人張育勳遭刺傷，但日本警方拒絕採取行動。兩天後，數百位日本流氓襲擊了新橋的華人攤位。缺乏自我保護機制的臺灣人，只能立即轉告東京華僑商聯總會會長，在會長陳禮佳個人的努力下，日本流氓最終才散開。下午 3 點左右，另一群 50 人左右的幫派攜著刀劍、棍棒而來，但被臺灣人擊退。

　　17 日當天，這些臺灣人籲請會長仲裁，並將這起事件呈報負責管理海外中國人事務的林定平先生，尋求適當的行動。於是，林先生和日警當局協商，要求賠償金及保證書。隔天，林先生進一步拜訪日本東京警方指揮官，並得到後者的口頭保證：類似事件不會再發生。

　　19 日當天，某些臺灣人出現在中國駐日代表團李立柏少將面前，他安撫著他們的焦慮和絕望，以 3 輛吉普車載送他們，並有 1 輛中國代表團吉普車一路護送回去。當車子行經澀谷時，有 300 多名日本人在派出所前集結。幾位日本警官和警察將道路封鎖。周先生被請到警局裡協商，最後，警察終於同意讓他們離開。不過，吉普車的引擎還來不及發動，就聽到了槍聲。其中一名司機立即遭到射殺。超過 10 位民眾受傷，有 4 位後來死亡。剩下的人被警方逮捕和拘留。

　　關於這起案件，中國代表團對有關當局表達強烈抗議。之後，遭逮捕的臺灣人被轉送至美軍第 8 軍團總部[152]。

　　據 12 月 10 日的新聞，澀谷審判的結果是，1 名臺灣人被判 3 年，另 13 名被

---

152 美國第八軍團為二戰後進駐日本的陸軍主力，之後於韓戰期間進入朝鮮半島。

判 2 年勞役，所有人此後都被日本永久驅逐出境[153]。

　　當我們讀到這個判決時，我們的絕望超出了所能估量。日本人屠殺我們的同胞竟被判無罪。對我們來說，誰是錯的一方再清楚不過，因而我們堅信，這場審判並不公正。為了使中國在世界各地都能得到真正的自由與平等，為了保障我們遠在異鄉之臺灣人的安全，我們必須站出來請求政府透過外交管道，要求國際法庭就此事件進行一場正義且公平的審判。彰顯民族精神與正義感的時刻到了！讓我們響應這個號召。置身事外的人不配作一個愛國的臺灣人。我們心中洋溢著臺灣傳統的革命精神，這樣的精神已綿延了 200 多年。（全文）

2. 針對澀谷事件在東京的不公判決，給臺灣愛國人士的一（第二）封信

　　澀谷事件的判決已經做成。它帶給我們的，是恥辱和憤慨。

　　這起事件的摘要說明於此。

　　然而，關於這起事件收到的這則報導，證明我們一向都太天真，才會去期待一場公平的處置。兇手逍遙法外，而遭迫害與傷害者卻在服苦役並遭驅逐。

　　事情的結果違背我們的期望。國際法庭的判決百分之百偏袒日本人。

　　如果這就是我們所稱的法律，我們將為此感到遺憾。如果這就是正義，這種正義全是為了滿足反動者的願望，而非人民的希望。

　　我們不禁感到極度憤怒，因為，當民主陣營終於贏得勝利時，美國政府竟在遠東地區為培養法西斯細菌準備了一張溫床。其藉由控制整個國家的經濟，並以成就一個絕對服從其意志的反動政府為希望，在日本培養封建勢力。

---

153 審理的結果，1 人被判 3 年有期徒刑，35 人被判 2 年有期徒刑。1947 年 2 月覆審，結果 36 名被判刑者中，1 人獲釋，其餘因被驅逐出境而返臺。參見：何應麟，〈戰後台灣人之國籍變更与国家認同—以渋谷事件之考察為中心—〉（財団法人 交流協会：2001 年度財団法人交流協会日台交流センター歴史研究者交流事業報告書，2002 年 2 月），頁 7。

澀谷事件是在這樣一個政策下形成，相關裁決則充分反映了其成功之處。

儘管我們不想非難麥克阿瑟將軍對日本的縱容，卻不允許國際正義的法庭有所偏袒。

我們不禁嚴厲地指出：中國人強烈拒絕這樣不公平與不合理的裁決。我們不能繼續沉默，因為，這不僅只是幾個臺灣同胞的生與死，名譽與羞恥，還關係到一個民族的尊嚴、海外中國人生命與財產的保障，及世界民主與和平的發展。

因此，我們在巨大的憂慮下做出以下要求：

1. 盟軍最高總司令部立即釋放被逮捕的臺灣人，並保障我們海外中國人居住與行動的自由權。
2. 盟軍最高總司令部立即逮捕殺害那些臺灣人的兇手，並在東京的中國居民庭審代表們陪同下，給予他們一場審判。
3. 為確保國家尊嚴並保障中國居民的生命與財產，中國政府會立即調派部隊前來參與對日本的占領。
4. 美國政府將立即重新考慮在日本的控制政策，因為第二起「澀谷事件」會繼續發生，只要美國政府不改其縱容反動派並壯大法西斯餘孽的政策，世界便將永無寧日。

希望我們所有人都能團結，並加入這場持續為正義與人類文化而行的抗爭。

（節錄自《人民導報》，1946 年 12 月 20 日）

3. 散布於 12 月 20 日的宣傳手冊（翻譯自日文版）

關於澀谷事件致臺灣人宣言
親愛的市民們！擁有誠摯愛國心與民族精神的朋友們！

想必你們都已在地方新聞上，讀到澀谷事件判決放過那些元凶的消息。你認

為這只是一則日常的新聞嗎？絕對不是。這是多年抗戰後的另一起國難。在3個月內完全併吞中國領土及最終征服整個世界的舊日本夢想，已遭數百萬中國人在八年抗戰期間的犧牲所破滅。位於東京之兩位美國司法人員及一位中國司法人員組成的國際法庭，最近對那些臺灣弟兄，正式做出一個野蠻的判決。儘管中國反覆抗議，卻沒有任何結果。

部分不良行為或可歸咎於牽涉其中的臺灣人。同時，它也顯露了日本人經年累月的侵略態度及他們對中國人長期的輕蔑。我們一刻也不能忘記，日本人在其51年的壓榨期間對島民犯下的暴行與殘忍罪行。從這個角度來看，在東京牽涉其中之臺灣人的不當行為，只不過極其微小。事實上，我們誰都可以做些什麼，來報復日本人以前對我們做過的。

看看當今在臺灣的日本人！他們有像我們在日本的弟兄一樣，遭遇那些暴虐行為嗎？雖然依然不知道誰開了第一槍，但事實仍是20到30個臺灣人遭到殺害。[154]即使日本警方都承認他們自己開了543槍。

日本這個戰敗國的肇事者已被宣布無罪，反之，盟國成員之一（臺灣人）被判有罪。你覺得這合理嗎？

身為一名愛國青年，你會繼續保持沉默嗎？讓我們追溯這起事件的最初起因。那時，2,000到3,000名臺灣人被日本人包圍，用盡各種詭計的日本人讓他們自己更像惡棍，並羅織故事欺瞞美國人，彷彿臺灣人才是先開啟紛爭的人。臺灣人出於自衛而團結起來，之後卻遭盟軍總部下令解散。在返家途中，經過澀谷警局時，這些臺灣人被日本人包圍，整起事件於焉爆發。並不清楚誰開了第一槍，但這些臺灣人被視為擾亂治安，並遭到逮捕，現在他們正蒙受不公的裁決。

你們卑鄙的日本人！你們投降才不久，竟膽敢引起現在這起動亂。目前的

---

154 關於臺灣人在澀谷事件中的死傷情形說法不一，但此份文宣中提及的死傷情形（20到30臺灣人被殺害）應有誇大。根據當時的報導，在澀谷事件的槍擊現場，臺灣人僅2人死亡及10人重傷。參見：何應麟，〈戰後台湾人之國籍変更与国家認同—以渋谷事件之考察為中心—〉（財団法人 交流協会：2001年度財団法人交流協会日台交流センター歴史研究者交流事業報告書，2002年2月），頁7。

判決是你們的詭計所致。我們相信國際法庭是公正的，但這項判決卻迫使我們認為，這是對中國的一次公然侮辱──尤其對我們臺灣人。我們極度不滿。記住，這些臺灣人並未死亡。我們不會讓這起事件就這樣下去。我們是一個模範省份。

　　臺灣人！來吧！我們必須明白我們的責任！我們必須站出來並團結在一起！我們要一起繼續下去！

（簽名）臺灣省政治建設協會
臺灣省學生自治會
臺灣青年澀谷事件後援會

4. 呈給領事館的英文信內容（與正本完全相符）

臺灣省政治建設協會
臺灣省學生自治會
1946 年 12 月 20 日

閣下：
　　直接來自東京中央新聞、註明為十日的電報寫著：

　　「36 位臺灣人因澀谷事件被捕，兩位美國法官與一位中國法官組成的國際特別法庭無罪開釋 2 位，判決 1 位 3 年勞役、33 位兩年勞役，有罪的臺灣人將被逐出日本，並於聯合國占領期間不得回到此地。」

　　這座島嶼上的人口對於此項不公平的判決表達強烈不滿，遭判刑的臺灣人先是被日本浪人給羞辱，接著被日本警察用機槍掃射。結果 4 人遇害、18 人重傷。上述法庭不僅未懲處這些罪魁禍首，還偏袒他們。正義在何？世界和平在哪裡？代表人民的集會今天在此舉行，並決議由您向麥克阿瑟將軍的總部傳達我們的願望，重新考慮那個判決，並立即釋放這些臺灣人，如此以來正義才能維繫，兩盟國人民的友誼才會長存。

我們很榮幸地成為，

閣下，

您順從的僕人，

步雷克先生

美國駐臺灣臺北總領事　敬上

您恭敬的

美國副領事葛超智（George H. Kerr）

敬上

附件：

一封信件（中文）附原件

英文版本和封面

宣傳手冊一本

正本送駐南京大使館

兩份副本（一份氣燻本）致國務院

葛超智／klc

2-4.2 大眾的不安與謠言及有關美國的評論（1947 年 1 月 10 日）[155]

第 36 號

美國領事館
臺灣，臺北
1947 年 1 月 10 日

主旨：大眾的不安與謠言及有關美國的評論

尊敬的
美國駐中國南京大使司徒雷登

閣下：

　　我很榮幸提交大使可能有興趣的若干觀察，關於現今臺灣大眾心理的不安，他們逐漸被有關美國活動及影響美國聲望的謠言擾亂。

　　12 月 20 日抗議美國在日本對臺灣人的「不公」事件，相當類似當前於北平及其他地方抗議美國的行動，暗示著這可能來自同一授意。倘若如此，目前未發現可連結兩者的任何證據。但一般相信，出現下一波影響美國在臺人眼中地位的企圖將可預期，且需和目前流傳在臺人之間的許多通常是荒唐的謠言一起看待。

　　臺灣謠言四起，認為美國和俄國（或短期內即將）會開戰。美國將在此地發動大規模軍事活動，本地政府也祕密地在島上準備軍事行動。另一謠言則宣稱，中國已將本島賣給美國政府，以換取大量軍用貸款。

---

155 本文出處為：American Consulate, Taipei, "Public Uneasiness Rumors and Comment Concerning the United States," January 10, 1947, RG84, UD3258, Box.3（NARA）.

新竹縣地方首長公開要求修改（而非廢除）建設防空洞的法令，這立刻被詮釋為：戰爭迫在眉睫。很多住在臺北的人相信，（18 英里外的）基隆居民，除非擔任重要的公共服務與防衛工作，否則已被下令疏散到山上。如今人們普遍相信，政府已下達祕密命令，要所有官營工廠準備防空洞並採取空襲預警的措施。有些人甚至相信基隆已遭到轟炸，還有人相信，日本的名古屋遭俄國軍隊轟炸，而沖繩則遭遇「未知飛機」的轟炸。

中國空軍正公開地將軍火運至各地軍需站，這似乎進一步證實了消息。

《人民導報》（近幾個月持續反美）在 12 月 4 日報導的內容，全文如下：「根據美國領事館發布的消息，將有許多美國航空部隊進駐省內，並選擇臺中附近的機場為基地。據稱，美國陸軍航空隊也有意在臺中建立 B-29[156] 工廠，且目前正積極準備中。」

讓臺灣的公司擴大並修復臺中附近的機場與工廠的契約已經訂立。當然，地方上一般認為，由於中國不會製造飛機，所以美國政府是契約的幕後主導者。兩位臺中人士於 12 月 28 日造訪領事館時確認了這個消息。他們是為了規劃預期將湧入的美國人「生意」而來。現在普遍認為，多達 30 萬的美軍即將抵達。曾在菲律賓或其他地方與美軍一起服役的年輕臺灣人，為了在預期抵達的美國軍隊裡找到工作，為最頻繁的拜訪者，（甚至）還有 16 人組團來訪。尚未聽說對預期（抵達）美軍的批評。有些謠言聲稱，已有 1,600 人登陸淡水河港。

目前的臺灣之所以易受謠言影響並害怕日軍返回，應來自一個廣泛流傳的故事，即某位先前知名但身分不明的日本人，在離開基隆、遭遣送回國時，曾誇耀日本人在 20 年內會再回到臺灣，因為是美國而非中國打敗日本，才導致地方上強調如此的信念：美國對中國未能完成統一及經濟復甦感到失望，如今正準備盡力支援日本的復興。

整個 1946 年普遍認為，美國陸軍和美國陸軍航空隊打算在臺灣建立大型基

---

156 B-29 為超級堡壘（Super fortress）轟炸機。

地。地面部隊持續在此現身（依次為約 100 名臺灣遣返組，約 10 名墓地登記與搜尋支隊，及 5 名第二遣返組的美國人），[157]加上最近從琉球群島基地司令部運作之短暫的系列空中偵察任務，為此則公眾謠言增添了視覺上的「真實感」。

最極端的說法是蔣介石 10 月來臺時，和麥克阿瑟將軍有過一場祕密會議，蔣於會中將臺灣賣給美國，以換取國共戰爭所需的大量資金。這則傳言持續了兩個月，現在被連結到當前反駁共產黨的指控：認為國民黨在美國存有大筆資金。截至目前，任何版本的謠言皆未批評所宣稱的買賣。

最近對「澀谷事件」的抗議是第一次有人在攸關臺灣人本身，而非外部族群的問題上，試圖組織、具體化和指揮臺灣民意。但它失敗了，因為臺灣人不確定自己有足夠證據。[158]政治領導階層困惑且不成熟，且在這個例子中，極力推動一個極少人全然相信的主張。有些臺灣人說，他們之中有多人在近幾個月自日本遣返，他們知道很多臺灣流氓，現正住在日本以騙人為生。演講、廣播、傳單和談話，都充滿那些澀谷的臺灣人「可能百分之百錯了」的覺悟。接著是以認同「勝利」國為理由，企圖合理化這場抗議。12 月 20日，一則未經評論或證實的消息指出，臺灣行政長官公署最近從盟軍最高司令部接到一份備忘錄，宣稱 7、8、9 月有 300 件起訴臺灣人違法（未詳述類別）的案件，為同期日本人的兩倍以上。

大眾的焦慮反映著大陸、臺灣不安的政治和經濟狀況。在此還感受得到，中國似已迫在眉睫的大規模內戰（氣氛）。沿海地區各階層人士皆持續湧入臺灣（最貧窮階層的比例升高），帶來兩岸情勢間各種衝突的詮釋。警察系統並未改善，大規模搶劫持續發生。

一群受過良好教育者的代表（據說臺北市長現在與其聯手），在他們討論臺灣問題的結論中觀察到，任何大陸的危機（無論大規模戰爭或目前的經濟結構

---

157 原文為 Formosa Repatriation Group Graves Registration and Search Detachment the second Repatriation Team。
158 應是指無足夠證據，可證明澀谷事件中的臺灣人無罪。

崩潰）皆為臺灣帶來危機。這段期間，控制臺灣的鬥爭會跟著發生。他們想請求美國三件事。其一，避免如日本投降後所做的，將中國軍隊運送來臺。其二，請求美國派遣科技和行政顧問幫助臺灣度過危機，因他們決心不被大陸的混亂吞噬。再者，他們請求美國提供金融和物資，支援商業和工業的復興。他們認為，在自由貿易與企業政策之下，工商業的發展將會加快。強調獨立對外貿易，而非（如今）排他性的、只有政府貿易局和其他官方機構（掌握了對外貿易）。

您恭敬的
步雷克
美國領事館

致南京大使館的原件
兩份經由南京大使館致國務院的副本（一為氯燻本）

800.
葛超智 /klc

第三章

二二八事件時期相關檔案

二二八事件時，民眾聚集於臺北車站前（圖片來源：台北二二八紀念館）

3-1.1 群眾起事散布全臺（1947 年 3 月 6 日）[1]

塔斯社（1947 年 3 月 6 日）

群眾起事散布全臺

莫斯科，週三

　　2 月 28 日爆發於臺灣北部的大規模起事，已蔓延至南部，與軍警的衝突已造成 4,000 人傷亡——據塔斯社引用的上海媒體報導。

　　此外，已實施戒嚴，並嚴密審查新聞。

> **PUBLIC UPRISINGS IN FORMOSA SPREADING**
>
> MOSCOW, Wednesday.
> A wide uprising, which began in the northern part of Formosa on February 28, has spread to the south with 4,000 casualties as the result of clashes with the police and troops, according to a Shanghai Press report which is quoted by the Tass Newsagency.
> It added that martial law had been proclaimed and a rigid censorship imposed.

群眾起事散布全臺（圖片來源：Formosa , Chinese Occupation and February Riots, 1946–1949, A1838, 519/1/2, NAA）

1　本文出處為：Formosa , Chinese Occupation and February Riots, 1946－1949, A1838, 519/1/2（NAA）.

3-1.2 臺人要求議會展開改革（1947 年 3 月 12 日）[2]

《百眼巨人報》（1947 年 3 月 12 日）

臺人要求議會展開改革
紐約（澳聯社 AAP）

臺灣的動亂據稱，是在中國國民政府理解臺人要求前，召開自治議會，並著手政治改革。

《紐約時報》上海特派員週一報導，該會由「二二八事件處理委員會」召集，由 17 個縣市[3]的 30 名代表組成。該會在宣告臺灣人對中國的要求之後緊急召開。

隨著國府軍於戒嚴下緊控通訊，中國中央社係孤鎖之臺灣的唯一公開新聞來源。該社稱：「處委會似想僭取自治政府的角色。」

合眾通訊社[4]駐南京特派員稱，由於強援在後，臺灣行政長官陳儀已下令「二二八事件處理委員會」解散。

同時國民政府指派國防部長白崇禧將軍來臺善後。

---

2 本文出處為：Formosa , Chinese Occupation and February Riots, 1946 – 1949, A1838, 519/1/2（NAA）.
3 原文為 towns，實際上應是指 17 個縣市。
4 美國著名的「合眾國際社」（United Press International）前身。合眾通訊社（United Press）創立於 1907 年，於 1958 年與國際通訊社合組為合眾國際社。

Formosans Call Assembly To Initiate Reforms

New York (AAP)

The rebels in Formosa are reported to have convoked an autonomous assembly to institute political reforms pending recognition of their demands by the Chinese Government.

New York Times correspondent in Shanghai says the Assembly has been convoked by the "committee to settle the February 28 incident," and will consist of 30 representatives from 17 towns. Its convocation follows promulgation of the Formosans' demands on China, reported on Monday.

Chinese Central News Agency, which is with the Chinese Army now controlling communications under martial law, is the only public source of news from isolated Formosa. It says: "The committee seems to be assuming the role of an autonomous government."

United Press correspondent in Nanking says that, bolstered by reinforcements, General Chen-yi, Governor-General of Formosa, has ordered dissolution of the "Committee to Settle the February 28 Incident."

Meanwhile the Government of China has appointed General Pai Chung-hsi, National Defence Minister, to handle the uprising.

臺人要求議會展開改革（圖片來源：Formosa , Chinese Occupation and February Riots, 1946–1949, A1838, 519/1/2, NAA）.

3-1.3 恐怖統治終結動亂　死亡滾輪在臺灣
（1947 年 3 月 31 日）[5]

澳聯社引自上海的報導（1947 年 3 月 31 日）

恐怖統治終結動亂　死亡滾輪在臺灣
澳聯社及墨爾本論壇報[6]

上海，週日。據美國記者報導，中國政府當局實施恐怖統治，至少屠

殺 5,000 臺民，敉平近來臺灣起事。

該記者斷言，中國軍隊以最難以想像的暴虐手段對付暴動的臺人，因臺灣人受到的壓迫——遠甚於他們在日治時期所承受的（壓迫）。

記者小鮑威爾（John W. Powell）是自二月事變以來唯一能夠到訪臺灣的記者，他在《密勒氏評論報》寫道：

「事變之始，長官公署派出機動部隊，用達姆彈機槍對付所有遇到的團體，保守估計造成 5,000 人死亡。」

血洗
「陳儀長官稍後同意改革。然而，他利用雙方停戰期間增強兵力，接著血洗臺灣首府臺北達 5 日之久。」

「起事遭到敉平，但關於中國能否從經濟或政治層面挽救臺灣的任何措施幾乎均希望渺茫。」

---

5 本文出處為：Formosa , Chinese Occupation and February Riots, 1946－1949, A1838, 519/1/2（NAA）.
6 剪報者註記 *Melb Herald, Monday* 31/3/47。

小鮑威爾稱事件導因於警察對於商店和小販的嚴酷搜查，警察試圖強化實質上廢除私人交易的新經濟規則。這些規則直接違反了國民政府中央的法律。

小鮑威爾寫道，「最後一根稻草是 2 月 27 日警察擊斃一名反抗沒收（私）菸的 40 歲婦人。」「翌日反抗蜂起，警察向群眾射擊。3 月 1 日，反抗散播至全島大多數的城市，許多城市落入臺人手中；接著與臺籍要人（組成）的處委會一同主導談判。」

見人開槍

「處委會草擬三十二條要求，倘若同意則近於確認準獨立地位。」

「陳將軍則給人他正在讓步的假象。」

「然而，當部隊 3 月 8 日從大陸開到臺灣，陳長官卻逮捕處委會委員，接著開始血洗，而部隊則是見到臺灣人就開槍。」

「外國目擊者告訴我，他們看到 20 位鄉下青年被殘害折磨，然後以刺刀處刑後丟入溪中。另一位西方人還目擊軍隊搜索民宅，大肆掃射任何前來應門的民眾。」

小鮑威爾是已故前《密勒氏評論報》編輯鮑威爾（John B. Powell）之子，在日軍戰俘營失去了雙腳的一部分。[7]

---

7 失去了雙腳一部分的是小鮑威爾的父親鮑威爾。

"TERROR REIGN" ENDED REVOLT

Death Roll In Formosa

Australian Associated Press and The Herald Special Service

SHANGHAI, Sunday. — Chinese Government authorities quelled the recent uprising in Formosa by a reign of terror in which at least 5000 Formosans were killed, an American correspondent reports.

Chinese troops, he asserts, perpetrated the most unimaginable atrocities against the Formosans, who had rioted against oppression far worse than they suffered from the Japanese.

The correspondent, John W. Powell, who is the only American correspondent who has been able to visit Formosa since the rebellion began in February, writes in the China Weekly Review, of which he is editor:—

"After the rioting began the Government sent out flying squads of troops, who fired dumdum (expanding) machine-gun bullets into every group they met, causing deaths conservatively estimated at 5000.

BLOOD BATH

"General Chen Yi, the Chinese Governor, then promised to accept reforms, but he used the truce period to reinforce the troops, who then subjected Taihoku, capital of Formosa, to a five-day blood-bath.

"The rebellion was quelled, but there is little hope that anything can be done to save Formosa economically or politically for China."

Powell says the riots were preceded by drastic searches of shops and peddlers' stands by the police, who were trying to enforce new economic regulations which, virtually abolished private trade. These regulations directly violated the Central Government laws in China proper.

"The last straw, came on February 27, when the police killed a 40-year-old woman who protested against the seizure of her cigarette tray," Powell writes. "The riots began next day, with the police firing into the crowds. By March 1 the rioting had spread to most cities of the island, many of which were in the hands of the Formosans, then the truce was arranged with a committee of prominent Formosans.

SHOT ON SIGHT

"The committee drew up 32 demands, the granting of which would have ensured near-independence.

"General Chen gave the impression that he was making concessions.

"But when troops arrived from the mainland on March 8 he had the committee arrested. Then the blood bath began, the troops shooting down Formosans on sight.

"Foreign eye witnesses told me that they saw 20 village youths mutilated and tortured before they were bayoneted and thrown into a creek. Another foreign observer watched troops searching houses, wantonly shooting down whoever opened the door.

Powell is a son of the late Mr. John B. Powell, former editor of the China Weekly Review, who lost part of both feet in a Japanese prison camp.

恐怖統治終結動亂　死亡滾輪在臺灣（圖片來源：Formosa , Chinese Occupation and February Riots, 1946–1949, A1838, 519/1/2, NAA）

3-2.1 檢視臺灣危機（1947 年 3 月 3 日）[8]

臺北報告第 42 號
1947 年 3 月 3 日

美國領事館
臺灣，臺北
1947 年 3 月 3 日

機密
主旨：檢視臺灣危機

尊敬的
美國駐中國南京司徒雷登大使

閣下：
　　我很榮幸能針對造成臺灣當前及持續性危機的各個事件提出簡報，關於一場無組織又大都無武裝的臺灣人民，與中國陸軍部隊支持的陳儀政府間發生的衝突。

摘要

　　政府專賣局人員於 2 月 27 日殺害一名女商販所引發的暴力事件，[9] 雖然起初只是針對專賣局，卻已演變為政府與人民之間的鬥爭。民間開始出現領導人，溫和派人士已在確保長官公署信守終止戒嚴及協商改革的承諾上，獲得初步成功。長官公署同意其要求但似乎仍在拖延，藉以鞏固其軍事態勢。臺灣人雖然遭機槍及達姆彈[10]攻擊，但迄今仍未使用武器。臺灣人正在武裝，以應付未來

---

8 本文出處為：American Consulate, Taipei, "Review of Crisis in Taiwan," March 3, 1947, RG84, UD3258, Box.3（NARA）.
9 專賣局緝私員葉德根並未打死私菸小販林江邁，而是打傷。參見陳翠蓮（2017），頁 205。
10 達姆彈（dum-dum bullets），是一種不具備貫穿力但是其極高淺層殺傷力的「擴張型」子彈。子彈本身口徑不一，可由手槍或步槍發射。然而造成的傷口與口徑成倍數相差，並且與口徑成正比。

的動亂。外國人的社群未遭侵擾，而美國的名望顯見於街頭。結論：若政府未能信守承諾，全島將陷入無止境的衝突中。

暴力衝突之爆發

2月27日晚間，一名臺灣專賣局的武裝緝私員[11]將一位女商販毆打致死並射殺了一位圍觀者，[12]由此引發之暴力行為癱瘓了市區，並演變成一場官民之間實力懸殊的戰鬥。

2月28日早上，一場對專賣局抗議的示威活動，轉為要求廢除專賣局及貿易局。當城區的街頭事件導致專賣局的外省員工被毆打，所屬的分局辦公室[13]遭洗劫時，原本秩序良好的示威者開始朝行政長官公署行進，欲遞交被專賣局拒絕的訴求。就在接近公署樓房前廣場時，群眾在無預警的狀態下遭機槍掃射，有4人遇害。這場2月28日午時發生的事件，使民眾情緒爆發，變成直接對所有外省人的暴行。當天下午，凡被逮到的外省人均遭毆打，有的甚至遇害。專賣局辦公室遭洗劫，物品被焚毀。週六上午事件暫歇，但隨著政府派出巡邏人員巡街，使用機槍與步槍對付無武裝群眾後，有更多人遇害。最嚴重的一場殺戮發生在距領事館不到500碼處，有25人遇害，據報有130人受傷。領事館取得至少有一名巡邏人員使用達姆彈的確鑿證據，但無報導臺灣人在市區使用武器之例證。

2月28日傍晚，由於謠言盛傳如當晚臺灣人要縱火焚燒隔鄰的鐵路管委會[14]宿舍，加上當天稍早發生之眾多臺灣人毆打外省人的事件，導致4個家庭、11名外省人，從家裡出發到領事館尋求避難，並趁負責看守的人員短暫離開之際進入館區。當看守人員返回時，勉強依照外事作業規定第3節註1內的條文，留置了這些人，並打電話向行政長官公署報告此事。公署人員力勸他們返家，其中7人於晚間11時返回，其他4人在領事館待到翌日上午。當晚，他們居住的地區並未發生任何不幸事件。

---

11 原文為 armed agent，指武裝之緝私員。當時的專賣局查緝隊員不僅握有查緝實權，甚至配有槍枝。參見范雅鈞，〈戰後臺灣菸酒公賣局及其檔案簡介〉，《檔案季刊》，第11卷第3期（2012年9月），頁21。
12 開槍誤殺無辜市民陳文溪的是專賣局緝私員傅學通。參見陳翠蓮（2017），頁205。
13 指臺北分局。
14 原文為 Railway Bureau，意為鐵路局，但當時的機關名稱為鐵路管理委員會。該會之研究請參閱：莊建華，〈戰後初期臺灣鐵路事業之研究（1945-1947）〉（桃園：國立中央大學歷史研究所碩士論文，2007）。

3月1日，一個民眾代表團對行政長官提出要求，[15] 獲其承諾接受，於當日下午3時向大眾廣播。當廣播延至5時發布時，發生了最嚴重的槍擊事件。行政長官企圖將責任歸咎於臺灣民眾，並保證為解決這個問題，他們將得到「優厚」的撫卹。

3月1日，領事館附近鐵路管委會的25名外省人士，未經許可便進入領事館避難，其中7人被目睹翻牆進入，其他則趁工作人員未注意時進入館區。雖然館外憤怒的臺灣人朝他們扔了一塊石頭，但未企圖跟進，他們之中有人說不想打擾領事館。避難者於當日晚間10時20分由警察帶離。這次非自願性提供外省人避難的情況，已在另一份電報中向大使館報告。

市區仍然一片緊張，週六晚間及週日，槍聲斷斷續續，來回的巡邏持續進行。

3月2日中午陳儀與幾位代表會談，同意接受善後方案。此方案在政府代表與1,000名民眾於下午2時15分正式會談[16]前已被討論。民政處長承認：「某些輕率的外省人」應該負責。

善後條件包括預備釋放所有遭各政府單位逮捕的臺灣人，撤回巡行之武裝巡邏人員，解除專賣局人員的武裝及某些具武裝的特殊警力單位。只要長官公署同意讓增派前來的軍隊遠離市區，民眾就願意配合恢復鐵路運輸，讓食物可以運進來。長官公署同意於3月10日傾聽並公開討論所有將提交處委會的改革建議。

背景、領導與宣傳

陳儀政府的作為在2月27日這個殺氣騰騰的週四，引發了一場民眾滿腹憤怒的示威活動。過去一年多來，民眾的不滿持續升高，2月15日公布之極端壟斷性的經濟措施，更明顯地加劇了這種情緒。[17]

---

15 此事應指「緝菸血案調查委員會」，由黃朝琴等人會見陳儀，提出5項請求。參見陳翠蓮（2017），頁213。
16 此事應指二二八事件處理委員會於當日下午3點在中山堂舉行的首次會議，旁聽者眾。陳儀亦指派5位官員與會。參見陳翠蓮（2017），頁214、330。
17 此事是貿易局於1947年2月15日至3月19日，為了平抑物價，管制貨物進出口，由貿易局代辦國省合營企業產品銷售。其他一般民商之出口，須經核准；進口方面，除省內所需者外，一律不准運進。參見薛月順，〈陳儀主政下「臺灣省貿易局」的興衰（1945-1947）〉，《國史館學術集刊》，第6期（2005年9月），頁210-213。

　　然而，若政府未曾對接近長官公署，無武裝且秩序良好的群眾隨意開火射擊，相信抗議的對象可能僅限於專賣局及貿易局。週五整天為此擴散的動亂皆為自發性的，無人領導或有事前計畫。

　　然而到了週六上午，領導階層開始出現，海報及文宣摺頁也逐漸流通，譴責陳儀的長官公署並要求其改革壟斷性計畫。葛敬恩聲名狼藉的裙帶關係，被挑出來作為攻擊的對象。陳儀在福建省主席任內不光彩及令人深惡痛絕的紀錄，也被廣泛流傳，當作目前情勢的前例。有人建議長官公署進行改革，否則會被人民全盤消滅。

　　到了週六午後，知名的溫和派發言人與既有組織的代表以調解人的身分展開積極活動。週日的全體會議井然有序地順利召開，確定了公眾需求，並釐清暫時的領導方式。代表們來自各經濟階層、專業與行業。是否有在地或外地的共黨份子煽動或領導，則無證據。

政府的態度

　　陳儀在他首次的聲明與廣播中，試圖以適當懲罰犯下「錯誤」暴行的專賣局人員，來減輕問題。陳儀宣稱，他已用慷慨的補償金額「圓滿」地解決事情，並相信人民可以接受。長官公署此一初步的公開措施，是挑釁而非善後。3 月2 日下午5 時再度廣播時，他企圖將過錯歸咎於「人民態度」與公平正義遭侵害的語調，儼然為更進一步的挑釁，並將使政府在遂行職責時，嚴重喪失民眾的支持。[18] 陳還強調，他是出於寬宏大量才對民眾代表讓步，並指出臺灣人正在危害臺灣的海外名聲。

　　5,000 名政府部隊自南部啟程北上的消息傳到了臺北，[19] 破壞了中午才立下的承諾。不斷延後的行政長官演說廣播，被解讀成他的緩兵之計，企圖在軍隊抵達前爭取等待的時間。這樣一來，就能站在更有利的位置回絕民眾的要求。然而，在約40 英里外的新竹附近，臺灣人察覺到了這項行動，故拆除了主要

---

[18] 與此記載不同，當天下午陳儀的廣播是盡量表面上以誠意接納各方意見，妥協退讓以裨事件收場。參見陳翠蓮（2017），頁330-331。
[19] 此處存疑。事件爆發之初，全臺總兵力為5,251 人。參見陳翠蓮（2017），頁329。

鐵軌以防止部隊進城。[20] 沒有什麼理由能懷疑，陳儀是在違背個人意願的情形下接納了這些要求。若這些要求付諸實行，他的政權架構勢必得全面更新。

民眾普遍相信長官公署沒有誠意，各種保證都是迫於威脅所為。就如陳儀要撤回武裝巡邏人員，並於週六釋放所有被逮捕者的承諾，先前未（目前也未）履行，所有人對此都抱持謹慎觀察的態度。

臺灣人的行為

到了 3 月 3 日週一早上，沒有任何發現或報導臺灣人使用槍械的案例。施加於外省人的暴力毆打，均是拳頭與棍棒所為。在全副武裝的長官公署部隊面前，最常見的大膽行為以鄙視中國士兵為典型。自從中國部隊開進這座島嶼，這種鄙視始終未曾停過。

沒有建築物遭縱火焚燒，但專賣局及一些住家房舍遭到洗劫，內部物品毫無例外地被損毀。在臺北，至少 11 輛汽車及卡車被焚毀。臺灣人未從被破壞的財產中取走任何物品。在 3 個已回報的案例中，有臺灣人只因拾取了從遇劫房屋中拋出的物品就被自己人痛毆。另 1 個案例中，1 位與長官公署合作並為其廣播的臺灣人，雖然車輛未遭洗劫，專賣商品未遭取走，但所擁有的大量鈔票、黃金及其他貴重物品都被毫不猶豫地燒掉。據說還有個案例，有位臺灣人因為被認為拿了幾包香菸，就被強制在街上跪下，向群眾求情到他被趕走為止。

有大量傳聞指出，臺灣人正暗中盡其所能地武裝自己。但至少臺北的所有證據都顯示，他們想與政府和平相處。據聞，當 18 位中學男生被發現在鐵路通信 [21] 區失蹤後，學生間的躁動加劇。其中有 2 位據報已經死亡，其餘仍下落不明。

2 月 28 日晚間，多數由臺灣人充任最低階的一般警力紛紛自各分局中消失，

---

20 據彭孟緝之回憶，2 月 28 日傍晚 18 時，電令鳳山調派一營、基隆要塞派兩個守備中隊，以加強臺北市警戒。3 月 2 日，獨立團第二營乘火車至新竹後受阻，至 3 月 3 日方以汽車接運。參見彭孟緝，〈臺灣省二二事件回憶錄〉，收於中央研究院近代史研究所 編輯《二二八事件資料選輯（一）》（臺北：中研院近史所，1992），頁 100-102。

21 原文為 Railway Communication，或指鐵路通信系統，此處譯為鐵路通信。

所有臺籍警察都被要求繳出武器，陸軍的臺籍雇員（主要在運輸團）被要求交出持有的所有武裝。然而，謠傳空軍的主要機場內，多數為臺籍的維護人員及警衛，他們能將空軍的武器偷帶給自己的朋友。

據估計約 2 至 3 萬名臺灣青年，曾接受過日本人的基礎軍事訓練，如一般中等及較高等學校，或是在勞動團[22]之受（軍）訓者。這些青年中有許多人吹噓，他們比來自大陸的中國部隊優秀。據信，若情勢發展為廣泛的內戰，這些青年便可能成為臺灣人反抗中國陸軍部隊的核心力量。〔3 月 3 日（週一）下午 3 時未經確認的報導云，桃園的中學青年正抵抗著（那些）違背長官公署承諾，仍然前往臺北途中的中國陸軍部隊〕。

外國社群

聯合國善後救濟總署團隊及派遣至行政院善後救濟總署的外國人員，是外國社群中最大的群體。他們廣泛的人脈與其醫護人員從事的工作，加上某些外國商人的機動能力，使外國社群得以隨時掌握並保有對情勢的廣泛觀察。

一般來說，民眾都假定外國人為美國人，並經常如此稱之。

領事館工作人員乘車過街時，歡呼聲總是夾道而來。在群眾的鼓掌聲中，吉普車只得停下，並被說著各式英語短句的熱情群眾圍繞。

雖然 3 月 1 日時，有情緒激動的群眾靠近美國領事館大門，並在看到 7 名逃跑的鐵路管委會外省官員翻進圍牆後，隨之丟進了一塊石頭。滋事者迅速消失，但仍可聽見成員間彼此說著，他們知道外省人躲在裡頭，但不想打擾美國領事館。

據信，除了更多侵擾及不請自來的避難者，或偶發的槍響外，對外國社群來說，若非有干擾群眾行動的意圖，否則並無特別的危險。在 1 或 2 個案例中，3 名有此企圖的外國人（1 名法國女性、1 名巴西人及 1 名法國人，均為聯合國

---

22 或指臺籍軍伕如勞務奉公團、勤勞團、農業團等。

善後救濟總署人員）儘管持續面對其他外國人的
請求及抗議，仍拒絕遷出中國官員經常投宿的勵
志社。有一次（2 月 28 日），這 3 人還企圖阻止
情緒激動的群眾入內搜捕外省人。

勵志社的管理人員於 3 月 1 日在入口處掛上了
一面大型美國國旗。雖然事實上，此刻僅有的一
位美國住客已搬至安全的聯合國善後救濟總署招
待所，而這裡開張營業以來從未掛上過國旗。外
國社群中的一位英國人提出，這不符程序規定後，
國旗才被撤下。取而代之的則是一塊寫著中文的
牌子，說明這間招待所為美國軍方人員的俱樂部。
雖然此時島上並沒有（現役的）美國軍人。

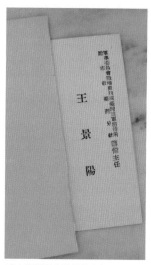

勵志社臺灣分社籌備主任王景陽的
名片（圖片來源：RG226, A1 154,
Box.86, NARA）

3 月 3 日之情勢判斷

雖然官方確認，已完成讓各方滿意的善後協定。但這座城市依然緊繃，一旦
出現進一步的爭鬥，周邊地區已準備好要與臺北市民合作。

若長官公署立刻履行承諾、仔細考量並持續順應民眾對廣泛和基本之善後措
施的要求，且不動用武器，相信情勢就會逐漸改善。3 月 10 日已被訂為接受改
革提案的最後期限。此後，這將形成民眾代表與政府間的討論基礎。

民眾普遍懷疑長官公署的誠意。臺灣人密切注意著所有軍事行動，若有表裡
不一的情況，據信他們將動用武器，同時最嚴重的國內危機將接踵而至。據信，
政府目前正在拖延所有行動，直到獲得增援。

經濟管理的局部癱瘓仍在持續也在所難免。部屬為臺灣人的外省人，因恐懼
而拒絕再擔負職責。在個別情況下，臺灣人儘管受到長官敦促，也拒絕合作或
繼續工作。

民眾將訴請美國或聯合國出面干預，或至少對本地政府狀況進行公正調查的

大量傳聞漸增。支持此動向的意見，可能在 3 月 10 日的會議後會更具體化。
已收到一份附有 817 人簽名的請願書。

美國領事
步雷克 敬上

正本送南京大使館
副本 2 份（1 份膠謄）經南京大使館送國務院

葛超智 /SHT

3-2.2 臺灣動亂的組織背景與領導者（1947年3月7日）[23]

駐臺灣臺北美國領事館
1947 年 3 月 7 日

機密
主旨：臺灣動亂的組織背景與領導者

美國駐中國南京大使司徒雷登

閣下：

　　我很榮幸呈送一份關於目前出現在臺灣的組織層級，並對其衍生之群體利益提出評論。無論探討島上的任何政治情勢，都必須將其納入考量。

摘要

　　目前在臺灣的組織層級中，有 3 種重要的政治立場：陳儀的長官公署、二二八事件處理委員會，以及一個屬性不明，全力抵抗任何大陸之進軍而形成的隱匿性組織。在此 3 個組織之外，另有一幫惡棍，急切地想從紛亂中獲利。

　　長官公署於 3 月 1 日勉強同意，在完成擬定人民要求政府之改革，到 3 月 10 日可供討論前，雙方於臺北休戰。

　　這份報告對陳儀在目前的休戰氛圍下，需面對的各種狀況提供了摘要，並附上對公認之公眾領袖的意向之陳述。以下為對 3 月 7 日軍方態勢之描述。目前在意見、組織及行動的層次上，可分為：(1) 陳儀政府；(2) 二二八事件處理委員會；(3) 以軍事抵抗為由組成的地下組織，以及 (4) 準備利用混亂情勢的不法

---

23 本文出處為：American Consulate, Taipei, "Organizational Background and Leadership of Uprisings on Taiwan," March 7, 1947, RG84, UD3258, Box.（NARA）.

幫派組織。此地沒有共黨組織，但經濟崩潰將創造共產主義孳生的條件。評論包括：對目前政府有名無實的權力，及政府實質掌握之有限地區。陳儀領導的臺灣政府因動用武力，目前只剩空名，但相對之死傷不多。政權結構已被他從大陸帶來的官員掏空。如果要和平地滿足各種擺在中央政府前的要求，預期這個結構將面臨根本的改變。

軍事情勢──政治協商的背景

3月7日這天，臺北衝突暫歇，徘徊街頭的軍事巡邏隊伍與武裝警察奉命撤回，但偶爾還是能聽見零星的槍聲。張貼的海報也奉勸民眾：部分巡邏士兵尚未聽從命令返回指揮部。

中國的陸軍部隊正忙著將重要官員、他們的眷屬及行李撤往郊外的營區。部隊構築機槍工事，並登記與操練所有自大陸來臺的青年。

臺灣人尚未在臺北動用槍枝或縱火，但據信在等待政府的確切承諾：不增派部隊來臺的同時，也在組織武裝防衛。據報，無論在臺灣何方，他們所到之處都盡可能地武裝。在其他城市中，也曾成功地使落單的中國士兵繳械。

有愈來愈強的理由相信，長官公署正企圖自大陸祕密增兵。公署官員的眷屬正從基隆撤離。此地的人們對政府不會增加兵力的承諾，心存疑慮。

自願性的青年團體正肩負著警察的職責。

當外省人遭到攻擊的消息自臺北傳開，全島各地的民眾皆群起對抗地方官員及陸軍部隊。據報，在周遭原住民部落的協助下，臺中市、花蓮港及臺東完全落入臺灣人的控制中。儘管臺灣人在各地都占有優勢，但尚未得知臺南及高雄的最後結果。長官公署的部隊均以小單位沿著主要鐵路分散配置。據傳，屏東、高雄及臺南皆有街頭械鬥。據說有數名士兵在嘉義以機場為中心的打鬥中投降。3月1日，政府似乎已將部隊北調至臺北。據說，當政府拖延著接受民眾解除臺北戒嚴的訴求時，一直在等著這批部隊。發現此行動後，臺灣人占領主要鐵路，這些軍人被迫放棄鐵路，改以卡車運送。有20至30輛卡車在離開

新竹的途中，於新竹與桃園間，約距臺北 29 英里的多處地點遭到攔截。據報，在這些長官公署部隊遭遇的反抗中，以新竹及鄰近地區最為猛烈。

政府的部隊沿著臺北到基隆的公路，逐漸占據要地並建立固定陣地。據報，這些要地都由中國部隊進駐。

無法估計臺灣人能取得的槍枝數量或具體分配的情況。美國陸軍航空隊前少校彭德華，[24] 曾檢驗一些由一名在臺北街頭巡邏之中國士兵發射的達姆彈頭，猜測可能為日本人製造。據稱，這些達姆彈頭被發現於 3 月 1 日幾位在北門遭射擊人士的傷口中。當時，領事館同仁曾 2 次目擊無武裝群眾中的男性、女性及孩童遭機槍射擊。

公眾討論及群眾公認領袖之意向

在民眾公認之發言人的討論與聲明中，他們謹慎地強調，渴望於現有的省體制地位內完成政治改革。他們直言沒有其他動機，也就是說，沒有任何獨立或由盟國出面干預或託管的想法。這是他們期盼美國領事館經美國駐南京大使的調停，傳達給蔣介石的實質訊息內容。

只要中國大陸軍事干預的威脅持續不斷，全島各地的臺灣人團體就會快速整合，強化這股公認的民間領導力量。在公開宣示他們的意圖：要求美國領事館傳達訊息給蔣介石，希望他調停臺灣的現況後，處委會就會著手強化並釐清所有組織代表間的關係。

處委會下轄 17 個分會，[25] 每個分會均依處委會的模式編組，包括組織、總務、交通、財務、治安、宣傳、糧食、救護、連絡與調查等組。每個小組在指派下處理行動或關注之事。舉例來說，治安與秩序委由新近成立的臺灣省青年自治

---

24 原文為 Edward E. Paine，過往多稱為彭德華。原文為少校（mayor），但蘇瑤崇教授指出他當時為少尉。
25 事件之初，有 17 個縣市組織處委會分會。參見陳翠蓮（2017），頁 214。整起事件中，除臺北二二八事件處理委員會外，全臺各地另有 26 個處委會。參見侯坤宏，〈重探「二二八事件處理委員會」的角色〉，《臺灣史研究》，第 21 卷第 4 期（2014 年 12 月），頁 1-56。

同盟[26]負責，已在臺北承擔管理著警察職務。

雖然隨處可見樂意協商的臺灣人，但他們堅決地預備抵抗任何軍事干預，在此也設計了自治架構。若進一步的衝突發生，將於島上 17 個地區實施自治。

此青年組織[27]得到不少關注。成員包括：受過任何形式的軍事訓練，與在戰爭結束後由各地返臺者。這些曾在日本陸、海、航空部隊服役、受過機械訓練者，加上返自海南島、菲律賓、日本、爪哇及其他地方的青年被集結起來，便可發揮他們在臺灣學不到的特殊技能與訓練。

行政長官未來必須回應處委會。他們的訴求顯然平和且實際，也理所當然地代表了臺灣人對當前的長官公署或任何繼位者的最低要求。

臺灣人訴求的核心在於地方政府的完整代表性，也就是在國民政府中，由臺灣人代表這座島。代表團的力量來自全島各地、各經濟階層、各行各業與專業的自發性支持。擁有全島公認的共同利益（由建立已久的教育系統所培養）及高度整合的通訊系統，使其成為可能。各地的民意領袖透過電信設施與臺北連絡。如臺灣電力公司就設有與所有分支辦公室通聯的直撥電話。其他大型組織也同樣能在全島各地讓人們獲悉臺北的局勢發展。反之，（臺北）也能判斷大部分偏遠地區的情況。這種輿論、計畫與行動的整合，可能象徵了中國政治管理的一種新元素。

基本政治改革的訴求

渴望運用目前的有利情況，全島各地的臺灣人催促構思出對政府的具體訴求。一個完整召集所有團體與地區之代表的會議，已備妥並發表了下列之〈八項政治根本改革方案〉：[28]

---

26 原文為 Taiwan Youth Self Control League，應譯為臺灣省青年自治同盟（成立於 3 月 5 日）。但負責臺北治安的是忠義服務隊（3 月 3 日）。參見陳翠蓮（2017），頁 229。

27 原文為 the organization of all youths，或指前述之青年自治同盟。

28 原文為 Draft of Fundamental Political Reforms，應是處委會之〈八項政治根本改革方案〉。

1. 二二八事件責任，一切應歸政府負責。
2. 公署祕書長、民政、財政、工礦、農林、教育、警務各處長及法制委員會
委員過半數以本省人充任。
3. 公營企業歸由本省人負責經營。
4. 依據《建國大綱》即刻實施縣市長民選。
5. 撤銷專賣制度；
6. 廢止貿易局、宣傳委員會。
7. 保障人民之言論、出版、集會自由；
8. 保障人民生命、身體、財產之安全。[29]

據 3 月 6 日之報導，這些要求除了改成財政處長仍由外省人擔任外，均已獲
陳儀同意。

據說，陳儀已同意將這些改革上呈至南京的行政院建請批准，並提出折衷方
案，在 7 月份進行選舉，以滿足立即實施縣市長民選的要求。根據要求，行政
長官將解除不適任官員，每個職位由民眾提出 3 名候選人，擇一替補。

政府立場

（我們）必須假設，長官公署在現有人員（的考量）下，將不願也無法滿足
人們的要求。因為以目前的結構，釋出這麼重要且大量的職缺，原先的成員在
改革後均無望留任。到目前為止，陳儀政權的本質一直是經濟壟斷。表面上是
國家層級，實際上卻落在少數人手中。所有的日本企業在這座島上發展 50 年
的產業，投降後都落到這些人手上。除了少數（及那些次要者）外，長官公署
所有掌權的行政職位全由陳儀之大陸的追隨者與其高階同事擔任。臺灣政府在
1 月的聲明中，雖然承諾將於 1947 年 12 月 25 日實施憲法，卻得在 2 年之後才
允許縣市長民選，這讓民眾加深了對陳儀政權的怨恨。長官公署在 1 月底對外
公布了拍賣日本人資產這項極不受歡迎的政策。（由於）這可能會影響數千名

---

29 此 8 條之內文，參見陳翠蓮（2017），頁 222-223。

居住於先前日本人房屋的臺灣人之安全，於是策畫了大規模的示威活動。但陳儀卻譴責此種反擊為「不道德」，並採取大規模的維安預防措施，使示威活動未如預期。[30] 隨後 2 月 15 日通過的法令，使陳儀身邊的寡頭團體實際掌握了專賣貿易特許權。所有經濟階層的臺灣人都很清楚，這個政府的政策根本不正當。[31] 大陸專賣局人員殺害菸販，只不過是一個讓全島怨氣全面猛烈爆發的導火線罷了。

　　由於長官公署一直未能確實信守 3 月 1 日做出的承諾，加上相當不情願的態度，摧毀了對陳儀政府的信心。他在統治福建省時，曾主張報復性政策的屠殺紀錄，使人們堅信他正等待援軍，以便在此地（展開）報復。雖然人們恐懼大陸的部隊抵達會帶來的後果，但似乎已經下定決心抵抗他們。

意見、組織及行動上的現有層級

　　第一級的意見、組織與行動，以臺灣當前的合法政權為代表，也就是構成陳儀之行政長官職權的這些人員。他們自日軍部隊在臺投降的那天（1945 年 10 月 25 日）起，便被授予專制的權力。1947 年 3 月 7 日起，這個（大陸）政府在整座島上除了新竹之有爭議的權力，及在首府臺北和基隆與（臺灣人）共享權力外，在其他地方似乎僅掌握表面的權力。在臺北，一個臺灣人的青年志願團體與市長及市警局局長合作，解除了警察的職權，並承接其勤務。臺灣人掌管公共設施（電力、自來水、大眾運輸），這點沒有明顯改變。政府方面，僅少數外省人留在辦公室裡，且僅限於長官公署的建築內。這些陳儀政府的少數人員之所以留下，是因此處有中國軍隊的保護。

　　截至目前，只在人員一項做了更動。只有在外省人自工作崗位辭職或遭撤職時，才以臺灣人代之。當長官公署希望回復至衝突前的情況時，在既有政府組織中做這樣的更動，只能算緩兵之計，目的是為了拖延全面改革的協商。他們已感受到外國對此地政策的極度批評將帶來的危險（去年也曾如此），可能嚴

---

30 此事應是在 1947 年 2 月初。當時長官公署擬將接收之日產房屋全部標售，造成租用日產房屋者之騷動，唯恐房屋標售後無處可住。參見歐素瑛，〈臺灣省參議會對日產糾紛之調處（1946-1951）〉，《臺灣學研究》，第 18 期（2015 年 12 月），頁 120。
31 同本章註 17。

重到足以導致國際間重新檢視中國對這片「被解放」領土的治理能力。倘若如此，在締結和平條約前，中國將不具合法主權。近幾個月來，這些不滿的群眾經常聽聞美國或盟國可能出面干預。12 月那場反對「美國在日本的政策」的示威，幾乎可以斷定為官方鼓動，企圖藉此摧毀美國在臺之聲望。3 月 1 日當天，長官公署仍全面管制對外通訊，而人們發現幾位中國官員翻越花園圍牆逃進領事館後，有塊石頭被扔了進來。雖然臺灣人沒有跟進或在未經許可下擅闖的企圖，但在中國及其他國家之間，仍散播著一連串指控臺灣人攻擊美國領事館的錯誤傳言。這麼做可以達到兩個目的。其一，政府可宣稱保護領事館免於不法臺灣人的侵擾，藉以博得外國人的支持；再者，在島內散播錯誤報導，可讓臺灣人誤以為臺北領事館發生了與真相截然不同的事件，藉此挑起臺灣人的仇恨。

為了強化種種得以抗拒外國調停或干預的因素，參謀長柯遠芬於 3 月 4 日召開記者會，感慨地說道：「我寧可死在這裡，也不會在背離國家和民族的立場下有所作為或許下任何承諾。這是我身為軍人的責任，也是國家賦予我們的責任。」這份聲明或可解讀為柯將軍寧願戰死，也不接受任何將臺灣地位視作委由中國治理之敵區的暗示，而此事則尚待檢驗。

長官公署為回應民眾而做出的任何讓步，都意味著許多現任的外省官員勢必失去他們有利可圖的職位。

無論結果為何，許多現任及近幾任官員的職位都會因為在這些人家中，或已騰空的辦公室裡找到眾多未經證實的發現而動搖，包括：瀆職證據、特殊珍寶、偽造紀錄、用於正式紀錄的偽造封印及其他類似情況。

事件處理委員會及溫和的意見

第二層組織為二二八事件處理委員會及所有支持它的民間專業及商業組織，這個委員會已充分代表人民在陳儀面前提出改革要求，且這些要求，原則上已獲得首肯。若協商過程和平、順利，在未舉行各級普選前，將自這個團體中產生現有政府的接替人選。有些傑出商人與具廣泛經驗的專業領導者已成為該會所屬主要委員會之代表。

由大學及高中學生組成的青年志願團體，是處委會的重要支援單位，已代表該會在臺北發揮警察之功能。

因為全島各地都立即表達了強烈情緒，領袖們便提議，首次政府改革訴求的研擬應延至 3 月 10 日，讓每個地區有時間以備提出他們的意見與建議。每日之會議於臺北中山堂召開，每場聽眾都超過 1 千人。

處委會試圖規劃出臺灣人民可接受的最低程度改革，他們希望在現行的政府架構及與中央政府的現存關係下達成這些改革目標。但在評估問題解決的替代方案時卻發現，如果陳儀成功地將部隊調入臺灣，並作為報復之用，他將沒有應允民間訴求的必要。他統治福建期間，被指控曾允許讓誘殺百姓的事件發生。因此委員會相信，惟有來自中央政府的干預，才能使人民免於可怕的內戰。3 月 4 日這天，政府可能不會兌現承諾的局勢變得愈加明朗，更多部隊已自大陸啟程來臺的謠言也流傳得更為廣泛，恐懼席捲了整個城市。處委會的負責人們採取了下一步驟，訴請蔣介石在民意之要求被討論通過前暫勿派兵。第一份電報經由一個半官方的中國管道（中央社）送出。3 月 5 日，一個委員會派出的代表團迫切地請求美國領事館透過美國駐南京大使的斡旋，為他們傳達訊息給蔣介石。這兩份信箋皆由相關人民組織簽署，也如其所請地發出。他們在訴請暫勿派兵的這件事上提出誠摯的請求，希望能派遣若干有權力的高官要員前來，在行政長官與民眾間居中調解，而非應付了事。

如果這些措施都無法奏效，政府又執意如其宣稱將調來部隊，使事件之處理依其所望不（須）改變政策的話，那麼，相信民眾將傾向以下發展：處委會多數成員及所有隸屬組織將轉向更積極且極端的方向，希望全然擺脫中國的干擾，但同時成為中國行省「聯邦」的一份子。

力求直接行動的地下組織

第 3 層組織具地下性質，但力量強大。得益於目前的停戰狀態，正進行武裝與集結，必要時會進一步抵抗。第 2 層與第 3 層組織的關係緊密，許多第 2 層組織的成員亦加入第 3 層之活動。

　　這個團體的成員們已準備尋求聯合國干預，並討論著：若中國的中央政府企圖在此重建另一個不具代表性的政權，將不惜以流血及持續的內戰作為取代方案。此地下運動的成員包括許多受過良好教育的人士，來自所有經濟階層，但他們的領導不若處委會，較缺乏實際經驗。驅逐陳儀政府的決心形成已久，並正在為臺灣人的抵抗組織軍事資源。

　　如果目前進行的協商破局，這個現今仍處於地下的反抗團體，雖不若處委會擁有充足的技術與治理經驗，但明顯地將會躍升為最強大且重要的組織。

　　下列這份摘要，來自這個組織的一位重要成員發布的代表性意見，他們之中，多數願意經由協商找出和平的善後方式，但也要求必須全面改革。

　　臺灣人想擺脫陳儀的腐敗政府，將不會接受任何自中國強加之官僚化軍事或政黨政治。臺灣人要求，在一個民選政府中擁有大量且重要的參與程度，以及在中國的中央政府中，由臺灣人代表臺灣。他們不想與國民黨或中國大陸的共產主義份子有所關連，期待政治改革而非革命。

　　陳儀（及他的任何繼任者）將在協商與流血之間做出抉擇。

　　至於是自治、「獨立」或干預？臺灣人民不想反對開羅的決議或波茨坦協議，中國必須對臺灣的最終狀態承擔直接責任。然而，從開羅決議直至在遠東地區與日本簽訂和平條約前，以美國居首的盟國還是有間接責任。馬歇爾將軍對中國現況知之甚詳。他必須承認，目前的中國不能完全免除身為同盟國一員所應盡的義務。

　　如果中國企圖讓腐敗的陳儀政府繼續掌權，或者換上另一位類似他的人，將無可避免導致經濟崩盤，共產主義也將接踵而至。

　　一位睿智的年輕領袖目前觀察到：「在日本人統治之下，我們從未瞭解有關中國的真相，現在我們才知道，為何世界各地都不歡迎中國人，為何其他國家都在排斥他們。」

此處對聯合國干預有過許多討論，若中央政府拒絕在臺灣實施全面改革，人民必須要求聯合國保護，直到簽署和平條約為止。因為當地政府知悉人們正討論這個可能性，所以他們正企圖在人民間，激起國家與民族主義的情感。那位睿智的年輕領袖瞭解，臺灣人無法遺世獨立。對他們來說，溫德爾‧威爾基（Wendell Willkie）的《世界一家》（*One World*）是必需品。

另一位積極的第 3 層（或地下）組織領袖聲明，臺灣人想要的自治，類似於擁有主權。但因為經濟問題及缺乏領導能力，必須退而求其次。然而，他們將堅持，臺灣所有的武裝部隊必須是臺灣人，因為臺灣人心向自己島上的福祉。（如需參考有關美國在此計畫變革上的意見陳述，請見臺北急電第 36 號，1947 年 1 月 10 日。

組織性幫派

第 4 層組織與行動，可說存在於惡棍及幫派之中，這幫人在臺灣始終存在。這些小型且通常互不相干的集團是一派非法的人馬，準備利用任何警察違反紀律的時機遂行自身目的。他們在日本於 1895 年取得臺灣主權前曾蓬勃發展，並（以最小規模）在後續的 50 年間繼續製造麻煩。緊接著，日本人投降後，他們短暫重現了一陣子，並在 1945 年 11 月至 12 月間造成了一些麻煩，但1946 年整年卻很少聽聞他們。有些人害怕，這群偽裝成愛鄉土主義者的幫派份子，將滲入第 3 層組織的各個派別，以便在取得武器後，利用混亂的情勢，用他們恐嚇敲詐的慣常伎倆為惡。

共產主義者的問題

這次事件的爆發，尚無共產黨人在背後鼓動或組織的證據。但某位政府發言人卻立即將其歸咎為「共產主義活動」，這種不負責任的態度在目前的危機下再明顯不過。

雖然共產組織將會自中國大陸來臺發展的危險，尚屬遙不可及。但本地遭持續破壞的正常經濟活動（海外歸來卻失業的臺灣青年使原本沉重的壓力雪上加霜），將為本地型態的共產主義提供沃土，其也將向外地之共產主義者尋求支援與指導。

政府的狀態

行政長官公署目前對全臺各地既有公權力機構之掌握有名無實。而且事實上，只限於有軍事單位巡邏的道路：從郊區的官員庇護營，通過臺北主要行政區，再沿著公路到基隆，以及基隆港周邊的水岸地區。

3月5日，臺北關稅務司（夏先生）[32] 談到他接到命令，要求自他的轄區撤離所有中國海關人員時做了結論。他說：「臺灣已沒有政府，如果政府還在，稅務司不必撤離。」

除了基隆與臺北市，陳儀政府裡遍布全島的外省官員，多數已交出或拋棄他們的職位。在臺北市，地方政府的一般功能已完整交到臺灣人手上。臺灣省青年自治同盟：一個由大學學生會發展而成的組織，取代了警察。在一位以完全同情臺灣人著稱，並受尊敬的市警局外省局長 [33] 的指導下，該同盟已自願承擔協助維護公共安寧與秩序的責任。像臺灣電力公司這種半官方組織，所有的外省人員已棄職擅離。在 2 月 28 日及 3 月 1 日的事件突然爆發後，雖然有許多商家懼於政府的巡邏武力會隨意射擊而不敢重新營業，但民間的秩序仍屬正常。

美國領事

步雷克　敬上

謹代表領事館

美國副領事

葛超智

正本送南京大使館

副本 2 份（1 份膠騰）經南京大使館送國務院

---

32 應是夏廷耀，參見李文環，〈戰後初期（1945-1947）臺灣省行政長官公署與駐臺海關之間的矛盾與衝突〉，《臺灣史研究》，第 13 卷第 1 期 (2006 年 6 月)，頁 101。

33 當時的市警局局長為陳松堅。參見陳翠蓮（2017），頁 229。

3-2.3 在臺之中國政府可選擇的替代方案
（1947 年 3 月 10 日）[34]

臺北報告第 45 號
1947 年 3 月 10 日

美國領事館
臺灣，臺北
1947 年 3 月 10 日

機密
主旨：在臺之中國政府可選擇的替代方案

美國駐中國南京大使司徒雷登

閣下：

　　駐臺北美國領事館指示我著手準備以下考量之事，或有助於大使館對目前臺灣危機的掌握。因為此議題的急迫性、本文與第 43、44 號報告都必須撰寫的情況，以及報告需由南京之助理道屋上校（Colonel Dau）轉呈等，都妨礙了領事於本文簽署。

摘要

　　蔣介石必須立即在兩種臺灣行動方案中做出抉擇：(1) 陳儀繼續在臺灣掌權。人們將以最強烈的決心反抗到底，不會屈服於中國的軍政府，這座島將成為中國最為沉重的軍事負擔。此方案意味著經濟的毀滅及幾乎可以確定的無政府狀態與共產主義，除動用軍事手段外別無選擇。(2) 最好由一位具文人身分的正直之士接替陳儀。文人治理的臺灣將成為中國的經濟資產，及諸多民主政體的軍事及意識型態資產，而這些國家的基本目標就是在亞洲限制共產主義的擴

---

34 本文出處為：American Consulate, Taipei, "Alternative Courses of Action Open to the Chinese Government on Formosa," March 10, 1947, RG84, UD3258, Box.2（NARA）．

張。美國應該鼓勵蔣介石換下陳儀，以避免承擔一個代價無限的軍事使命，並應確保臺灣成為我們在北海道至菲律賓這條戰略鎖鏈上的一環，使其不成為共產主義的獵物。臺灣民眾與陳儀之間已無妥協的可能，已經準備好要配合任何能擔保他們自治的非軍事政府。蔣介石若不撤換陳儀，中國及上述民主政體的理想皆會失去臺灣。隨著目前軍事性報復行動出現的只會有無政府狀態。

下列考量的參考依據為美國採取之避免削弱蔣介石的現有政策。這個考量進一步假設支持蔣介石，是源於一種根本的渴望，欲阻止無政府主義及共產主義在遠東地區散布。

從臺灣的觀點出發，據信美國政府在目前臺灣的嚴重危機中，或許能起作用，讓蔣介石採取深切影響美國與中華民國利益的行動方案。

第一行動方案：臺灣成為日漸增加的軍事負擔

鑑於過往歷史與當前局勢，即使經過最縝密的思考，蔣介石也只有兩項可供選擇的行動方案，沒有其他的替代方案。如果蔣介石選擇繼續支持陳儀擔任臺灣的軍事長官，勢必會讓中央政府投入大量且當前負擔不起的軍費。不僅如此，軍費還將繼續成長，因為沒有理由相信，臺灣問題可在幾年內結束。臺灣人不會接受陳儀繼續治理該地。如果 3 月 8 日之後，報復性暴行繼續發生，此後也不會接受任何（來自）中國的軍政府。50 年前，這座島如同中國其他地方一樣無甚組織化時，日本人從中國手中接收臺灣主權，卻被迫持續長達 8 年的昂貴軍事行動。今日這些通曉智識的臺灣人民高度組織化，且在政府問題上發展出全島一致的敏銳意識。在可預知的未來，能相當有把握地預測，若陳儀繼續擔任行政長官，或在他之後，政策上持續由中國強加一個軍事力量支持的政府，（這些問題）引發之複雜游擊戰將使此地永無寧日。政府可以威嚇臺北[35]勉強服從，在各交通路線上設置所費不貲的軍事巡邏隊，並於其他城市一再重複此模式。但臺灣人精於地下反抗運動並能發展自己的領導階層，為應付這不斷增加的對抗，軍費支出勢必上升。當精心策劃的軍事控制行動持續進行，島上因 18 個月來無能與貪婪的治理，早已蒙受重大打擊的經濟也將進一步瓦解。

---

35 原文為 capital，應指臺北。

未來 12 個月內，全島將處於本地共產主義興起前的整體性無政府狀態，這應該不算是過分的預測。陳儀政府過去對大陸在強化經濟上的貢獻甚小，而蔣介石或可忽略臺灣貧窮化的經濟損失，但中央政府將在軍事上承受極大損失，且短時間內不會終結。

據信這些受創至深的民眾，已對陳儀喪失信任與信心。可能沒有中國式的軍政府能夠成功地重建這座島。即便它有癱瘓所有正常活動的能力，並一如當前進行的：消滅那些興起於各經濟階層，開放、精明又直言不諱的領袖人物。

第二行動方案：臺灣成為民主國家的經濟與政治資產

當陳儀續任這個方案如此不具成效與所費不貲，蔣介石便只有一個不必訴請外國干預的方案可選。

蔣介石可自 3 月 8 日起，號召臺灣民眾全力支援中央政府，並堅定他們（的意志），確保其除了（維持與）中國內部的全面關係外，別無所求。他們僅要求陳儀政權進行全面改革與民主化，言明他們經協議的 32 條「基本要求」在 3 月 10 日前要付諸實施。其中某些要求明顯有協商與修改的餘地，但本質上，這些都是針對代議及民選政府提出的主張（已於第 44 號臺北報告中闡明）。他們勾勒出一份中國現代化與民主化的務實計畫，也由衷相信這正是蔣介石在美國的協助下一直想爭取的。這些要求是在公民大會中，由來自各階級、專業，及所有經濟層級的與會代表公開制定。陳儀在仔細考量後接受了它們，並根據停戰期間的觀察做出若干承諾。

陳儀續任為蔣介石帶來的軍事風險

除了政府的主要建築、某些主要通衢大道、通往基隆的公路，及港口以外，因為沒有足夠的部隊可控制臺灣的其他地方，陳儀做出了讓步。隨著援軍的到來，陳儀已違反停戰協定，開始主導恐怖行為。他志得意滿地發表聲明說，他現在已經知道誰是「主謀」，可以「除掉」誰。儘管據信，他將企圖欺矇明智的領導階層，但他的部隊卻正在街頭上恣意殘殺無武裝的公民。他以軍閥手段應付這些問題，不僅代價高昂，最後也可能將這座島葬送給共產主義。

如果能說服蔣介石撤換陳儀，且不負眾望地由正直過人的文人接替，他將能贏回臺灣人的民心，讓他們樂於參與中國事務並產生貢獻。如果即刻撤換陳儀，或許可斷絕臺灣人將窮盡所能，要求成為聯合國保護領地的高度可能性；或者不撤換陳儀，臺灣人就會發現自己陷入無政府狀態，且只要受到鼓舞，相信共產主義可能干預，未來臺灣人民就會渴望這股（力量）的到來。

陳將軍於 3 月 10 日發表聲明，說他「原則上」接受人民的某些要求。然而，他的談話對臺灣人而言已喪失公信力，且他的聲明尚有許多可供逃脫的藉口。

如果蔣介石在這兩種選項中挑了第二種，他就能鞏固臺灣人對他的忠誠，為整個中國經濟保住了富有生產力與價值的臺灣，免除了難以計數的軍事負擔，並為民主同盟國家保障了一個充滿善意與生產力的重要地區。這些在所有戰略研究中都必須計算在內。就一個尚未征服的省份而言，這可能是代價最高昂的一次。同理，在一位文人行政長官的統治下（對臺灣人來說，他們已做好準備），臺灣可能是中國境內在軍事意義上成本最低廉的地區。

蔣介石的選擇，美國的利益

美國惟有藉著支持蔣介石選擇第二方案才能獲利，也就是撤換陳儀。美國僅可透過促成行政長官換上開明人士獲益。在他的治理下，臺灣將可發展為經濟資產，並完整連接太平洋沿岸自北海道至菲律賓的島嶼鏈。如果有人認為蔣介石在大陸上的軍事地位可能會進一步瓦解，美國更應協助蔣介石保住這座作為資產，而非軍事累贅的戰略性島嶼。這裡有超過 50 座機場，2 座現代化港口，高度發展的交通系統，農產富饒的鄉間及相對少的人口。（人民）不僅通曉智識且政治和諧；在中國，沒有其他省份擁有可與其相提並論的資產。

所有在臺軍事人員及物資花費，意味著總體軍事潛能的損失，而這潛能卻是美國政府如此細心地在大陸上培養出來的。必須一再重申的是，在歷經目前的事件後，一旦繼續為臺灣的軍政府負擔義務，那麼在任何可預見的結局中，都少不了一個將隨之瓦解的中央政府，屆時再想從一片混亂與共產主義中解救臺灣，便為時已晚了。

美國不能因為支持只有蔣介石繼續掌權時才得以運作的暫時性政策，就對美國的道德使命視而不見。臺灣人因為通曉智識、通訊發達，且因為已見識到這 18 個月來，我們在菲律賓與日本的許多政策，以及最明顯的，因為我們一如臺灣人的長久期盼，保證將臺灣回歸中國的初衷。因此當美國宣稱她對民主的興趣時，超過 650 萬人民的（臺灣）領袖們，目前都殷切期盼美國言出必行的主張。此地的人們皆知中國新憲法的開篇序言。臺灣人較之中國其他各省的人民，在承擔代議政府的義務上做了更好的準備。他們的領袖們對美國很有信心，（認為美國）會替臺灣人向蔣介石求情、美國能保證他們受到保護，免於即將發生的屠殺，並確保我們（美國）的民主政策會在遠東地區履行。他們的領袖正認真思量開羅會議的協議事項（正因此，他們認定美國有責任），在與日本締結和平條約前，（這些事項）都不能合法履行的事實。據信，美國人要是求情失敗，亦將造成一個民主的巨大失敗。

必須考量此無可迴避的結局：和平會議上將檢視日本人投降後的臺灣政權。在會議舉行前，中國的地位與統一可能受到許多影響。當然，若陳儀或任何軍方繼任者仍然在此掌權，就可確切地預測，臺灣在一年內，將如同中國北部最落後紛亂的地區一樣，成為荒蕪殘破之地。美國作為太平洋地區和平的建構者，無法承受讓此事發生所造成的後果，因此不得不努力介入，影響蔣介石行動之選擇。

蔣介石個人支持陳儀的在臺政權，最多可能是一或兩年的問題；但此舉造成的後果，或許在和平會議上及此後漫長的時光裡，都能被強烈地感受到。

謹代表領事
美國副領事
葛超智　敬上

正本送南京大使館
副本 2 份（1 份膠膳）經南京大使館送國務院

葛超智 /RJC

3-2.4 1947 年 3 月的政治發展（1947 年 4 月 6 日）[36]

臺北報告第 49 號
1947 年 4 月 6 日

美國領事館
臺灣，臺北
1947 年 4 月 6 日

機密
主旨：1947 年 3 月的政治發展

尊敬的
美國駐中國南京大使司徒雷登

閣下：

　　我很榮幸在此呈送一份 1947 年 3 月間，攸關臺灣政治及經濟發展的摘要報告，本報告結尾為這些內容的摘要。

二二八事件

　　整個三月間，臺灣在政治危機上的重大發展，目前已以電報向大使館回報，背景資料也提供於領事館第 42 至 45 號報告。

　　這場危機的開端起於 2 月 27 日晚間，一位女菸販在臺北遭到專賣局與警察殺害，[37] 當警方開槍射擊一旁早已聚集的憤怒群眾時，一名臺灣人中彈。次日，一群估計約 1 至 2 千名的臺灣人，秩序井然地穿越街頭，前往專賣局總局為前

36　本文出處為：American Consulate, Taipei, "Political Developments During March, 1947," April 6, 1947, RG84, UD3258, Box.3（NARA）.
37　受傷而非遭殺害。

晚的遇害者求償，並要求懲處應負責的人員。這群人在專賣局得不到滿意答覆，最後前往行政長官公署，在那裡遭衛兵開槍射擊，並有數人遇害。數小時前，部分前往專賣局總局的人群轉往專賣局位於臺北商業中心的分局，據說那裡有位緝私員，[38] 遭指認參加了前一天傍晚的事件，並被發現又再度去緝捕走私菸販。群眾攻擊那人，將其毆打致死。接著他們闖入分局，以拳頭、棍棒毆打裡頭的外省人，並洗劫辦公區。然而，在行政長官公署前槍擊無武裝臺灣人，則儼然成為一個要對出沒街上的外省人發動一場無差別、無組織之總攻擊的信號。自此，民間起義蔓延全島。

3 月 1 日，在臺北仍有憲兵及士兵射擊群眾。依據稍後陳儀向一家美國報社通訊記者發表的聲明，當天已向大陸提出增兵請求。在臺北，3 月 3 日已停止攻擊外省人，情勢逐漸穩定，直到 3 月 8 日傍晚（才有所改變）。

一個官方承認，名為「二二八事件處理委員會」的組織與政府一同處理人民的不滿情緒。陳儀原則上接受處委會提出的 8 項初步要求，但隨後又擴大為 32 條的臺灣政治與經濟改革提案。[39] 不過某些內容，像是禁止島上出現中國軍人，就明顯未經詳細思量。主張對臺灣有管轄權的政府也不可能接受。但若干公正的觀察家相信，這些差異可藉由協商談判與和平說服更明智地處理，而不是一旦長官公署在軍事上有恃無恐後，就以嚴厲手段加以鎮壓。

對比於大眾逐漸相信的：長官公署正協助善後；增援部隊已於 3 月 8 日下午開始抵達基隆港，並於當日傍晚來到臺北。部分部隊稍後繼續乘火車南下。據瞭解，其他部隊直接搭船前往南部的高雄港，再從那裡向東方及北方散開。

隨著中國陸軍增援部隊於 3 月 8 日傍晚抵達臺北，晚間 10 時剛過，市區便響起激烈且持續的槍聲。稍後長官公署解釋，此為臺灣人攻擊軍方與其他設施，以及另有暴動發生所引起。[40] 中國報界似乎毫無疑問接受了此解釋，某些上海的外國報界也是。臺灣官員在後續的公開談話中，也以此為隨後的武力展

---

38 原文為 policeman，但應非警察，而是緝私員。
39 應指〈八項政治根本改革方案〉以及〈三十二條處理大綱〉。
40 應指圓山軍械庫等事件。參見陳翠蓮（2017），頁 347-348。

示進行辯護。自此數日，臺灣人只能冒著被射殺的風險上街，這些子彈不是來自駐守全市各戰略要點的憲兵與士兵，就是巡行之軍方巡邏隊。且對可能或潛在積極反抗政府的嫌疑人士展開系統性圍捕。但除了官方圈子外，領事館沒有其他可供確認的消息來源。究竟 3 月 8 日夜間對政府部隊及建築物的攻擊真的是臺灣人所為；或如其宣稱，暴動已再度爆發？（目前）也不得而知。即便臺中、嘉義及高雄的臺灣人，正武裝控制著某些政府建築及城市要區，領事館方面也無法接受在臺北，有臺灣人在與政府部隊的衝突事件中使用過槍械的說法。然而，當政府援軍到達之後，各地都沒有傳出具體反抗的消息。只要軍方有足夠的執行能力，他們將會在臺灣各地效法像臺北這種先展示武力，繼而持續逮捕所有可疑反叛份子的行動模式。

國防部長到訪

　　國防部長白崇禧於 3 月 17 日自南京抵達臺北，並停留至 4 月 2 日。他頻頻會晤陳儀及他的行政團隊，並為了「宣慰」臺灣人民這個宣示性目的，造訪島上西部海岸的各重要城市。在他的調查過程中，並不能確定是否有機會能向他呈現第一手的臺灣人觀點，因為公認適合表達臺灣民眾想法的人都已被逮捕，還有許多被處決，或是銷聲匿跡，躲藏於某處。本地其他具智識、消息靈通、有些還與領事館私下認識的民間人士，考量個人安危，也不願公開表達意見，因為他們恐懼隨之而來的危險。此外，他們也對外國人同樣謹慎，避免聯繫，即便這是他們先前爭取的。

　　在返回南京前，白崇禧的各場演說及其他已公布的談話中，都將臺灣民眾的暴動歸咎於日本人對政治野心人士、「流氓」與暴力份子施以有害的訓練。在初期的聲明中，他與其他長官公署發言人還指責「共黨份子」製造動亂。值得注意的是，這種解釋也經常出現在大陸報界的新聞與社論中。本地官員已不再強調這場動亂具有先前宣稱的共產主義背景，現在重點都轉而放在日本人灌輸的思想與教育上，用以解釋截至目前臺灣人對中國人的統治展現的不滿。雖然謝雪紅這位擁有莫斯科訓練背景的臺灣女性，明顯活躍於臺中的暴動，並已逃往山區。但在領事館能蒐集到的所有資料中，都缺乏證據能證明共產主義思想已在臺灣廣泛散布，或者暴動是受共黨份子唆使而起。反倒顯示出，這主要是民眾對陳儀政權在島上諸多弊政的體悟與不滿所引起的一次自發性示威活動。

另有些圈子感覺到，中國在解決於大陸面臨的許多困難前，她沒有適當治理臺灣的能力。不久的將來，需要聯合國或美國（直接或者透過盟軍最高司令部）短暫干預。真正的獨立運動一直沒有出現，儘管據報在高雄有政治上不成熟的煉油廠工人，配戴著寫上傳說中「臺灣共和國」字樣的臂章。但明智的臺灣人中，無人鼓吹永久脫離中國。

在啟程返回南京前的談話中，白崇禧提及，他將根據在臺灣的調查向中央政府提出建議。他主要提到：在島上應當建立的省政府體制裡，臺灣人在行政管理事務方面應有更多參與機會。但至少在當下，白的公開致詞內容中，沒提到臺灣人在管理自身事務時，能否擔任要職。

白崇禧於 3 月 27 日向臺灣、大陸及海外廣播時曾說，各省級部門的職缺應優先派任「適能適任」的臺灣人。3 月 28 日他在對本地官員的談話中提到，儘管強調在日本人統治下接受的教育，使臺灣人不適任政治管理者。他還是認為應「儘可能有更多臺灣人」為出任政府職務接受訓練與聘用。4 月 1 日他向報紙記者談話時說，他會向中央政府建議設立副首長職位，以容納「才華洋溢又能勝任」的臺灣人，並培養政治管理者。在上述關聯中應該要注意，或許在那些具有政治「才幹」的臺灣人中，還能找出可派任更高職位的人選。不過，有許多人可能會被發現「不符資格」。

報紙的查禁

島上只有臺北的《新生報》（臺灣行政長官公署的機關報）及臺南的《中華日報》（南京宣傳部的機關報）兩家日報仍在營運。臺灣警備總司令部執行新聞審查制度，所有發刊都必須事先送交審核。最令人訝異的報紙查禁行動發生於 3 月 25 日，《和平日報》（據報為國民黨陸軍的刊物）在前一日的發刊中記載，行政長官陳儀已於 3 月 9 日卸職，並將由吳鐵城接任，這一版的報紙在回收前已有少數幾份流入市面。

政治上的不確定

截至 4 月初，臺灣瀰漫著一股政治焦慮的情緒，臺灣人正在等待一個改革（可至何種）程度的指示，這是白崇禧的視察結果與本地官方聲明，暗示要進行的。

他們也等著知道，省政府是否會建立。如果此事成真，則代表可將陳儀及他的追隨者逐出臺灣。在官方的外省人團隊中，充滿著人身不安全的氛圍，以及一種隱而不宣，想要離開這座島嶼的情緒，並對臺灣人幾乎有著一致的批評，說臺灣人無法明白他們的「良善」意圖，以及他們口中對臺灣福利的無私關注。行政長官已下令，官員若非辭職否則不准離開。似乎因為這紙命令，官員們才未如大陸商人或貿易階層般大量出走。儘管如此，官員集團中仍有許多人持續地將眷屬送回大陸的家，並說等陳儀的禁令放寬，他們也要回去。

經濟的發展

島上的貿易與商業在 3 月時來到低潮。主因是政治動亂造成的紊亂；以及稻米與主要食品存量，因囤積與正常運輸設施停擺而告急。儘管政府實施了物價管制的局部措施，卻無法阻止消費性商品價格的飆升。行政長官公署於 2 月 15 日公布了嚴厲的規定，進一步強化行政當局壟斷臺灣的經濟活動。這些規定引來一片譁然與普遍譴責，（故）於 3 月 19 日撤銷（請參閱 1947 年 4 月 4 日，以「1947 年 3 月臺灣的經濟發展」為題的第 13 號臺北報告）。一般相信，放寬這些規定是長官公署在二二八事件後對民意讓步的一種必要舉動。然而，有 8 類被形容為攸關民眾生產與生計的貨品依然受到管制。一項針對臺灣境內旅行、出境旅客，及在臺灣境內運送或出、入境的貨物徵收運輸稅的規定，已於 3 月 1 日制定。

摘要

民間對臺灣行政長官公署的敵意，已於二二八事件中公開表明，並延伸至 3 月。中國大陸的軍事增援抵達後，3 月 8 日起施行的嚴厲鎮壓措施，加深了人們的怨恨並使其變得隱而不宣。領事館一直無法確認，政府是否在軍事力量增強後，便立刻以重要建築遭到攻擊，及當天傍晚在臺北發生的後續暴動為由，全面動用武力，並對臺灣人實施系統性圍捕與處決。陳儀原則上接受臺灣人對政府改革的初步要求，同時也在等待他祕密召自大陸的陸軍部隊抵達。但軍隊抵達後，他卻聲稱無法接受這些以決議和擴大形式呈送的要求。拒絕臺灣人擴大要求的有力說辭，是這些要求中包括幾項若接受了將有違中國對臺之主權。政府強調，地方特性：日本人的訓練與臺灣人的背景，是引發臺灣各地動亂的主要原因。但動亂受共產黨人唆使及其應為此負責的錯誤報導，在報界及大陸

其他社交圈似乎頗為流通。領事館的調查顯示，動亂的發生大都源於對陳儀政權壓抑的不滿情緒，這種不滿又因菸販遇害，以及隨後無武裝團體向長官公署討公道時，卻遭機槍射擊的事件所引發。

國防部長白崇禧於 4 月 2 日結束了為期 15 天的訪臺視察與「宣慰」之行後返回南京。他在離去前表示，他將建議改變地方政府的結構，包括建立省政府體制，以及為臺灣人管理自身事務準備更多的參與機會。但他並未指出，臺灣人將被賦予掌握政權的重任。除了兩家報紙外，其餘皆遭勒令停刊，新聞審查功能交由臺灣警備總司令部執行。臺灣人正等待白崇禧的臺灣之行及其暗示的政治改革承諾，能有確切結果。外省官員對臺灣人充滿批評，指他們不知感恩渠等付出之心力，並表明有人身的不安全感，渴望返回中國大陸。當許多大陸商人紛紛啟程返鄉之際，官員因受政府命令阻擋而無法離開，行政長官要求他們留在自己的崗位上。

一般相信，為了對民眾要求做出若干讓步，二二八事件後，長官公署乃有必要取消對島上經濟生活之嚴密控管且廣受批評的各項規定。

美國領事

步雷克 敬上

正本送南京大使館
副本 2 份（1 份膠謄）送國務院

3-3.1 澳洲南京使館報告（編號 NK36/47）
（1947 年 3 月 17 日）[41]

南京

1947 年 3 月 17 日

報告編號 NK36/47

澳洲外交部長 H.V. 伊瓦特（Herbert Vere Evatt）閣下

坎培拉　澳洲首府領地

部長先生：

臺灣

1. 中國政府除了許多內部的政治及軍事難題外，最近幾週以來還得面對臺灣人民發動的嚴重暴動。這不僅造成極大的憂慮，也迫其重新調度武裝部隊派往島上，使其在內戰中更加左支右絀。在 2 個師的部隊及 3 個團的憲兵及一艘驅逐艦抵達後，另外 2 個以上的師也即將到來。長官公署宣稱，情勢已在掌控中。但這並非代表動亂的成因已經或即將解決。

2. 在勝利日後不久，600 萬臺灣人當中，絕大多數可能都歡迎中國軍方及官員前來解救他們脫離日本統治。臺灣人主要為鄰近之福建省漢人的後裔，在日本人占領的 40 年間，[42] 一直維持著某些對日反抗。島上的工業及農業都有日本人的建設。戰爭期間因遭到美國人的空襲，而損毀了碼頭及水力發電設施。

---

41 本文出處為："Taiwan", March 17, 1947, in Formosa , Chinese Occupation and February Riots, 1946 -1949, A1838, 519/1/2（NAA）.

42 澳洲官方誤植為 40 年（fortu years），應是 50 年。

3. 為了重建經濟，國家資源委員會[43]派遣大批人員乘船前往滿洲，直到東北地區的初期重建工作似乎再也進行不下去。這群中央政府派出的文職與軍方官員對當地人民只展現了比日本人多一點點的同情，並有許多缺乏能力、活力與誠信的人。行政長官陳儀本身是福建人，[44]國民黨「政學系」的成員。明顯不受歡迎的他，鮮少公開露面，就連他的一些中國部屬也很少見到他。1946年初，曾聽過一位臺灣人向美國人抱怨：「你們在日本投了一顆原子彈，但卻對我們投了中國人」。[45]在中國人接收臺灣數月後，貪污與無能之事變得稀鬆平常。因找不太到能夠替代原由日本人供應的人造肥料來源，而阻礙了經濟的恢復。此外，本地的貿易與商業也因中央政府及其人員的利益，而明顯受到束縛。

4. 1947年2月28日，超過1萬名本地居民參加示威，抗議警察在一場走私香菸的查緝中痛毆幾位臺灣商販。示威者後來轉向陳儀的居所，[46]並將其包圍。陳下令要求警方[47]驅散示威群眾。根據合眾通訊社報導，警方之射擊殺害、射傷約2,000名示威者。然而，宣傳部長在南京表示，精確的傷亡數字尚不得而知。但他引用「中央社」（官方機構）的報導，臺灣人有100人傷亡，而外省人約有400人。一位中國高級軍官向使館人員提到，儘管他承認在這幾天暴動期間，臺灣人的傷亡人數約有1千，但認為報紙的報導誇大了數字。他補充，外省人也有嚴重傷亡。

5. 一陣短暫的平靜後，更多更嚴重的暴動再度爆發。雖然陳儀在廣播中保證，已經採取要給予本地人更公平政策的步驟。在3月10日增援部隊抵達前，除了臺北（首府）、基隆（海軍基地）及其他2、3座都市以外，臺灣人控制了所有城鎮。這段期間，沒有外省人敢在公開場合現身，許多人的家裡被洗劫，並遭本地人報復痛毆。

---

43 1935年國民政府將軍事委員會所屬兵工署資源司與國防設計委員會合併，改組為資源委員會，隸屬軍事委員會，1938年改隸經濟部，1946年改隸行政院，1952年裁撤。參見「中央研究院近代史研究所檔案館」：http://archives.sinica.edu.tw/（2017/11/20 點閱）。
44 澳洲官方誤植陳儀為福建人（Fukienese），事實上陳儀為浙江人。
45 語出《時代雜誌》（*Time*），參見陳翠蓮（2017），頁354。
46 原文為 residence，但群眾應是至行政長官公署。
47 開槍的應是衛兵。

6. 暴動的近因是菸販遭毆打，但行政當局與本地居民間的問題已醞釀了好一段時間。近來的事件在原已沉重不堪的負擔上，加上最後一根稻草。臺灣人指控中國士兵與官員奪取他們的財產與個人物品，還納為私有。並抱怨長官公署對產業的壟斷性管制，扼殺了這個曾經富庶繁榮的島嶼。根據一位去年訪問過臺灣的印度通訊記者表示，許多中央政府派往臺灣接收日本產業的官員，既傲慢又腐敗，是最壞的那種類型。報界已報導了好一陣子，臺灣所有的情況都不好。最近的暴動是許多現象累積了一年的結果，包括官員對人民的疏離，許多貪官汙吏不擇手段的種種作為，以及本地民眾無從了解長官公署的經濟政策等。當中國人自日本人手中接收臺灣時，他們曾承諾臺灣人，今後將比照中國人，享有一樣的待遇，並在政府的行政上賦予平等的機會。但直至目前，本地人民的利益遭到漠視，且只給了他們少數的政府職位。

7. 另一方面，加拿大貿易專員科斯瑞上校（Colonel Cosgrave），在最近的訪臺報告中，卻讚美在恢復與重建工作上的進展成就。雖然他承認，少部分官員或許貪污、傲慢；但多數官員，特別是國家資源委員會派到相關單位的人，在他的印象中都很能幹，大致都有不錯的成績。科斯瑞上校因為臺灣電力公司要求加拿大政府給予貸款而造訪，這筆款項是用來向加拿大購置機械設備。在他的報告中，他建議延長一筆短期貸款，因為他認為此貸款案和遠東地區的任何地方一樣安全。

8. 對局勢甚感憂心的中央政府發現，當批評者指出臺灣人的暴動類同中國革命份子對抗腐敗、軟弱無能的滿清時，他們難以回應。蔣介石在一份聲明中承諾將會履行改革，現有的行政機關將被省政府取代，所有縣長將在選定的日期前由民選產生。監察院已派遣閩臺監察使調查此事件。國防部長白崇禧也受命前往臺灣調查本案，宣揚政府政策並「宣慰」傷者及遇害者親屬。此外，國民參政會在臺之參政員已決定派 5 名成員為此做成報告。[48]

9. 蔣介石在聲明中表示，暴動乃受最近被遣返回國的 3 萬名臺共成員唆使而

---

48 原文為 Resident Committee of the People's Political Council，意為國民參政會駐臺委員會，或是指在臺之參政員。但此說存疑。

起，這些人曾在戰爭期間被日本人徵召入營到南洋作戰。但此觀點，吾難以苟同。中國海軍代理總司令桂永清中將在一次私人談話中，或較真誠地談到，如果這座島上的正規軍沒有被抽調殆盡，暴動就不會發生。有了來自大陸這支得來不易的援軍，長官公署就能重新控制島上的多數地區，並恢復秩序。但本地人民的不滿將會持續，和平只是曇花一現，除非長官公署真誠、迅速地履行承諾。

10. 因為沒有外國新聞通訊員在場，目前嚴重缺乏來自臺灣的可靠消息。在上海的臺灣人於 3 月 5 日代表他們的同胞提出了 3 項要求：(a) 立刻允許臺灣實施自治，省長、縣長一律民選；(b) 廢除特殊化之行政長官制度及其一切特殊法令設施；(c) 取消臺灣特有之專賣及省營貿易。[49] 據報，臺灣民主同盟 [50] 已去函聯合國，要求將臺灣列為委任統治地。遭陳儀勒令解散的臺灣「二二八事件處理委員會」，曾要求廢除臺灣警備總司令部，向處委會繳械，而所有島上陸、海軍單位皆須雇用臺灣人。臺灣人組織的代表於南京發表聲明，說人民希望「盡快達成他們自治政府及處置陳儀的目標。」

11. 回顧歷史很有趣。我們發現，1895 年時臺灣人組成了一個短暫存在的「獨立共和國」對抗日本人。臺灣人在目前要求的條文中，至少要「完全自治」，甚至是「獨立」。這不僅對他們自身來說很重要，對其他地方的影響也同樣很大。根據報導，在不遠處的海南島，臺灣的消息已進一步擾亂此處早已動盪不定的人民，這裡的問題大都與共黨有關，且中央政府的統治從未觸及多山的內陸地帶。鄰近的廣西與廣東省，騷亂基本上也為共黨引起。廣東省主席張發奎 [51] 最近便因動亂威脅而接獲要他留在廣東崗位上的命令，不必參加國民黨中央執行委員會舉行中的會議。來自香港的前軍閥李濟琛，是國家軍事委員會成員，喊出「所有孫逸仙的追隨者要奮起並要求改革」。

---

49 此為節略，根據許雪姬教授之研究，3 月 5 日旅滬團體發表之〈為臺灣二二八大慘案告全國同胞書〉，共提出 5 條要求。參見許雪姬，〈戰後北平、上海等地方臺灣人團體的成立及在二二八事件中的聲援行動〉，收入《七十年後的回顧：紀念二二八事件七十週年學術論文集》（臺北：中研院臺史所，2017 年 12 月），頁 112-113。

50 1947 年 3 月 8 日，美國香港總領事館情報員，有曾博士（廣東人）者，捏造了一個「臺灣民主同盟」，並以該盟主席名義發電報給聯合國，要求「我們有自治和接受聯合國組織監督的權利」。另外葛超智之《被出賣的臺灣》Formosa Betrayed，亦記載 3 月 11 日，上海的臺灣民主同盟發表聲明，要求聯合國託管臺灣。參見蘇瑤崇，〈葛超智（George H. Kerr）、託管論與二二八事件之關係〉，《國史館學術集刊》，第 4 期（2004 年 9 月），頁 158。

51 澳洲官方誤植為 Chang Fak-kwei，但此時之省主席為羅卓英。

西南部的雲南省也有若干分離主義份子運動的危險。同時在四川則有農民騷亂份子。邊境的西藏、西康，都曾發生過反抗中央政府當局達數月之久的武裝叛亂。

12. 目前中央政府已將中國南方的部隊都調往北部與東北部，從事對抗共產黨的內戰。至於臺灣，若有需要，他們可以將部隊調回轉用，以維護後方秩序。這項考量中更重要的或是他們的警察、祕密警察及「保甲」制度，這將使這些地區很難爆發公開革命。另一方面，回顧過去 40 年來中國盛衰不定的歷史，不禁令人疑惑，中國是否能夠不重蹈覆轍？換句話說，或許明年就可以看到中央政府的權力愈縮愈小，到僅限於長江谷地。同時，共產黨或其他任何一個地方政府，在中國北部及南部將獲得自治及領地。

我很榮幸作為您最忠實的僕人

代辦[52]

---

52 外交代表的一種，地位低於大使、全權公使及駐外公使，與前三者不同的是，代辦一般是向其赴任國的外交部門而不是向該國元首派遣的，而且，代辦代表的是本國的外交部門，而不是本國政府。代辦在大使或其他使館高級官員缺任時，可代行其職責，在此情況下，稱作臨時代辦。在其本國與派駐國外交關係受到限制時，代辦也可作為使館館長。

3-3.2 澳洲南京使館報告（編號 NK44/47） （1947 年 3 月 28 日）[53]

南京
1947 年 3 月 28 日

報告編號 NK44/47

澳洲外交部長 H.V. 伊瓦特閣下
坎培拉　澳洲首府領地

部長先生：

臺灣

1. 我很榮幸提出有關臺灣目前動亂的第 36 號報告（1947 年 3 月 18 日），以及我在 3 月 21 日發出之第 S.17 號如下電報內容：

「動亂始於 2 月 28 日，當時中國憲兵毆打違反行政當局菸草專賣規定之臺灣女菸販，隨後以機槍掃射示威群眾。反中國之暴動擴大，臺灣人控制了某些城市。行政長官陳儀擔心反叛迅速擴散，因而承諾進行改革，並與臺灣人組成之委員會展開談判，要在臺灣政府內設立具相當代表性及重要性的專門機構，以作為本地之代表。稍後，當來自大陸的武裝增援抵達，行政長官便以囚禁與可能處決的手段鎮壓處委會，中國部隊向民眾開火且行徑蠻橫。目前在臺灣訪問的國防部長白崇禧再度承諾改革，但也帶來更多武裝部隊，將以武力恢復（對臺之）掌握。

叛亂起於反對腐敗政權的自發性、無武裝的示威活動。此政權為了少數大陸來臺官員的利益，壟斷了商業和地方政府。雖然目前某些臺灣人求助於共黨

---

53 本文出處為："Taiwan", March 17, 1947, in Formosa , Chinese Occupation and February Riots, 1946 -1949, A1838, 519/1/2（NAA）.

份子，但這並非是仇外或由共黨份子鼓動的運動。臺灣人目前獲得了一些武器，有些來自中國人。長官公署僅控制大型城市，臺灣人則在其他地方籌組委員會。

中國政府官員在處理叛亂上展現的殘暴行徑與日本人不相上下。但他們在島上的治理效能遠遜於日本人，無能的程度有過之而無不及。他們視臺灣為殖民地，在那裡造成的事端，不僅可能在中國本土，也會在視中國為亞洲領袖的南洋民眾間造成影響。」

2. 目前已收到臺灣在過去幾星期以來發生事件的相關增補資訊，確認了先前的評估。中國政府對外發布的官方新聞一直在全面誤導，導致一開始時不可能做正確判斷。在截至目前的期間裡，我們取得若干當時人在島上的英、美領事官員、商人，及聯合國善後救濟總署工作人員所做的報告。

事件經過

3. 我很幸運能節錄一位著名英國公司在臺職員所寫的信件與日記，但他的長官要求，不要洩漏他們的姓名。節錄之內容重製為附錄 A。目前為止，已被粗略又錯誤地在世界各地報導的此一事件，（此節錄）提供了生動的第一手報告。他見證了部分中國人一旦有了足夠的武裝部隊就發動的恐怖行動。他依臺灣人的願望，敦促聯合國或一些境外機構關注他們的處境。此舉頗有相當之助益。

4. 我已閱覽英國駐淡水領事丁格（Geoffrey Marsh Tingle）[54] 先生的報告，或許您會在適當時機收到外交部送來的印刷版本。他報告的依據與附錄 A 幾乎相同，但更加詳細且值得討論。他認為，暴動基本上為外省人 18 個月以來貪贓舞弊的不當管理所引起，特別是他們壟斷了政府與商業，並已損及島民的利益。動亂起於一樁毆打事件，2 月 27 日傍晚，專賣局的官員殘忍地毆打一名臺灣女菸販，激怒了附近的臺灣人。次日，群眾將一名據信應為那名女性死亡負責的人員毆打致死，[55] 另一群和平示威的群眾則遭機槍掃射。一波反

---

54 丁格的職位為副領事（Vice-Consul），是戰後英國恢復在臺領事館後的首任代理領事（Acting-Consul）。
55 原文為 police，但應指緝私員。林江邁亦未遇害。

外省人的情緒擴散開來，導致當天有許多外省人遭到攻擊，財物被焚毀。

5. 英國領事見證，這些示威群眾非預謀性、無武裝也非仇外或由共黨份子鼓動。這些臺灣人抑制自己不得劫掠，甚至是他們正在焚燒的外省人財物；這與後來中國士兵的行為形成了鮮明對比。2 月 28 日發生了這些事件以後，臺灣人了解自己已無路可退，他們被迫以行動示威，為長久以來的不滿尋求解決之道。重要的臺灣人士，包括國民大會、國民參政會、臺灣省參議會及臺北市參議會的臺灣代表，成立了一個委員會，以處理「二二八事件」。行政長官陳儀懼於反中國的情緒會迅速猛烈地蔓延，被迫展開協商並發表安撫性廣播，即便當時他的部隊仍再度以機槍掃射在鐵路管委會[56]的無武裝群眾。

鎮壓叛亂

6. 如同臺灣人察覺到的，陳儀正靜候援軍來到島上，而這些部隊已因大陸上方興未艾的內戰疲憊不堪。對中央政府來說，幸運的是，一些原準備好赴日本執行占領任務的正規陸軍師，因而得以快速地用於臺灣。陳儀能等待臺灣人的處委會提出要求，而他知道中央政府將不會接受這些要求。他向南京預先報告了處委會的 32 條要求，這使蔣介石公開譴責處委會，說他們逾越了適當界線。蔣介石做了相當不正確的聲明：「昔被日本徵往南洋一帶作戰的臺灣共產黨員煽惑，造成近來的暴動」。同時，國民黨臺灣省黨部主任委員說，蔣介石已指示，「須採取一開明與和平的政策，讓臺灣問題能夠合理解決」。

7. 當獲得必要的武力與蔣介石的默許後，陳儀毫無疑問地會想以事件發生之初的種種（鎮壓）作為處理情勢。英國領事及其他外國目擊證人均證明，3 月 8 日至 9 日的週末期間，臺北發生的恐怖行徑皆由中國士兵發動。英國領事估計，可能有 800 到 1,000 人遇害，不是被處決、毆打，就是在街頭被隨意射殺。臺灣人的處委會被迫解散，領導人據報已遭處決。領事假設，只要中國人感到自己夠強大，相同的程序會在島上其他地方一再發生。他評論道，

---

56 原文為 Railway Bureau，應指鐵路管委會。據當時之報導，3 月 1 日於北門町附近鐵路管理委員會前，鐵路警察大隊以機槍掃射，民眾死傷多人，情勢更為惡化。參見林元輝主編，《二二八事件臺灣本地新聞史料彙編（一）》（臺北：財團法人二二八事件紀念基金會，2009），頁 115。

只有年長的臺灣人才會想起，他們的前任主子日本人也曾有同樣野蠻的暴行。中國人企圖透過散播流言來掩飾他們的鎮壓政策，說臺灣人不斷發起武裝反抗及掠奪行動。但這些都未得到外國觀察者的證實。

8. 肩負「宣慰使命」的國防部長白崇禧於 3 月 17 日抵達臺灣，這無疑與「恢復秩序」有關。約 4 個師的部隊與若干憲兵團也同時抵達。一艘單桅的伏波號[57]軍艦於 3 月 21 日在趕赴臺灣時，因碰撞而沉沒於臺灣海峽，損失 120 名軍官與士兵（此艦獲贈自英國，最近方抵中國水域。為其官兵全數犧牲發佈的簡短聲明，更新了有關中國海軍能力的推測）。根據以下由南京與上海的臺灣人代表呈予白崇禧的請願及抗議電報來預測最新情勢，可能會有更完整之掌握。

「根據可靠的消息來源，陳儀認為所有參加二二八事件處理委員會的臺灣人，以及那些在地方政府發言或表示反對者，都是共黨份子。陳儀逮捕且不經審判就槍決這些人。截至 3 月 23 日，遇難者包括：

張振聲，國民黨基隆市黨部書記長及其餘 16 名；
葉秋木，臺南信託公司[58]董事長及其餘 20 名；
張晴川，臺北第一劇場總經理及其餘超過 200 名

這些青年及菁英份子遭屠殺後，屍體被拋入海中，死亡及失蹤總人數超過 1 萬人。
那些遇害者都是在臺信譽卓著之國民黨實業家的忠實年輕幹部。報復行動持續進行，恐怖行為也在增加中。
期盼閣下能想辦法阻止這場屠殺，遭逮捕的人應由適當的司法機構處置。」

9. 白崇禧並未採取同情的態度，下列是官方中央通訊社在臺北報導他針對臺灣現況發表的廣播演說：國防部長白崇禧昨晚在臺北的一場全國性廣播中透

---

57 1947 年 3 月 19 日的深夜，因「二二八事變」而奉命來臺的「伏波號」於廈門外海夜航時因為值班人員的疏忽，被招商局的一艘貨輪「海闊輪」攔腰撞沉。由於是深夜被撞，因此搶救極為不易，全艦除了輪機長焦德孝上尉一人獲救，其餘 129 名官兵、包括海軍士官學校隨艦見習的 18 名學生全部罹難。
58 原文為 Yeh Ching-mu，譯音最相近者為葉秋木。但與信託公司應無關，此處之臺南信託公司（Tainan Trust Company），或為誤植。

露，自 2 月 28 日以來，在臺灣一連串擴大的暴動與動亂中，有超過 1,000 名的外省官員及其眷屬被殺害或受傷。依白所言，這些暴動中，有數個市鎮如屏東、鳳山、臺南、臺中、彰化、新竹及桃園，都曾一度遭暴民占領並陷入極度混亂。白崇禧說，他在 3 月 26 日結束在島上各地的視察後回到這裡，這些地區已恢復安寧與秩序，所有人都回到了他們的生意與工作崗位上。他滿意地提到，除了少數共黨份子及叛亂頭目藏匿山區之外，絕大多數的臺灣人都愛國且心向祖國。

部長追溯暴動的原因為日本對臺 51 年的殖民統治。這段期間，臺灣人被日本殖民者灌輸惡毒思想，以對抗中國政府、人民及部隊。這種針對中國且根深柢固的偏差思想萌發成敵意。白崇禧說，中國共產主義份子自勝利日起，便持續散佈顛覆性的文宣及武裝叛亂，情勢因而愈加嚴峻。這一小撮共黨份子利用臺灣人的這種精神狀態，與其他政治投機者在臺密謀策劃叛國暴動，試圖自政府（手中）奪權。白斷言，從暴動份子對政府公署與軍事設施的武裝攻擊、他們的表現及口號上，都可以清楚看到此煽動性。談到臺灣的未來政局，白重申，中央政府決定依民眾之願望，做出適當改變，將建立正規的省政府制，並晉用能幹與傑出的本地人士。經濟上，將改革公營企業進而使民營機構得到鼓舞。白特別強調適當的教育計畫，提到將使臺灣人民更熟悉祖國的語言、文化及美德，盼能加強臺灣與祖國的聯繫。

白崇禧一方面呼籲中國人瞭解與協助臺灣，另一方面也呼籲臺灣人發揮愛國精神，效忠祖國，並以此作為他的廣播總結。

10. 英、美的商人、聯合國善後救濟總署的工作人員及新聞記者對情勢則有截然不同的報導。其中的典型是《密勒氏評論報》美籍主編於 3 月 29 日的報導（已隨函附寄一份）。小鮑威爾的報導以〈臺灣浴血〉[59] 為題，開場寫著：陳儀結合了詭計與恐怖統治，在中國或國民黨的歷史上，可能無人能敵。他已實際壓制了臺灣的叛亂活動。由於為期 1 年半明目張膽的暴政，臺灣人受到的壓榨與壓迫遠甚於日本統治時期，因而在 2 月 28 日群起反抗中國政權。自那時起，暴動與全面性的內部動亂橫掃這個曾為亞洲最富庶的島

---

59 參照蘇瑤崇教授之譯名。蘇瑤崇，〈二二八事件中的媒體宣傳戰〉，《臺灣文獻》，第 59 卷第 4 期（2008 年 12 月），頁 394。

嶼，加上目前動亂仍在鄉間持續發生，特別是難以抵達的叢山地區。因為省內新聞審查制度與通信條件匱乏，才讓這起加諸於和平、無武裝的一般民眾之全面且令人難以置信的鎮壓事件，不為外人所知，即便中國也不太了解這裡的實際情況。另一位美籍通訊記者與我設法搭上本月第一班飛往臺灣的班機造訪這座島嶼，這裡的海潮日復一日沖刷著殘缺不全、遭中國憲兵屠殺而遇害的臺灣青年屍體。雖然不可能查明在陳儀政權下遇害的確切人數，但保守估計應在 5,000 人左右。另有數千人遭到關押。據報，其中會有多人遭到處決。

南京的反應

11. 人在南京的國民黨宣傳部部長針對當前局勢，散播著明顯不正確的說法。召回陳儀之事，在較自由的英語報界與中文同業間有些鼓動。國民黨中央執行委員採取召回並懲罰陳儀（的方式）來解決事情，但這應被視為黨內派系鬥爭的一部分。據說，陳儀所屬的「政學系」是當權「C. C. 派」的對手，此派成員帶頭攻擊陳儀。但真正重要的是，蔣介石庇護陳儀，並非因為認可他的真實價值，而是因為他們的長期友誼（對老同志過度忠心是蔣介石最嚴重的錯誤之一）。同時陳儀正揮軍肅清「叛亂份子」與「共黨份子」，如果他去職，想必會被推至更高層的職位。無論如何，他都會徹底掃除這些更為獨立、自由的臺灣人所完成的（事蹟）。在完成他卑劣的勾當後，可能只是離開臺灣而已。這樣一來，中央政府就能安然地推出「新政策」。

反抗的意義

12. 臺灣人的反抗非僅限於北部城市。初期階段，可用來載運中國援軍北上的鐵路被切斷，車廂遭搗毀。截至目前可以確定的是，全島多數地區均組成地方性的臺灣人委員會，他們震驚於中國人的殘忍反應。最新報導提到，他們發現，籌措武器自保有其必要。他們會向中國人購買武器，但並不確定是否能維持足以抵抗的數量。至少可以說，中國政府正面臨鎮壓與防衛的任務，彷彿他們是以征服者之姿前來占領敵國，而非原先是要讓大家脫離日本人束縛的救星。島上的經濟重建工作可能因此延遲數年。

13. 這些發生在臺灣的悲情事件，啟示了臺灣人或再次強調了一件意義重大之

事，那就是中央政府不只無能，還有他們面對島上同胞的態度。血腥鎮壓那些出於真實且有挽回餘地的不滿情緒所造成的示威活動，只能算這個政府在面對任何反對時的典型反應。這是個令人不快的提醒，當前的中國政府一旦擁有統一和武力，就可能會進一步實施除去部分東亞的那種政策，而某些人還迫不及待地想投資它。

經濟情況

14. 就在臺灣的動亂爆發前，加拿大籍的商業顧問為取得一些背景資料而訪臺，這些資料與臺灣電力公司向加拿大提出的貸款申請有關。科斯瑞上校禮貌地讓我複製了他的報告（附錄 C），其中包括一些臺灣經濟狀態的出色內容。他對臺灣經濟建設中，電力所占的重要性作了有趣的分析。這些經濟建設是日本人建立，並在戰爭中遭破壞。科斯瑞上校當時所下的結論是，「提供短期貸款給臺灣電力公司的『協助』，和遠東地區的任何計畫一樣安全」。即便有近日以來的動亂並考量中國目前普遍的不確定性，他的結論仍可大致成立。

我很榮幸作為您最忠實的僕人

代辦

3-4.1 聯合國善後救濟總署文件選譯（1947年3月4日）[60]

臺北　　　　　　　　　　　　　　　　　　　　　1947 年 3 月 4 日
回覆：聯合國善後救濟總署（UNRRA）　　　　　訊息 18（號）
限制 – BROWN　　　　　　　　　　　　　　　　　3/5/47
來源：美新處
上海總領事

訊息：18（號），3 月 4 日晚間 11 時

　　經要求，聯合國善後救濟總署駐臺北辦事處同意將以下訊息遞至上海辦事處，以供埃哲頓（Glen E Edgerton）將軍私下、祕密地關注：

　　「致聯合國善後救濟總署上海之埃哲頓，來自聯合國善後救濟總署臺灣之彭德華，unfrco 67。我建議立即關閉辦事處，聯合國善後救濟總署派船或飛機撤離人員。喜施（Paine Bebb Hirschy）及其他志願醫療人員留駐，組織緊急醫療救援，並在上海辦事處指導下，處理 UNRRA 事務。臺灣的暴動始於長官公署人員恣意殺害小販，人們藉機發洩對陳儀政府長期壓抑的不滿，反抗擴及全島，估計死傷 2,000 人。其背景請參閱我們的報告。臺灣人要求經濟與政治改革，若不解散長官公署則無法滿足這些要求；如果不滿足這些要求，臺灣人將會起事。長官公署倘無援軍，勢必陷入僵局；但政府增兵，屠殺將可預期，會帶來不可療癒的傷痕。無論哪種情形，聯合國善後救濟總署都難以運作。

　　第二，經濟分析官彭德華報告：若長官公署拒絕滿足民眾對改革的要求，組織性的政治起事將迫在眉睫。沒有一個極權政府在作出這麼大的改革後還能存續。結果可能有二：一、部隊登陸本島，帶來大殺戮與大困頓。二、堅定武

---

60 本文出處為："UNRRA Message, Taipei to Shanghai, March 4, 1947," in "China Program – Formosan Riots 1944-1949," Folder S-0528-0004-0002, Box. S-0528-0004（UNARM）.

裝的臺灣人和現在的政府武力形成對峙僵局。據信後者將會發生，結果會是經濟、政治的崩壞，及更多的流血、飢荒和疫病。臺灣人了解，在對日條約簽訂前，這個政府沒有合法地位，也了解其在經濟、政治上的貪腐程度。臺灣人緊抓聯合國──特別是美國在開羅會議（上的宣言），要其為現況負責。我個人相信，唯一可能的解決之道是介入調停、占領（臺灣），並允諾在未來確切的時間點歸還中國。臺灣人如此要求，並歡迎干預──若您不想看到更大規模的流血（事件）。」

──步雷克

3-5.1 處委會的代表，要求美國大使向蔣介石調停，以阻止流血衝突（1947 年 3 月 5 日）[61]

美國領事館
臺灣，臺北
1947 年 3 月 5 日

主旨：處委會的代表要求美國大使向蔣介石調停，以阻止流血衝突

　　二二八事件處理委員會的 3 位成員到訪。該會由可信賴的公民及若干長官公署任命的人士組成。他們已保證履行自 3 月 1 日（週六）以降所同意的條件。其中最重要的是，政府同意撤除所有在臺的武裝巡邏，且不再增加臺北地區的武裝部隊。若政府未遵守此協議條件，處委會便無法繼續運作。換句話說，他們要維持和平局面，直到人民的訴求被聽見，並在 3 月 10 日及其後與政府協商。

　　處委會現已從認為可靠的消息來源得知，中央政府正從大陸調遣 2 個師的部隊，將在政府考量任何改革訴求前抵達臺灣。若這些增援部隊進入臺灣，處委會預料只會發生最大規模的流血衝突，無望解決當下的問題。

　　處委會的 3 位代表，詢問美國領事館是否願將訊息轉達給美國大使，他們會在訊息中請求美國大使呈交蔣介石。他們懇請蔣介石派若干重要的中國官員（前來）調解臺灣人民與陳儀政府。

　　領事館告訴處委會的代表，同意將任何正式的訊息轉達美國大使，並在其裁量下落實進一步行動。

葛超智
美國副領事

---

61 本文出處為：George H. Kerr（American Vice Consul）, "Delegation of Official Committee Requesting American Ambassador's Intervention with General Chiang Kai-shek to Avert Bloodshed," March 5, 1947, RG84, UD3257, Box.4（NARA）. 標題中之 Official Committee，即指處委會。

3-5.2 聯合請願書（1947 年 3 月 5 日）[62]

機密

1947 年 3 月 5 日

致馬歇爾將軍（George C. Marshall）

敬愛的先生：

　我們非常高興有此榮幸向您遞上此信。正如您所瞭解，臺灣是由美軍登陸部隊解放後交給中國。當時我們臺灣人期待，臺灣省行政長官公署的治理能力比日本人更佳，能夠承擔臺灣人民的信任與全心支持。實際上，吾等臺灣人最初歡慶中國光復臺灣，迎接大陸的中國人到來，是因為吾人解放自由，思慕祖國。然而吾人大悔，情況完全相反。臺灣人均對長官公署的統治感到失望。

　悲哀地說，所有發生在本島的慘劇，均源於政府失政。

　自從臺灣解放後，各方面均趨惡化，甚至糟糕透頂；多數長官公署的高官——無論中央或地方——均由外省人擔任。

　這群貪婪腐敗的中國官署官員無惡不作，舉凡：移花接木、剝削壓榨、偷雞摸狗、冒失僭越、貪污腐敗、任人唯親、徇私舞弊和走私越貨等，不放棄每個貪腐的機會。

　隨著中國腐敗的統治，這座美麗島日復一日淪為黑暗的地獄。

　此外，長官公署採法西斯體系，自行其是，而非採民主政治。公署錯誤或不

---

62 請願書收錄於 RG84, UD3258, Box.3（NARA）。

義時，也不聽取任何勸言。相反地，人民時而被捕並遭到審判，如《人民導報》社長王添　，或臺灣省政治建設協會領導者蔣渭川。官方不是鎮壓就是抹煞公眾的意見。

我們嚐盡了臺灣人未受政治和經濟平等待遇的苦頭，只能被指派為低階的職員，歧視盛行，一如日本時代。

重要的工、商企業──共 392 個單位，幾乎都由政府控制而非私人所有。只有 25 間小工廠確有運作。

臺灣也不實施自由貿易了。

主要進出口貨物均為官營，如：肥料、布匹、燃油、鐵、鋼、砂糖、樟腦或煤炭等。長官公署無力控制米價（相較於 1937 年，已翻漲 150 倍），也無力救濟大規模的失業。

然而，他們沒有忘了臺灣年輕人，要將他們造冊以參加國共內戰。

臺灣如今的情況令人絕望，臺灣人身處苦難的深淵。

臺灣人的反抗，起因於 2 月 27 日晚上，中國警察在臺北槍殺一名可憐的菸販。短短數天，反抗已成烈焰，熊熊蔓延全島。尤其是學生和年輕臺灣人出於對臺灣的忠誠與熱愛，正對抗著長官公署和全島各地的中國軍隊。我們正在每個角落贏得勝利，占領中國部隊（軍營）、機場、警察局和官署。

我們要繼續對抗中國政府及軍隊，直到獲得真正的自由民主。

總之，現在的起事是臺灣的重生。我們聲明：行政權需交還臺灣人，我們自信可以有良好的自治，所有中國人均應退出本島，但卻苦於臺灣人沒有武器。[63]

---

63 原文作 reglet，應為 regret 之錯植。

SECRET . File

To Gen. Marshall.   march 8, 1947.

Dear Sir,

We are very glad to have the honour of sending this letter to you.

As you know, after Japanese surrender Taiwan was liberated by U.S. landing troops, and then was handed over to China. That time, we Formosan respected the Taiwan Provincial Government would control the island better than Japanese, and would endeavor to win the confidence and the full support of the Taiwan people.

It was true that at first we Formosan celebrated the retrocession of Taiwan to China, and welcomed the coming of the main land Chinese because we were opened free and yearned after our mother land, But, to our great regret, the fact was contrary at all. The Formosan co have all been disappointed about the rule of the Taiwan Government.

It is sad that all the tragedy have happened in this island were originated in the misadministration.

Since Taiwan's liberation, every sections in Taiwan have become worse or worst. Most of the high-rank officials of the Taiwan government — no matter how central or provincial — have been appointed

聯合請願書（圖片來源：RG84, UD3258, Box.3, NARA）

我們誠摯期盼美國和聯合國給予協助，保護臺灣人免於遭受更大的屠戮。

臺灣在國民政府和共黨政府之間必將維持中立。

中國明顯無能，且不願多派人力實行民主政治。因此，我們請求聯合國承擔治理本島的責任。在委任統治下，直到——只有中國將自身自己治理好，證明其管理能力，[64] 再進而統治臺灣；最多以 10 年為限。

我們希望，聯合國組織視上述訊息具有足夠正當性，並對本島的真實情況展開調查。更進一步，我們要求聯合國派出調查團展開對臺灣現況之調查。

我們已備足上述聲明與請求的全面資訊，包括他們何時進入臺灣，並讓全世界了解。透過這些資訊，我們一再確認並相信本行動有其必要。

臺灣革命同盟

代表署名：

Kim Jin Wang	臺灣臺北	I-Rei Ree	臺灣臺北
Chong Hui Rim	臺灣臺北	Cho Ki Yang	臺灣臺北
Zui Ki Hang	臺灣臺北	Kin Sin Huang	臺灣臺北
Un Chang Ree	臺灣臺北	Chin Wan Chain	臺灣臺北
Kuo Hian Choa	臺灣臺北	Huei Chin Huang	臺灣臺北
K, L, Ko	臺北	C. T. Cheng	臺北
S. M. Lin	臺北	K. C. Kwo	臺北
C C Yeng	臺北	Chin Uen Wn	臺北
Z. K. Chin	臺北	S. K. Chin	臺北
J. Y. Chan	臺北	Shoji Sin	臺北
Suto Tan	臺北		

---

64 原文作 poven，應為 proven 之誤。

3-5.3 致美國國務卿馬歇爾請願書（1947 年 1/2 月15日）[65]

威廉‧黃（William Huang）擬稿呈交領事館及南京大使館的請願書副本。由於本人之請求，此副本於 1948 年 10 月由香港提供。公開附加於本請願書之人名，將會嚴重危害簽名者及其家屬之生命。

本件不准複寫重製或公開展示。

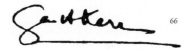[66]

向馬歇爾將軍之請願

在 1947 年二月，一份致馬歇爾將軍請求美國採取行動的請願書，呈給美國在臺北的領事館。請願書中附帶有約 150 個簽名，每位簽名者代表一地區之團體，總數超過 800 名成員。作者隨即逃離臺灣，並加入香港的組織，鼓吹美國的干涉，以消滅共產主義。他的請願書稿在 1948 年由香港提供，僅做必要之編輯，以免除冗長之註解。

葛超智（GHK）1947 年 1 月 15 日

致馬歇爾將軍

尊敬的閣下：

我們極為榮幸呈送此信給您，請原諒我們未先致候。

我們是年輕的臺灣人。我們要大聲喊出我們及全體臺灣人民發自內心的悲痛和哀嘆，以便向我們尊敬的聯合國及所有海外的兄弟請求。

---

65 本文出處為台北二二八紀念館藏之葛超智文書。共有六件請願書，日期註記為 1947 年 1 月 15 日及 1947 年 2 月 15 日。
66 簽名疑似葛超智。

我們美好的島嶼，美麗的福爾摩沙，現在正被中國錯誤的統治所踐踏。在臺灣充斥著（例如）我們從未經歷過的悲慘，例如：無法治、失序、搶劫、賄賂、乞丐、自殺、饑饉、通貨膨脹、獨裁、歧視待遇等等。

此壁壘－此障礙－必須一一打破，我們的民主機構必須重建。這是我們全體的目標。臺灣省政府已經嚴正宣佈，依照本年 12 月 25 日將施行的憲法規定，自治政府將交給我們。但是我們不相信其會依政綱實現，我們僅相信每項政策皆為偽善。在憲法生效前，我們必須注意臺灣人的國籍，在聯合國中，仍是一個未決的問題。根據此不可動搖的事實，我們有什麼義務，必須服從他們的命令而自掘墳墓嗎？

我們擔心聯合國會認為臺灣人與中國人相似。我們確認臺灣人與他們在血緣上有關聯，但是您必須檢視我們的性格，早已變質（改變），而且（經由）日本文化，在每一個知識領域都進步了 50 年，特別是我們（因為）他們，學會了愛國主義及反暴政。

開羅會議將我們驅入此種「人間地獄」。自從半世紀以來，我們 6,300,000 個臺灣人從未被祝福過。開羅會議的代表，必須對此時我們與我們的不幸奮鬥的事實，負起責任。我們強烈抗議此決定，該決定讓所有臺灣人陷入奴隸命運。

聯合國必須注意國外──荷屬印度尼西亞、法屬印度支那、緬甸及與我們相鄰的菲律賓。他們正在為什麼奮鬥？沒錯，他們在為自由生存而戰，我們的情況也相同。

反對無能政府的革命槍砲和原子彈，是以筆為始。加上聯合國的贊成及對中國當局的善意干涉是唯一的途徑。因為據說在聯合國與日本的和平條約締結前，臺灣尚未完全歸還中國。

對此島嶼的高壓統治政策是目前的現實，除了剝削，他們什麼也沒做，只是破壞。這些（大陸）從屬者無恥地表現得好像他們是特權階級。更甚者，他們鄙視我們為他們的殖民地人民。此種違反自然的情況，不可能持續到底。若不

立即改進，總有一天，此炸藥將輕易爆發。

在此情況下，我們幸運地發現臺灣仍然有一線希望：大多數年輕臺灣人都受過教育，具有戰鬥精神，這是決定我們自己命運最必需的。

在你們的保護之下，請給這些年輕臺灣人一個政治訓練的機會，並使他們有自信。然後我們方能確信，一個惡政可以被取代。

最後，我們敢說，改革省政府的最快途徑，完全取決於聯合國在臺灣建立一聯合行政部門，切斷與中國本土的政治和經濟關係若干年。若不如此，我們臺灣人顯然會變得一無所有。

我們希望不久後能得到您正面的回應。
我們感謝您誠摯的幫助，謹祝您好運。

/ss/

6 份文件內容之異同比較

1. 第 1 份文件（請願書第 1 頁至第 4 頁），譯文如上。

2. 第 2 份文件（請願書第 5 頁至第 6 頁），內容同第 1 份，但略有差異：
   (1)「向馬歇爾將軍之請願」中的「This draft of his petition」（他的請願書稿）改為「This draft of Petition」（本請願 書稿）。

3. 第 3 份文件（請願書第 7 頁至第 8 頁），內容與第 1 份的差異為：
   (1) 僅有請願書，無「向馬歇爾將軍之請願」。
   (2) 日期為 1947 年 2 月 15 日。
   (3) 共 13 段（第 7、8 段合為一段），內容與第 1 份文件大多相同，但語意不通的句子較多，或為未經修改之稿件。
   (4) 第 4 段最後一句「And what can the Provincial Government, still more, makes any decent handworkes to deceive us?」（而且，省政府還能有什花言巧語可以欺瞞我們？），在第 1 份文件中，此句被刪除。

(5) 第 7 段（即第 1 份文件之第 8 段），「對中國當局的善意干涉」之後為：「only could make us up lightful way」（為唯一使我們達到光明之途徑），在第 1 份文件中被改為「is the only way」（唯一的途徑）。

(6) 第 8 段（即第 1 份文件之第 9 段），「他們什麼也未做，只是破壞。」之後為：「much than the construction, in Formosa」（在臺灣，破壞較建設更多），本句用字有誤，在第 1 份文件中，被刪除。緊接為「feeble-minded dependents」（低能的從屬者），修稿者將「feeble-minded」改為「mainland」（大陸）。

(7) 第 9 段（即第 1 份文件之第 10 段），「具有戰鬥精神」中有一字「strenuous」（熱誠的），在第 1 份文件中，此字被刪除。

(8) 第 11 段（即第 1 份文件之第 12 段），「切斷與中國本土的政治及經濟關係若干年」之後有「untill Formosa become independent」（直到臺灣成為獨立），在第 1 份文件中，此句被刪除。

4. 第 4 份文件（請願書第 9 頁至第 10 頁），內容同第 3 份。

5. 第 5 份文件（請願書第 11 頁至第 12 頁），內容同第 3 份。

6. 第 6 份文件（請願書第 13 頁至第 15 頁），內容同第 1 份，但略有差異：

(1)「A Plea to General Marshall」（向馬歇爾將軍之請願）改為「A Formosan Plea to General Marshall」（臺灣向馬歇爾將軍之請願）。

(2)「向馬歇爾將軍之請願」最後一句「and has been edited only enough to make only explanatory footnotes unnecessary. GHK」（並僅做必要之編輯，以免除冗長之註解）被劃刪除線。在第一份文件中，此句恢復。

第四章

二二八事件後續發展相關檔案

文毅（左）與葛超智（右）（圖片來源：台北二二八紀念館）

4-1.1 臺灣島戰後情況簡述——備於魏德邁將軍查核事實的任務（1947 年 8 月 13 日）[1]

63 號

美國領事館
臺灣，臺北
1947 年 8 月 13 日

機密

主旨：臺灣島戰後情況簡述——備於魏德邁（Wedemeyer）[2] 將軍查核事實的任務

尊敬的
美國駐中國南京大使　司徒雷登

閣下：

　　我有此榮幸向您傳送這份以「臺灣島戰後情況簡述」為題之領事館為魏德邁訪問臺北任務準備的備忘錄副本。此備忘錄並非對臺灣現狀所做的詳盡調查，而是強調重要發展與趨勢的途徑。或可依此建議任務成員們就特定領域展開更詳細的調查。已將此備忘錄的副本交給魏德邁將軍及他的每位顧問。

　　此備忘錄始於對臺灣簡短概略的描述，並指出中國在與日本簽署和平協議前，技術上未取得該島的法律主權，也在專門討論政治事務的章節中做出結論：中國戰後的臺灣政績是失敗的，「如果以臺灣人現在對中國管轄權的認可程度

1　本文出處為：American Consulate, Taipei, "A Brief Resume of Postwar Conditions on the Island of Taiwan-Prepared for Use of General Wedemeyer's Fact-Finding Mission," August 13, 1947, RG84, UD3258, Box.3（NARA）.
2　魏德邁（Albert Coady Wedemeyer），曾任盟軍中國戰區參謀長和駐中國美軍指揮官。1947 年組成調查團訪問中國，8 月到達臺北。

（起先是歡迎的）而論。」在經濟發展方面，儘管被批評進展過慢，但仍被視為有所進展。備忘錄的參考資料整理成四份附件，提供整體經濟的概況、由聯合國善後救濟總署之農業復原官員撰寫的農業狀況評論及工業生產表。在探討金融發展時，顯示臺灣通貨膨脹的程度低於中國。

　　同時附上弗雷澤公司的法蘭克·斯莫爾金（Frank Smolkin）先生在領事建議下撰寫的聲明副本，[3]概述他身為美國商人在臺灣遭遇的若干困難。另也將此聲明的副本發給肩負魏德邁將軍任務的成員。

您恭敬的
步雷克
美國領事

附件：
備忘錄與四份附件，1947 年 8 月 13 日。
美國商人的聲明，1947 年 8 月 9 日。

給南京大使館的原件
兩份給國務院[4]的副本（一為氨燻本）
給商務參事的副本，上海
給農業參事的副本，上海

800
步雷克 /cei

---

8 月 13 日，1947 年第 63 號的 1 號附件。
寄件者：美國領事館，臺灣，臺北

---

3 本書選譯本備忘錄之正文，附件或參考資料未在選譯之列。斯莫爾金之聲明，參見： Frank Smolkin, "Statement Prepared by American Businessman for Information of Wedemeyer Mission," August 9, 1947, RG84, UD3258, Box.3（NARA）.
4 原文為 Department，意指美國之國務院（Department of State）。

標題：「臺灣島戰後情況簡述──備於魏德邁將軍查核事實的任務」

美國領事館

臺灣，臺北

1947 年 8 月 11 日

機密

臺灣島戰後情況簡述

　　1943 年 11 月召開的開羅會議上一致同意，臺灣島（於中國和日本之外普遍熟知為福爾摩沙（葡萄牙原文「Isla Formosa」或「美麗的島嶼」），作為日本於 1895 年中日戰爭勝利取得的戰果之一，將在第二次世界大戰結束時歸還中國。1945 年 10 月 25 日，在島嶼的首府臺北，舉行正式把臺灣交給中國的儀式。然而，就法律（而非實際）層面來看，與日本簽訂和平條約後，中國在技術上才具有對臺灣的主權。

　　臺灣面積 13,807 平方英里，約等同於尼德蘭（13,202 平方英里），或麻薩諸塞州與康乃狄克州相加的面積（13,266 平方英里）。總人口約 630 萬人，除了 16 萬原住民之外，其餘都有漢人（包括客家人）的血統。此人口數扣除了戰後在美國保護下遣送回國的約 30 萬日本公民及 16 萬日本軍隊。現估計島上（只）剩不到 500 位日本人，大都為中國人繼續雇用的技術人員，另有總數或未超過 1,800 人的（日人）眷屬。在日本統治下作為熱帶研究實驗室的臺灣，用於執行日人的南進政策，並成為米、糖、茶和新鮮水果等糧產及木材、樟腦和製造業半成品的主要來源。

　　臺灣海峽上的澎湖群島，是由 64 個島嶼組成的島群。陸地面積 50 平方英里，總人口在 1946 年 7 月時約為 72,000 人──在日本人取得臺灣後，為一個隸屬於臺灣轄下的行政單位。

政治上

　　1945 年，當中國獲得臺灣的控制權，大致維持日本時期的統治體制，並將作

為中國殖民附屬品的島嶼交給陳儀管理，並由其擔任行政長官。陳儀是前福建省省長，在任時以強烈的民怨及殘忍鎮壓異己著稱。他擔任行政長官直到 1947 年，當事件 [5] 導致公開叛變，使他不情願地被蔣介石換下。陳儀之前顯然有著蔣的信任與支持。（據了解，蔣氏於 1947 年 3 月在南京曾與司徒雷登大使談論到，他不明白臺灣政治及經濟狀況何以惡化，因為陳儀是他最能幹的行政官之一。）

來自大陸的新中國行政長官伴隨著軍隊的到來，受到臺灣人民熱烈的歡迎，因為這象徵著他們掙脫了日本掌控並回歸母國。數月之內，這種歡迎他們大陸「兄弟」的心情變成幻滅和漸增的不滿。至 1946 年底前，對陳儀統治的公開批評日愈頻繁。因為相較於日本統治時期，臺灣人在中國統治下更為不幸。不滿的主要原因是：臺灣人並不如他們所預想，能擁有在體制內發聲的機會。又或許他們未曾慎重思考過，日本人被逐出後，他們獲得的竟是大陸統治者的低效率、腐敗和管理不善，並快速將他們的生活水平降至大陸沿岸的程度。二二八事件的開端為兩名販賣私菸的小販於臺北遇害，如此相對小的事件，卻在 1947 年 3 月延燒成蔓延全島公開抵抗長官公署的武裝力量。以臺灣人角度來看，這是個無組織、迅速增長的不滿之不適時的展現。

1947 年 3 月底前，增援的政府軍隊已平定臺灣的動亂。然而到了 4 月，仍持續逮捕未來可能成為叛亂領導核心的臺灣人。此刻，被捕者其中若干人的命運未明，同時仍不時傳出其他規模較小的逮捕（行動）。5 月 11 日陳儀被撤職，魏道明於 5 月 16 日接任，成為省政府的領導。在臺灣，一般認為選擇前任駐美中國大使魏為領導島嶼之新任省主席，可以使美國輿論留下好印象。從當地官員的表現上，常可感受他們對美國可能就臺灣發展做出反應的敏感，且無疑的，至少有部分是因為他們不時在非正式的討論中，意識到中國在法律意義上仍未獲得島嶼的管轄權。

雖未達強有力的人數，若干臺灣人已在新的臺灣省政府就任高階職位。然而，這些人大都常年不在臺灣，顯示中央政府正以中國大陸的模式解決臺灣的

---

5 即發生於 1947 年的二二八事件。

問題。即便在這些人之中，仍有 3 到 4 位被任命的臺灣人，自日本統治時期便維持著與臺灣大事的緊密關聯，但仍看不出來他們在行政方面能否展現出真正的影響力。彭孟緝取代陳儀兼任的臺灣警備總司令一職，此人先前是高雄要塞司令。他在擔任要塞司令期間，可能在陳儀的指示下行動，他要對高雄地區鎮壓二二八事件的恐怖統治負責。然而，儘管已宣布魏道明為臺灣省政府委員會的主席，（應可）指揮控制島上的中國軍隊。但截至目前的證據都顯示，臺灣處於自行其是的狀態，在遠離臺北的地區尤其明顯。目前大致的印象是，魏博士和他的文官政府若非無法控制軍隊，就是放任他們自行其道。

在整體行政政策方面，魏博士就任後，理論上已放寬陳儀任內建立的嚴密控制：在壟斷及國家嚴格管制的基礎上，遂行島上經濟的開發。在實踐上，除了某些形成較富裕階層的人外，個別臺灣人的前景仍未有物質上的改善，以致（政府）無法擺脫基本的批評，即島民的利益充其量僅次於外省人，臺灣在某種程度上被有意地經營為如此。（臺灣）人民怨恨外省人為了中國本土的好處，在沒有任何同等回報之下取走島上豐饒的財富，且他們相對於大陸地區，更缺乏國家意識及對中央政府利益的認同。

在理智的臺灣人及某些中國人之中，希望有暫時性的外國託管系統或託管統治的想法普遍可見，且尚未隨著政府所謂的二二八事件而遭到禁止。普遍的想法是，（面對）中國的混亂時期，臺灣想重獲日本統治時的相對繁榮，並將島嶼福祉建立在此基礎上，僅有的機會就是某種形式的外國統治，並能脫離中國的政治和經濟動亂。這樣的非中國控制，按順序，最好是美國或聯合國，根據普遍信念（但現在實現的希望渺茫），大概前者的提議能提供當今政府體系缺乏的效率與健全的行政。然而，許多臺灣人已領悟到，美國幾乎不可能為了改善他們的處境而遂行有效的政治介入。無論是否受到認可，美國支持衰退之蔣介石政府的政策，加上抗拒過度介入臺灣事務，導致美國的名望和聲譽明顯衰退。

只要臺灣人希望外國干預的情況盛行，（那麼）與此同時，中央當局也正在將臺灣塑造成一塊若播下共產宣傳，可望收穫豐碩的沃土。雖然很難正確評估他們行動的規模，但有愈來愈多跡象顯示，中國共產黨間諜已開始利用這個他

們眼前的大好機會。

　　總之，若以臺灣人現在認同中國管轄（他們起先是歡迎的）的程度來判斷，繼自日本接手以來，中國在臺灣的政績是失敗的。

經濟上

　　在嚴格的經濟意義上，中國在振興島上農、工和商業活動方面有所進展，相較戰爭結束後降至的低點已有提升。儘管仍有批評，有些還有憑據：由於政府的經濟壟斷政策、累贅的官方控制和行政、技術上的無能、低效率和腐敗導致復原的速度緩慢。

　　中國政府在臺灣重建後遇到的主要經濟問題，及未完成的經濟發展簡略概要，闡述於此備忘錄的附件一和附件二，摘錄自兩份臺北美國領事館報告，如下：

　　附件一：〈過渡期間的臺灣所面臨的嚴重問題〉。撰寫於 1946 年 9 月。[6]

　　附件二：〈臺灣的經濟狀況，1946〉。撰寫於 1947 年 1 月。[7]

　　至於附件三，描述了更近期的觀察，包括由聯合國善後救濟總署之農復官員蘇利文（Pierre G. Sylvain）博士撰寫之臺灣農業狀況，備於 1947 年 6 月。蘇利文博士已體貼地將此報告交給魏德邁將軍及其任務成員使用。[8]

　　目前不可能取得臺灣工業活動的全面數據。然而，附件四中的數據也許有用，指出了日治時期島上的主要工業產品、產品質量最佳之 1942 年的年產量、

6　本書選譯本備忘錄之正文，附件或參考資料未在選譯之列。附件一參見：American Consulate, Taipei, "Taiwan in Transtion – Critical Problems Faced," Sept., 1946, RG84, UD3258, Box.3（NARA）. 該文亦發表於 *Foreign Commerce Weekly*（December 7, 1946）.

7　本書選譯本備忘錄之正文，附件或參考資料未在選譯之列。附件二參見：American Consulate, Taipei, "Economic Conditions - Taiwan, 1946," Jan., 1947, RG84, UD3258, Box.3（NARA）. 該文亦發表於 *Foreign Commerce Weekly*（May 3, 1947）.

8　本書選譯本備忘錄之正文，附件或參考資料未在選譯之列。附件三參見：UNRRA Service Unit, "Agricultural Condition in Taiwan," June 1, 1947, RG84, UD3258, Box.3（NARA）.

1945 年 10 月接收自日本以來生產設備的損害程度，還有在中國治理之下，截至 1946 年 5 月的月產量。[9]

財政上

在臺灣，儘管物價已然飛漲，但通膨程度尚不及中國本土。人力成本低於大陸，罷工雖然增加，卻較大陸少見。臺北的一般物價消費指數從 1937 年 6 月的 100，上升到 1945 年的 2,965 和 1946 年的 9,683.6。最後兩個數據為年度平均；物價指數從 1946 年 6 月的 9,872.3 上升到 1946 年 12 月的 12,066.2。在 1946 年 12 月到 1947 年 7 月期間，物價指數上升的趨勢更為明顯，約翻了三倍，可見於以下今年前 7 個月的數據：

1 月 14,800.9
2 月 23,871.0
3 月 29,371.3
4 月 28,977.4
5 月 31,249.2
6 月 33,512.2
7 月 36,182.2

臺幣被留下作為貨幣單位，並獨立於大陸之外。臺幣對中國法幣的官方匯率目前是 1 比 65。臺幣對中國法幣持續升值，以大致對應法幣對外幣下修的匯率，以消除在中國大陸相對高的通貨膨脹螺旋[10]。中國人已接手過去由日本政府控制的臺灣銀行，作為唯一的發行銀行及官方資本的金庫。目前在南京財政部監管下運作。臺灣銀行在 1947 年 2 月得到處理外幣交易的授權。目前官方兌美元的匯率為臺幣 179.10 元換 1 美元，相較於此，黑市匯率約為 800 比 1。銀行未報價外國貨幣的官方賣出匯率。

對島上的官方／非官方機構／公司行號來說，相當普遍的做法是用過剩的

---

9 本書選譯本備忘錄之正文，附件或參考資料未在選譯之列。附件四參見："Industrial Production on Taiwan", RG84, UD3258, Box.3（NARA）. 數據引自行政長官公署工礦處於 1946 年 6 月 20 日完成之統計。
10 原文為 inflation spiral，指通貨膨脹推動下一波的通貨膨脹，使得物價指數急遽上升。

臺幣資金購買當地農產品，作為防止通貨膨脹的手段。至於將農產品托運至香港，作為換得外幣的最近管道，且毋須依中國規定支付外匯，據悉這種做法在過去數月已經沒有了。

附件：

1. 摘錄自領事館報告，題名：〈過渡期間的臺灣所面臨的嚴重問題〉。
2. 摘錄自領事館報告，題名：〈臺灣的經濟狀況，1946〉。
3. UNRRA 報告，題名：〈臺灣農業狀況〉。
4. 臺灣工業生產表。

步雷克 /cei

魏道明（圖片來源：RG226, 226-P, Box.2）

4-1.2　1947 年 5 月的政治發展（1947 年 5 月 30 日）[11]

第 57 號

美國領事館
臺灣，臺北
1947 年 5 月 30 日

機密
主旨：1947 年 5 月的政治發展

尊敬的
美國駐中國南京大使　司徒雷登

閣下：

　我有此榮幸在此呈閱 1947 年 5 月在臺灣的政治發展一篇。

摘要

　5 月 16 日，一個省政府在臺灣正式成立，魏道明博士為省政府主席。魏道明博士及其主要助手：祕書長徐道鄰博士呈現出指標上不同於前任類軍閥型的中國官員。在安全事務上，他擁有其他省主席缺乏之可凌駕軍方的權力。臺灣省政府委員會下的其他組織，也與其他省份不太一樣，這大概是為了符合本島的特殊情況。在省政的改革方面，魏博士未作公開說明，惟已暗示預定於 7 月 1 日舉辦的縣市級官員選舉可能延後。二二八事件爆發後，已取消某些軍方施行的限制。省府委員會的 15 位委員中，有 7 位是臺籍，但多數具中國背景；省府委員會轄下的四個廳中，有一位委員及三位副委員是臺灣人。二二八事件爆發時，軍方在臺灣的兵力據稱不到 3,000 人，此後從中國大陸增援至 20,000

---

11 本文出處為：American Consulate, Taipei, "Political Development During May 1947," May 30, 1947, RG84, UD3258, Box.3（NARA）.

人。雖有報導指出，部分軍隊目前調至福建弭平當地的騷亂。一般民眾感受到
的則是，改善政經現況的有效措施尚未兌現。中央當局是否會透過新任命的省
主席進行廣泛改革的疑慮也在人們心中浮現。謠傳中，魏博士軟弱怠惰，最常
見的說法是，選他為省主席是要以他作為打動美國的一塊「樣板」。在他與臺
灣人代表的對話中顯而易見，除非釋放監禁中的政治犯，並確保全島軍人及文
官會遵守臺北發布的命令，否則這個新政府恐怕難以獲得民心。從下臺的陳儀
政權及政府控制的報紙社論對民眾贊同外國干涉臺灣的批判，可知官方已明顯
承認這股情緒的存在。即便也有言論（認為），在外國控制下才有望達成政治
改革，進一步地，經濟才有機會復甦。主張外國干涉的臺灣人，似乎是希望藉
此提振經濟。此外，領事館也持續關注以下考量：當中國遭遇近乎難以克服的
問題時，與日本締結和平條約的談判，或許是一個重新審視當前是否能將臺灣
交給中國的機會。目前此地尚未如大陸上爆發學生騷亂，雖然地方上不滿於中
國治理下教學水準的降低，但預期並不會因而引發公開的政治運動。臺灣學生
太專注於自身的課題，以致無暇顧及大陸的政治問題，更遑論感同身受。

省政府的建立

臺灣省政府委員會於 1947 年 5 月 16 日正式成立於臺北，管轄臺灣島及毗連
的澎湖群島。前中國駐美大使魏道明博士為省政府主席。徐道鄰博士為江蘇省
人，留學德國，在 1940 年羅馬中國大使館結束時為代理大使，之後擔任行政
院祕書長，並在新的省政府組織中擔任官階第二高的文官職。身為受西方教育
的中國人，曾在中國及國外擔任不同的文官職務，及其相對年輕且具「現代」
背景的條件，使魏、徐兩位博士與其前任：前行政長官陳儀及前祕書長葛敬恩
明顯不同，後者的訓練及觀點更接近舊軍閥型的中國官員。

在臺灣這個新的行省中，有個不容置疑的重要革新，那就是省政府主席的
魏博士一如前任陳行政長官，能夠對島上的中國軍隊（關於省的安全事務）及
文職部門的大陸官僚行使指揮權。據了解，其他中國行省的文人「省長」未獲
授予這般權限。然而，目前已出現關於魏博士以軟弱及怠惰出名的謠言。倘若
如此，人們對他在緊急時，能否隨心所欲對軍隊行使有效權力抱持懷疑。但無
論如何，多數臺灣人期待魏博士及其屬下能達成過去承諾的政治改革，減少對
經濟活動的箝制，以遏止及翻轉臺灣自日本轉為中國管理後，整體生活水準下

滑的趨勢。在面臨持續惡化的經濟情況時，一般民眾傾向於責怪中央政府，也就是派至臺灣的大陸官員之無效率及貪腐，但實際上這僅具部分正當性。他們沒有意識到，即使日本人或任何其他國家的人來治理本島，都不能讓臺灣人完全置外於戰後遠東及其他地區貿易、工商業的紛亂瓦解的後遺症。相信新政權已認知到臺灣人內在的不滿，以及他們期望一些對總體情況的初步改善能夠實現。但截至目前，官方的基本政策上仍遵循前任行政長官的做法，無意實現大幅改變。新聞記者會上，當魏道明被問到有關基本改革的問題時，態度大都是迴避的，並表示他需要時間對相關問題進行完整的研究。但是他確已暗示，陳儀承諾預定於 7 月 1 日舉辦的縣及市級官員選舉可能延後。除了提升臺幣與法幣的官定匯率以加惠前者外，省政府委員會目前提出的變革，以恢復二二八事件前普遍的狀況為目的，即取消宵禁、宣佈結束島上的清鄉（雖然軍方在臺北及南部仍持續較小規模的搜捕）、取消新聞檢查，並正式公告軍方不再控制傳播事務。

臺灣的省政府委員會由主席及 14 位委員組成，其中 7 位是臺灣省籍，他們不一定與臺灣事務密切相關，反倒攸關大陸事務。據了解，其他省府委員會共有 11 位成員。在祕書長直接指揮下設置祕書處、統計室及人事處，祕書長非省府委員，因此在省府委員會中不具投票權。據信，其他多數省份的祕書長有投票權。但臺灣省和其他省一樣，省政府組織編制為民政、財政、教育、建設四廳。此四廳的廳長為因職務而擁有投票權的省府委員，至於副廳長則沒有投票權；採用此系統是為了可在每個廳中任用一位臺灣本地人為廳長或副廳長。新任命的民政廳長丘念臺是臺灣人，雖然據報，他因病仍待在上海，尚未就職。財政、教育、建設廳由臺灣人擔任副廳長。財政廳廳長嚴家淦是江蘇人，曾任職於福建省長陳儀底下，是唯一在臺灣行政長官公署改組後留任省府委員會重要位置的廳級官員。臺北市長游彌堅是具中國背景的臺灣人，已升為委員級；國民黨臺灣省黨部主委李翼中，亦被任命為社會處處長。

廳級之下，設立了社會、農林、衛生、警務及交通等五個省屬處。再加上糧食局、菸酒局、貿易局及會計室，則為完整的省府委員會組織。此外，另有以下三個附加的機關維持運作：臺灣高等法院、國民黨臺灣省黨部及臺灣省警備總部。（臺灣省政府組織人員的說明圖表，領事館正製作中，將另呈大使館，

同時將附上高級官員的背景評述及履歷。）

臺灣警備總部

臺灣警備總部總司令由前高雄要塞司令彭孟緝替代陳儀當時兼任的警備總司令。鈕先銘少將接替柯遠芬任參謀長。據報導，柯氏已被任命為國防部中國軍事代表團顧問，不久後即將赴美。

前任陳長官的英語發言人在離職前對領事館發表的非正式聲明中提到，二二八事件發生時，臺灣的軍隊不到 3,000 人。根據一位領事館職員自臺灣警備總部獲得的消息，事件發生時在臺灣的是第四憲兵團，隨後，中國陸軍整編第 21 師及第 21 憲兵團增援。據聞，整第 21 師包括 2 旅 1 團，每旅有 2 至 3 團。據報，進駐臺灣的中國軍隊在此次動亂後已超過 20,000 人。雖然一位與中國軍方關係密切的臺灣人指出，目前正調出部分臺灣軍隊弭平福建的騷亂。

對新任省主席的盛行態度

儘管人民普遍希望並期待，一些不利於臺灣的狀況將可改善，但某方面來說，改變已經太遲。基於過去一年半以來對中央政府能力的幻滅，甚至連帶地讓人開始懷疑，新省主席究竟能實踐什麼廣泛的改革。此種意見頗常見於臺灣人及外省人的非官方圈子中。魏博士被派來臺灣，是南京當局做為打動美國的一塊「樣板」。無疑地，省主席、祕書長在會晤美國領事、美國幕僚時展現之過於周到的禮數便肇因於此。無論領事館是否曾與陳儀及其高階官員建立友善連結，他們總會在與領事個別、非正式的會談中提到，希望領事館與省政府雙方未來能更加密切地合作。但同時，省主席或祕書長目前皆未有意願談論一般情形之外的臺灣未來行政事務，而是將話題轉到無關緊要的歐美經驗上。

前已指出，繼二二八事件後的臺灣清鄉已正式完成，但在臺北及臺灣南部第二大城臺南則傳出若干逮捕（行動）仍在進行，且仍未釋放先前監禁的多位政治犯。臺北發出的命令，要求這些人犯將由普通法院審理，似乎未被全島各地的軍方官員遵守，因此導致他們害怕案件會快速地遭到軍法審判。憲兵仍在多數的火車站對旅客及行李進行嚴密的檢查。剛從南部訪查回來的助理公共事務官嘉度說，南部城市的軍方武裝步哨明顯多於北部。他與不同民眾代表會晤後

了解到，臺灣人不相信臺北的新政府所宣示改善情況的承諾，除非釋放所有政治犯，或證明其他地區職等較低的省府官員願意嚴格遵守臺北發出的命令。

外國對臺灣的干預

領事館的觀察顯示，民眾基於經濟動機支持聯合國或美國干預臺灣，以脫離中國本土財政不穩定對臺灣的有害影響。由近月來即將卸任之政府官員的批判言論及官媒報紙的嚴厲社論，可見官方顯然已承認這種民眾強烈支持外國干預的情緒。工人團體還討論著，將採用以外援重建工廠、恢復工業的介入型式。

教育團體相信，外在的政治指導有其必要，以確保政治改革的實施，否則經濟將無望復甦。一種頻繁出現、一廂情願的想法是，至少在與日本和談締約時，能謹慎考慮臺灣的最終處置。同時，一些無根據，但並不令人意外的報導指出，美國正組團調查中國在臺灣的行政。這起因於五月下旬，一群依附南京軍事顧問團的美國官員在中國陸軍支援下造訪島上數個城市。若中國當局察覺這些報導（相信他們必然會察覺），他們顯然應不會過度擔心。因為據了解，中國陸軍將會不時安排美國軍事顧問團的其他人員訪臺。

不存在的學生騷動

相對於目前大陸學界的騷動，臺灣沒有類似的學生運動。中國本土學生以郵件知會臺灣學生，要求他們支持國家整體面臨的議題時，臺灣學生因太過專注眼前的問題而無暇操心那些未直接影響他們的事務。他們對政府在臺灣的作為感到憤怒，但不太關心政府在大陸的施政。此外，由於太了解此舉將使自己身陷囹圄，所以也不敢公然地對地方政治表達憤怒或公開示威。就讀於島上高等院校的大陸學生（主要是在國立臺灣大學註冊的大約 150 名學生），相對仍為少數，所以截至目前，他們並未成為表達對國家事務漸增不滿的核心。然而，因中國治理下教學水平持續降低，臺灣學生的不滿持續醞釀。但此種不滿，還不到熟悉本地教育情況者相信可能會導致具政治色彩之公然行動的程度。

您恭敬的

步雷克

美國領事

原件致送大使館，南京
二份副本（一為氨燻本）致送國務院
800

步雷克 /klc

4-1.3 傳送魏道明省主席在臺灣面臨的問題備忘錄 （1947 年 5 月 31 日）[12]

第 771 號

美國大使館
中國南京，1947 年 5 月 31 日

機密
主旨：傳送魏道明省主席在臺灣面臨的問題備忘錄

尊敬的國務卿
華盛頓

閣下：

　　就任命魏道明博士為臺灣省主席一事，提供國務院背景資料。我有此榮幸附上副領事葛超智為大使館撰寫之關於魏道明省主席治理新行省時可能遭遇的問題備忘錄複本一份。

您恭敬的
代大使：
威廉·T·透納（William T. Turner）
大使館一等秘書

附件：
1. 臺灣省主席面臨的問題備忘錄

---

12 本文出處為：American Embassy, Nanking, China "Transmitting Memorandum of Problems Faced by Governor Wei Tao-ming, Taiwan," May 31, 1947, RG84, UD3258, Box.3（NARA）.

800
TLPerkins/mbh
原件及氯燻本致送國務院
副本送臺北

機密

1. 發文第 771 號之附件第 1 號，日期 1947 年 5 月 31 日，自南京美國大使館

主旨：魏道明省主席在臺灣面臨的問題。

致大使館備忘錄

身為臺灣文人省主席，魏道明的願景是否能成功，關鍵在於他能否在以下，發揮影響力：(a) 軍方，(b) 陳儀建構之複雜且根深柢固的官僚體系，(c) 中央政府目前仍支持、但卻導致此政經危機的政策。

接下來 6 個月的行政問題，可能將聚焦於食物及商品、臺灣青年徵兵與公共衛生。外部問題則以說服世界輿情：真正的改革已在進行中，故臺灣在規劃中的和平協議討論中不須提出訴求。在將臺灣主權自日本移交中國的計畫與相關國際問題的處置上，魏博士乃為最佳人選。

軍事問題

新省主席必須減少軍隊人數及軍方的影響力。南京的中國陸軍總部反常地不願揭露軍方對臺灣承諾的相關事項。某位軍事助理武官（陶上校）非正式地粗估，5 至 6 萬人的軍隊（3 月 7 日之後運送）可能正從事「清鄉」。

如此大量的軍隊，實質上就是對敵區的軍事占領。其心理效應將抵銷省主席為贏得臺灣民心所做的努力，亦將更堅定臺人對大陸控制臺灣事務的抵抗。

如此之人數所施加的經濟壓力，將嚴重影響經濟的復甦。在軍需品及交通運

輸的壓力下，必須增稅，並偽裝成：「為感念憲兵及軍隊在弭平暴動時的紀律，市民捐贈食物及其他軍需品。」在數個城市中心，已有仕紳們動員組織，收集並運送這種象徵性質的捐獻。

二月的稻米危機導致陳儀將軍指定參謀長柯遠芬為糧食委員會主席。柯以軍事力量設立了一個機構，準備應付民眾的指控：軍隊應對島上稻米供應遭掠奪負大部分的責任，政府則反控民眾囤積及走私。

必須遏止軍方以文官指派的方式，掩飾其擴大參與民政。例如：新近指派的新竹縣長（鄒清之）是臺灣人（可能是客家人出身），曾擔任粵桂邊區總指揮部顧問、廣東省政府參事、陳儀在臺灣的參事。新近指派的臺中市長（李薈），為前少將、畢業於日本軍事學校，[13] 曾任騎兵軍官。上述這些都看似文官指派。

新的臺灣青年徵兵，將引發新省主席上任以來最嚴重的問題。軍隊將要求徵調臺灣青年離開本島的權力，而民眾則會像過去一樣持續反對海外徵兵，而文人省主席必須調解此爭議。

行政問題

目前尚無法得知，魏博士在國外（特別是美國）的服務，是否有望在地方上有效發揮，塑造出鼓勵自由主義的氛圍。他將發現自己總有說服民眾的必要：相較於代表蔣介石的白將軍 [14]，他提得出更寬大、資訊更流通的政策。在臺灣人眼中，白將軍（代表蔣）及楊亮功委員（代表監察院）的「調查」並不鼓舞人心。

一般相信，魏博士成功與否，可以以他首批更換的行政官員來判斷。國家專賣制度遲滯了臺灣經濟、造成臺人貧困，但官員及從屬卻發了財。主導者須為此撤職，包括目前的財政、工礦、農林及交通官員。若要即時重建公共衛生以防範 1947 年嚴重的流行病，衛生局主管則須去職。

---

13 應是日本之陸軍士官學校。
14 即白崇禧。

新任省主席須立即表明，不繼續陳儀的政策：如保護流氓，使其免受法律起訴，以及重新任用遭彈劾且大都已定罪的官員。惡名昭彰的例子包括：前專賣局局長任維鈞及前貿易局局長于百溪的釋放及復職，二人皆遭 1946 年自大陸派來的特別調查委員會彈劾（據了解，他們已在目前的動亂結束後離開本島。）

魏博士面臨的人事問題包括行政組織瓦解。這是由於夠資格的外省人自 3 月暴動以來，出於恐懼及不安而辭職所致。（一場新聞宣傳活動已展開，要提高民眾對外省公務員享有特別待遇、薪資等的容忍度。）政府工資清冊須剔除掉大量工作能力遠低於前任者，或實際上已經停職之外省人員的名字。

在政府中設立官署並任用臺灣人（方面），形式上似有晉用臺人，經過一段時間的培訓，使其熟練最高層級的行政程序；但實際上，省主席須避免過去的濫權，僅偶爾「諮詢」名義上居要職的臺灣人，事實上通常是漠視。人民將依其在改革上展現誠意的跡象來檢驗新省長的人事任命。

可想而知，這些具實際私人管理或其他經驗的傑出臺灣人，歷經三月整肅反對派後苟存下來，將極不願受軍人主導的政府擺佈。他們不信任（政府）且恥於公開與政府的聯繫。或可推測，在舉辦廣泛的自由選舉前，趨前接受職務的臺灣人應為長久以來與大陸有密切關聯者。

政策問題

在經濟領域，人們期待新省主席能改革包山包海、成為臺灣經濟困境核心的政府專賣制度。最近的臺北公告，似乎給外界一種民眾需求正被滿足的印象。公開廢止部分專賣（包括火柴、樟腦及酒），似僅想要遮掩真正的問題。這些個別專賣並非人民的經濟生活所需，人民要求的是改革政府專賣政策。問題是整體政策，而非僅是某些特定之規定。

人們會密切注意，在公佈培訓政治、經濟領導者的政策後，魏博士的改革究竟是根本的改革，或只是延伸自大陸之不受歡迎、不正當、經常不太友善的地方事務管理模式。

魏博士的對外問題

考量魏博士的任命能在華盛頓發揮的效果,當局或已周詳地考慮到他在即將到來的會談及和平協定中的可能用處。屆時,一位嫻熟國際談判者或將被徵召為在臺之中國行政當局進行辯護。當前美國批評聲浪所帶來的衝擊,可能為省主席的出席會談預留了一個方向。

葛超智

4-1.4 新臺灣省政府官員的背景評論（1947 年 6 月 4 日）[15]

第 59 號

美國領事館
臺灣，臺北
1947 年 6 月 4 日

機密
主旨：新臺灣省政府官員的背景評論

尊敬的
美國駐中國南京大使　司徒雷登

閣下：

　　以下為按大使要求及截至目前領事館能掌握的資訊，故我有此榮幸以摘要形式在此提交簡略評論。除了主席魏道明博士之外，關於 1947 年 5 月 16 日正式就任的臺灣省政府高官的背景與經歷。

祕書長：

　　徐道鄰。1905 年[16]生於江蘇省。留學德國於柏林大學畢業，取得法學博士學位。除中文外還會德文、法文、義大利文和英文。過去經歷：國防設計委員會幕僚；外交部條約委員會委員；江西之委員長南昌行營設計委員會委員；擔任 5 年委員長個人總部的祕書；宋子文博士的行政院簡任祕書；中央政治會議外交委員會成員；任 3 年駐義大利使館代辦[17]（1940 年中國使館關

---

15 本文出處為：American Consulate, Taipei, "Background Comment on New Taiwan Provincial Government Personnel," June 4, 1947, RG84, UD3258, Box.3（NARA）。
16 一說 1906 年。參見徐友春主編，《民國人物大辭典》（河北：河北人民出版社，2007），頁 1233。
17 中華民國政府官職資料庫記為參事。

閉，搭乘美國官員的返國船隻西點號，經美國返回中國）；考試院考選委員會委員；國防最高委員會參事；銓敘部甄核司司長；南京之中央大學法律系教授；[18] 臺灣省行政長官公署設計考核委員會代理主席（1946 年暫代）。[19] 著作為《憲法的變遷》（德文）、（《唐律通論》、《唐律疏議補注》）。[20] 與在德國求學時期認識的德裔美國公民結婚。妻子顯然自認為中國人，且只和孩子說中文。徐博士的西方背景主要來自歐洲，僅曾短暫到美國旅遊，以拜訪妻子的親戚為主。在中國發展出與許多德國人的聯繫，且與汪精衛傀儡政權時的德國駐南京大使（代辦？）[21] 費雪（Fischer）博士為友。曾和宋博士與蔣博士[22]（不久前為行政院善後救濟總署主席）共事，並可能被他們視為門徒。他聲稱亟欲和美國駐臺領事館官員建立緊密的個人關係，希望「很多」美國人能造訪臺灣，「愈多人知道這個島嶼愈好」。在個人談話中曾批評南京決定由臺灣人於臺灣省政府擔任要職是個「錯誤」，認為這些人大都沒有行政經驗或能力。他並不熱中建議這些任命可以讓臺灣人增加所需的行政經驗，這是他們在日本統治下所無法獲取的。簡言之，他給人明智官員的印象，將致力於改善中國在臺之行政。但無疑接受高層指示，目標為消除：想將臺灣交付國際或外國託管的騷動，而且可能是個人真誠的傾向。

省府委員（臺灣省政府委員會包括 14 名委員，加上主席；祕書長為不具投票權的委員）：

丘念臺。時為民政廳廳長。生於 1893 年。[23] 畢業於東京帝國大學。過去經歷：南京監察院監察委員。在採取任命臺灣人作為委員或副委員的體制下，他是四個廳級領導人（民政、教育、財政和建設）中唯一的本土臺灣人。他尚未就任該職，並稱因病留在上海。臺北已正式否認他不想接受這項任命的新聞報導。朱佛定（見下），名義上的無任所委員，目前擔任代理民政廳廳長。

---

18 一說任教於上海同濟大學。見前引之《民國人物大辭典》，頁 1223。
19 後由嚴家淦接替。
20 原文為 A Treatise on the Eight-Stanza Poetry of the Tang Dynasty；Addendum to the Explanation of the Eight-Stanza Poetry of the Tang Dynasty。此處疑美方誤植為唐詩研究。按徐道鄰為唐代法制史學者，由 "Tang Dynasty"（唐代）、"Treatise"（論述）和 "Addendum to the Explanation"（補注）觀之，或為《唐律通論》、《唐律疏議補注》。後者之書名參見徐道鄰，〈唐律疏議補注序〉，《圖書月刊》，第 3 卷第 1 期（1943 年），頁 6。
21 原文作者不確定費雪是大使或代辦，故寫作 German Ambassador（Charge d'Affaires？）。德國與汪精衛政權建立友好關係後，駐南京大使為施塔默（Heinrich Georg Stahmer），他的任期至 1942 年，接任者為韋爾曼（Ernst Wörmann）。參見 Horst H. Geerken, Hitler's Asian Adventure（Norderstedt: BoD, 2015），pp.117, 338。
22 即宋子文博士與蔣廷黻博士。
23 《二二八事件辭典》記 1894 年出生。見前引書，頁 80。

許恪士。時為教育廳廳長。1896 年生於安徽省。畢業於耶拿大學，取得法學博士學位。過去經歷：中央大學、中央政治學院、南京大學和中央警察學校教授、中央大學師範學院院長、曾在教育部從事教育工作、曾任全國教育協會執委會委員。

楊家瑜。兼任建設廳廳長。1903 年生於江西省。畢業於普渡大學機械工程學系。過去經歷：中央大學機械工程學系系主任。

嚴家淦。兼任財政廳廳長。1906 年生於江蘇省。[24] 畢業於上海聖約翰大學。過去經歷：在（福建省主席）陳儀和劉建緒任內，於福建省擔任各種不同高級官員、曾任戰時生產局採辦處處長、兼任經濟部收復區工礦事業整理委員會常務委員、中國陸軍總司令部 [25] 黨政接收計畫委員會委員。是唯一留任新臺灣省政府的前臺灣省行政長官公署高官。在陳儀任期，原被任命為交通處處長，後來轉任財政處處長。目前也兼任日產處理委員會主任委員、臺灣銀行董事長、臺灣土地銀行董事長、中國國民黨臺灣省執行委員會委員，以及財政廳廳長、資源委員會專家和輸出推廣委員會、輸入管理委員會臺灣省區辦事處處長。[26] 是位有能力且非常聰明的官員，也是陳儀政府約 2 到 3 位「智囊」的重要人物之一。涉及發展臺灣以達成對中國最大利益的計畫時，他常針對臺灣人發表嚴厲的看法。他是位說服力十足的演講者，在臺灣行政長官之下擔任對陳儀遵行之政策的主要辯護人，且在美國官員及其他外國使團造訪臺灣時，有很多有效、成功的例子。他的英語流利，即興、長篇地引用數據的習慣讓聽者印象深刻。

李翼中。時為社會處處長。1895 年 [27] 生於廣東省。畢業於中山大學。過去經歷：江蘇省政府科長、社會部總務處長，之後是主任祕書、交通部簡任祕書。從 1924 年即為國民黨黨員並擔任各種不同黨職。持續擔任中國國民黨臺灣省執行委員會主任委員和國民黨中央執行委員會委員。[28] 他與在正式場合中經常

---

24 一說 1905。見前引之《民國人物大辭典》，頁 2801。
25 原文為 General Staff of Chinese Army，應指陸軍參謀本部。但實際上，黨政接收計畫委員會議置於陸軍總司令部之下。
26 輸管會執委會決定在臺設置臺灣省區辦事處處長一職，並內定由嚴家淦兼任。參見《申報》（1947 年 2 月 6 日，7 版，第 24774 期）。
27 《二二八事件辭典》記 1896 年出生。見前引書，頁 180。
28 參見龍文出版社整理編印，《臺灣時人誌（下）》（臺北：龍文，2009），頁 40。

見面的美國領事館官員的談話一直僅限於禮貌的問候。

游彌堅。時為臺北市長（自 1946 年 4 月起）。1897 年生於臺灣。畢業於東京帝國大學、[29] 巴黎政治大學。過去經歷：中央軍校正式講師、財政部稅警總團軍需處長、跟隨國際聯盟調查團勘查日本奪取滿洲之事〔萊頓（Lytton）委員會〕、湖南大學教授、財政部棉紗管理局處長、財政部駐臺灣省財政金融特派員。[30] 儘管不是特別聰明或是特別能幹的官員，但任職臺北市長的表現，大致上讓人滿意。在二二八事件期間致力與臺灣和大陸兩派交好。未經證實的報告云，他被陳儀軟禁，直到宣布建立省政府之前都未再現身於公共集會。游會說法文與英文，以及本地和北京的中國方言。在省府委員會開會時，擔任不會說北京話之臺灣委員的翻譯。任職行政官和領事館交涉時曾顯露出弱點，因為他抗拒做出他必須負責的決定。儘管他的臺灣出身經常被他自己和其他官員強調，但他的背景和訓練等同是大陸人。

陳啟清。1901 年 [31] 生於臺灣。畢業於東京明治大學法律學院。他是影響力大、富裕、活躍於貿易圈的臺灣家族成員。過去經歷：日本統治下之 Taiwan Provincial Assembly[32] 的指派代表、南京之國民大會 [33] 的臺灣代表、臺灣省商會聯合會理事長。[34]

朱佛定。1891 年 [35] 生於江蘇省。北京大學 [36] 法律學士；巴黎大學法律碩士；日內瓦大學法學博士。過去經歷：駐美之華盛頓中國大使館祕書、巴黎和會和華盛頓裁軍會議的中國代表團祕書、國際交通大會和日內瓦國際鴉片會議的中國代表團（團員）、外交部參事與司長、安徽省政府委員，同時擔任安徽省政

---

29 原文記東京帝國大學，應是畢業於日本大學，見《二二八事件辭典》，頁 470。
30 參見龍文出版社整理編印，《臺灣時人誌（上）》（臺北：龍文，2009），頁 108。
31 應是 1903 出生。見前引之《民國人物大辭典》，頁 1457。
32 原文為 Taiwan Provincial Assembly under Japanese。Taiwan Provincial Assembly 通常指戰後的臺灣省參議會。對比日治時期，或指臺灣總督府評議會。但陳啟清乃於 1939 年被日政府任命為第一屆高雄市議會議員。國家圖書館，《臺灣歷史人物小傳：明清暨日據時期》（臺北：國家圖書館，2003），頁 525。
33 應是制憲國民大會的國大代表。
34 參見龍文出版社整理編印，《臺灣時人誌（上）》，頁 86。
35 一說 1889 出生。《民國人物大辭典》：http://www.hgzz.net/zhuanti/66374.html（2017/11/22 點閱）。
36 當時應為京師大學堂。

府祕書長以及民政廳長、官拜少將、魯豫蘇皖黨政委員會分會委員、[37] 冀豫皖黨政委員會邊區分會祕書長、[38] 上海法政學院教務長、國立廣西大學祕書長，以及安徽學院院長。目前任臺灣省政府代理民政廳廳長，並肩負省府委員會委員的責任。

朱文伯。1903 年生於江西省[39]。畢業於上海大夏大學和日本陸軍士官學校。過去經歷：福建保安第五團團長、福建省軍管區（一種徵兵機構）參謀長、福建保安處參謀長以及副司令官、泉永師管區司令、國家軍事委員會少將（參議）、第三戰區高級參謀、[40] 臺灣警備總司令部高級參謀、1946 年 12 月被任命為臺灣新竹縣縣長，但在二二八事件時被臺灣人毆打後，辭去職位。

林獻堂。1880 年生於臺灣。[41] 受教於臺灣，中臺灣的大地主，對臺政治影響力大。過去經歷：日本統治下的臺灣總督府評議會評議員、在「中國事件」爆發後，為日本貴族院議員的三位臺灣人代表之一、[42] 臺灣省參議會參議員、南京之國民參政會參政員。目前也擔任臺灣彰化銀行董事長，且是臺灣糖業公司和臺灣電力公司的董事會成員。不會說北京話。

劉兼善。1895 年生於臺灣。畢業於東京早稻田大學政治經濟科。過去經歷：廣東孫中山醫生之大本營宣傳委員、中山大學教授、華僑協會執行委員會委員兼國際法例部（廣東）主任、華僑北伐後援會執行委員兼宣傳部主任（始自 1920 年代廣東開始的革命性運動）、廣東蕉嶺縣長、黃埔軍校和陸軍大學教官、國民政府參謀本部購料委員會委員、廣東省政府顧問、雲南墾務委員會委員、振濟會僑胞振撫專員、駐華美軍總部顧問、臺灣省參議會參議員、臺灣大學訓導長、臺灣省黨部執行委員兼第三區（臺灣南部）黨務督導專員。[43] 地方視他為臺灣人之中的廣東代表。

---

37 原文為 Political and Party Commission，或指中日戰爭期間的戰地黨政委員會。當時，戰區設分會，集團軍設區會。參見吳宗器，〈我國戰地政務與美軍民事軍政府史略探究〉，《三民主義學報》，第 25 期（2002 年 12 月），頁 107。

38 戰時成立之黨政委員會似無此名稱。參見中國第二歷史檔案館，「軍事委員會戰地黨政委員會」：http://www.shac.net.cn/mgdacs/mgsqjgsz/201505/t20150512_2897.html（2017/11/20 點閱）。

39 《二二八事件辭典》記 1904 年出生。見前引書，頁 105。原文為 Kiangsi（江西），但朱文伯出生於江蘇省。

40 應是第三戰區長官司令部聯絡處副主任。參見龍文出版社整理編印，《臺灣時人誌（下）》，頁 20。

41 《二二八事件辭典》記 1881 年出生。見前引書，頁 253。

42 應指林獻堂、許丙、簡朗山。另一位辜顯榮是於戰前即任貴族院議員。

43 參見龍文出版社整理編印，《臺灣時人誌（上）》，頁 135。

馬壽華。1892年[44]生於安徽省。1910年畢業於河南法政學堂（相信是位於上海）。[45]過去經歷：夏口區法院[46]和安徽省高等法院總檢察長、[47]司法行政部之行政主管、[48]司法行政部之司法人員考選委員會、國家律師考選委員會委員、[49]河南公立法政專門學校[50]教授、上海法政學院[51]董事會成員、南京市政府祕書長。

南志信。1883年生於臺灣。[52]臺灣原住民。過去經歷：南京之國民大會臺灣代表。任命為省府委員會的臺灣原住民代表。

杜聰明。1892年[53]生於臺灣。畢業於日本京都帝國大學，是藥理學專家。過去經歷：臺北帝國大學教授、戰時和日本軍事部隊於南海進行醫學研究、臺灣大學醫學院院長、國民參政會參政員。

民政廳副廳長：

林有壬。1897年生於福建省。[54]畢業於法國圖盧茲大學。過去經歷：福州市長。根據未經證實的傳言，其心理狀態未完全平衡。

教育廳副廳長：

謝東閔。1906年生於臺灣。[55]畢業於中山大學。過去經歷：戰爭期間重慶之全國代表大會的臺灣代表、[56]臺灣省國民黨總部執行委員會委員、臺灣高雄縣

---

44 應為1893年。見前引之《民國人物大辭典》，頁1175。
45 原文為「Chung Chou（中州）College of Law」，中州為河南古稱，應是位於河南的河南法政學堂。該校位於開封，並非在上海。
46 原文為Hankow，音近漢口。而漢口係由夏口改名而來。依中華民國政府官職資料庫，馬壽華任職於湖北夏口地方檢察廳檢察長。
47 原文為Anhwei，依中華民國政府官職資料庫，應是河南高等檢察廳檢察官。
48 原文為Chief of Administration Department。依中華民國政府官職資料庫，馬曾任司法行政部總務司司長。
49 原文為Examination and Selection Committee，應譯為考選委員會。但當時之考試並非由考試院進行而是臨時派用委員組成典試委員會，與考試院之考選委員會之間僅有業務關係。參見聶鑫，《中華民國（南京）憲法研究》（香港：香港城市大學出版社，2017），頁136。
50 該校前身即河南法政學堂。
51 原文為Shanghai Political Science College.
52 《二二八事件辭典》記1893年出生。見前引書，頁184。
53 應為1893年出生。見前引之《民國人物大辭典》，頁427。
54 一說1891年出生。《民國人物大辭典》：http://www.hgzz.net/zhuanti/68992.html（2017/11/22點閱）。
55 應是1908年出生。見前引之《民國人物大辭典》，頁2717。
56 原文為National Assembly，通常譯為國民大會。但檢視謝之生平，此處或指1945年5月中國國民黨於重慶召開之第六次全國代表大會，謝以臺灣代表身分出席。參見臺灣省諮議會數位典藏：謝東閔先生：https://www.tpa.gov.tw/opencms/digital/area/past/past01/member0201.html（2017/11/24點閱）。

縣長、臺灣省行政長官公署時期的民政處副處長。在戰爭最後兩年擔任日本事務專家，與在閩之美國戰時情報局一同工作。

財政廳副廳長：

丘斌存。1902 年生於臺灣。重慶之中央訓練團結業。具大陸背景，領事館的中國聯絡人不認識他。

建設廳副廳長：

陳尚文。1897 年[57]生於臺灣。畢業於東京工業大學。過去經歷：臺灣省玻璃產業公司總經理。[58]

農林處長：

徐慶鐘。約 1897 年生於臺灣。[59]畢業於日本東北帝國大學。[60]過去經歷：臺北帝國大學教授；專精農業科學的研究。

衛生處長：

顏春輝。約 1905 年生於臺灣。[61]畢業於福建協和大學、燕京大學和多倫多大學。過去經歷：北平協和醫學院教授、中國的公衛工作。被洛克斐勒基金會羅伯特‧B. 華生（Robert B. Watson）博士描述為有能力且精力充沛的公衛和血清學專家。

有關上述及其他在臺灣省政府不同廳處和單位的官員，一旦獲得進一步背景資料，就會轉交大使，連同領事屆時可能會加注的相關評論。

您恭敬的
步雷克
美國領事

---

57 一說 1887 年出生。見前引之《民國人物大辭典》，頁 1427。
58 參見龍文出版社整理編印，《臺灣時人誌（上）》，頁 79。
59 一說 1907 年出生。見前引之《民國人物大辭典》，頁 1240。
60 應是臺北帝國大學。
61 一說 1907 年出生。見前引之《民國人物大辭典》，頁 2749。

致南京大使館的原件

兩份致國務院的副本（一份為膠版印刷）

800

步雷克 /kle

4-2.1 近來臺灣的政治發展（1947 年 11 月 14 日）[62]

第 68 號

美國領事館
臺灣臺北
1947 年 11 月 14 日

機密與保密
主旨：近來臺灣的政治發展

尊敬的
美國駐中國南京大使   司徒雷登

閣下：
　　我有此榮幸在此呈現近來臺灣的政治發展之摘要。

摘要
　　最近中國大陸高官來訪，以紀念中國雙十節與臺灣光復兩週年。但舉行的官方慶典並未喚起大眾的熱情，顯示臺灣人對中國沒有緊密的認同感。目前人們的消極與不表態，製造了一種表面平靜的臺灣政治氛圍。儘管臺灣人即將展開公然行動的謠言似仍流傳著，但從臺灣人的角度來看，一般並不認為常被提起的「下一場起義」會比 2 月 28 日的[63]更成功。臺灣警備總司令部已指示匯編一批新的政治嫌疑犯名單，逮捕行動也開始進行。曾經承諾卻不曾履行的臺灣縣市選舉，則有利於那些批評島上中國政府的人士。為了成為立法院的臺灣代表之一，一位臺灣女性選舉人在無官方支持下主動要求參選。她在被警總訊問

---

62 本文出處為：American Consulate, Taipei, "Recent Political Development on Taiwan," November 14, 1947, RG84, UD3258, Box.3（NARA）.
63 指二二八事件。

的過程中被告知，就算選上也不能占有這個職位。南京大使館近來接待的兩名臺灣人，正致力於在日本和平會議上取得臺灣人的代表權，以阻止將臺灣明確地轉讓給中國。其中一人在他回臺北後便聲明，他們正準備一份概述其目標與動機的書面備忘錄給大使。近來香港和馬尼拉批評中國控制臺灣的報紙文章，可能屬臺灣獨派協商行動的一部分，以使臺灣自中國獨立。

公眾對大陸連結的冷漠

大致上，臺灣民眾對中國本土的利益和願景仍缺乏認同感，這點可再度見於最近舉行的官方慶祝活動。中國大陸高官包括行政院院長張群[64]來訪，慶祝中國雙十節與 10 月 25 日中國恢復控制臺灣兩週年時，民眾並沒有表現明顯、真實的熱情。近來（戰前定居於島上）的觀察家們也注意到，在中國大陸政權下灌輸國家意識的企圖，與日本培養自家的愛國主義的努力，都存在這種相似的被動與含糊。這種消極的態度意味著：在這兩個政權下，每個臺灣人的處境都沒有改善的希望，且他們對自己真實的感覺也同樣態度含糊。因為在中國統治下公然批評政府，可能如同在日本統治下批評政府一樣，都會立即遭到懲處。

這種態度導致了臺灣政治氛圍的平靜表象。儘管即將發生公然行動，從發起大罷工到另一個類似二二八事件之大起義的謠言持續流傳著。但截至目前，皆證明有誤。儘管這些謠言中一再出現：「下一場起義」將被組織與適當指揮，但很難相信，任何的異議團體可以擁有足夠的武裝力量，進行一場終究不過是重複之前大量逮捕及殺害臺灣人的示威。

軍警活動更新

來自教會的消息指出，軍方已匯編了新的政治嫌犯名單，再度於臺灣引起恐懼和焦慮。據說，東岸花蓮有 30 人及臺南的其他人已遭拘留，並被帶到臺北的臺灣警備總司令部審訊。技術上來說，他們未被逮捕，但報導流傳，他們將會被送到臺灣島外，一個無名島上的集中地點進行「訓導」。臺南人最憂慮的（其反映被形容為「劇烈的」）是侯全成醫師[65]遭到扣留。因普遍認為，待臺

---

64 1947 年 4 月行政院改組後，張群出任行政院院長。
65 侯全成醫生畢業於臺北醫學專門學校，曾於中國東北行醫。於二二八事件發生時，以仕紳身分和民眾約法三章，因此維持了臺南地區的秩序。曾任臺南市參議員與臺灣省政府委員。

灣得以舉辦延遲已久的縣市選舉時，他會是該市熱門的市長人選。有人相信，因為侯醫師在二二八事件時活躍於擔任政府與臺南民眾間的調人，並安排將非法的武器與軍火交給政府，故他被懷疑曉得臺灣人仍藏匿武器之處。據了解，他在代表政府組成委員會以接收交給當局的武器方面，取得相當大的成功。涉入人士保持匿名，以保護他們不會隨後遭逮捕和懲罰，不然他們自己也知道這些終會發生。警備總司令部已宣布起訴他非法販賣官方軍需品。

選舉

如同魏道明博士在他一場首次公開宣言所披露，當他在 1947 年 5 月以省主席身分抵達臺北，接手新成立的臺灣省政府後，官方在解決二二八事件後所承諾的 7 月 1 日縣市普選並未舉行，也未訂下實施日期。行政院長張群近期訪臺時則在記者會上聲明，這種選舉不會先於中國其他省份。他未許下何時會在全國基礎下舉行這些選舉的承諾。這次中央政府不同意在臺灣舉行選舉，已被臺灣新聞界當場批評，因為臺灣的教育和交通設施都有足夠的高水準，可保證（選舉）不需在延後的情況下舉行。但因為大陸的落後條件而懲罰這個省份並不恰當。中央政府的這般態度，提供給批判中國在臺統治的人更多的彈藥。

然而，為了即將到來的南京立法院臺灣代表選舉，有些安排正在進行中。候選人顯然已被仔細審查，且中國官方盡可能地選擇他們想要的人選。據了解，8 位臺灣待選的代表中，[66] 其中 1 位是女性，名字大概是謝娥[67]，她是一位臺灣女醫生，受到蔣介石夫人和魏道明夫人的保護。在二二八事件時，謝女士錯誤地在電臺廣播說，沒有任何臺灣人在當時的警備總司令部前被軍隊殺害。令她感到痛苦的是，她家隔天就遭到憤怒的市民洗劫。另一位候選人的支持來自具中國傾向的臺北市長，但據報導她並不想參選。第 3 位是臺灣婦女藍敏華，先前活躍於削弱日本對臺控制的顛覆運動，並在日本投降前後與美國情報局緊密合作。她主動取得了參選立法院代表需要的聯署簽名，讓她不需要官方的支持。[68]11 月初，藍女士多次未赴自己訂的約，後來得知她雖未遭逮捕，但被找

66　原文為 representatives（代表），但應為候選人。
67　謝娥是臺灣第一位外科女醫生，於 1948 年當選第一屆立法委員。
68　當時，若想成為候選人，除非爭取政黨提名，否則就得自行爭取 3,000 人的連署。參見徐駿，〈南京國民政府立法院的精英性及民主轉型—以立法委員為中心的考察〉，《暨南學報（哲學社會科學版）》，總第 178 期（2013 年），頁 88。

去警備總司令部問話。根據可信的消息，她被告知如果選上了，也不許接受職位。藍女士以猛烈批評中國當局統治臺灣的紀錄著稱。據報導，當局不允許她擔任公職，這和之前地方政府不讓南京的臺灣代表參與選舉的態度相同，他們雖然在島上擁有影響力並得到廣大認同，卻被認為在政治上不適任。

臺灣獨派活動

祕密

11 月 5 日早上 10 點的 175 號電報中，領事館告知大使，領事館不時透過黃紀男間接獲取有關地下思想與活動的訊息。黃紀男（臺灣本地人，後來到了上海）有意在本週造訪南京大使館，和廖文奎一起向大使諮詢他們想在日本和會中取得臺灣代表的相關事項。他們的希望關乎其仍舊模糊不清的計畫，即：希望美國支持臺灣脫離中國控制，阻止日本在法律上將臺灣交予中國。他們斷言，當今臺灣人有想藉由美國或聯合國主持的初步託管和監督獲得獨立的強烈渴望。大使館被告知，廖文奎是個相當聰明且曾受教於美國的臺灣人，他在出版的文章及其他地方批評中國在臺之統治。他的兄弟廖文毅也在美國讀過書，雖然在二二八事件不久前就搬到上海，卻仍列入地方軍隊欲搜捕的「叛徒」之列，需要為事件負責。據傳，廖文毅目前已抵達香港，在那裡與臺灣的團體有所往來，但其美國妻子和孩子則留在臺北。

黃紀男現已回到臺北。他說，他和廖文奎於 11 月 5 日下午與大使於官邸談話，他非常高興他們能被大使館接待。也提到他們正準備一份書面的備忘錄，要呈交給大使。當然，他無法指出，大使（是否有）給了任何支持他們追求之目標的承諾。

祕密結束

前述的黃紀男不時表示，他和憂慮臺灣未來政治地位的地下成員有所聯繫，他們不光在島內，也分布於大陸的上海、福州及香港、馬尼拉。雖然沒有具體證據，但領事館認為，香港和馬尼拉的報紙中，近幾則批評中國控制臺灣的政治新聞可能是被「植入」的，或者這些文章是受到這些城市的成員之啟發。他們依據一項商量好的計畫，要讓臺灣政治未來的問題於民眾眼中持續發酵。據

聞，臺北和上海的地下團體，藉由在公開信件中使用他們所發明、並被視為機密的密碼系統，達成至少能讓彼此定期聯繫的組織程度。臺北的反中國圈子聲稱，在香港有 6,000 名臺灣人於其組織中反對中國控制臺灣，出版自己的雜誌也是他們的一部分活動。無疑地，的確有些臺灣的顛覆性組織之核心份子人在香港，但報導的力量顯然相當誇大。

您恭敬的
步雷克
美國領事

給南京大使館的原件
兩份給國務院的副本（一份為氪燻本）
800

步雷克 /cei

4-2.2 廖文毅相關檔案選譯（1948 年 1 月 19 日至 11 月 6 日）[69]

送臺北複本

美國大使館
1948 年 1 月 19 日

尊敬的
美國駐中國南京大使司徒雷登

閣下：

　　我在馬尼拉適當的機構裡被諮詢，關於我國駐臺北總領事接到臺灣異議人士在菲律賓活動訊息的利害關係。

　　大使館及幾個諮詢的機構都沒有收到任何有關臺灣異議或非異議人士在此群島活動的任何訊息。事實上，公開提起臺灣及其人民時，大都不是好事，而是為了勾結廈門人和福建人，經由該島進入菲律賓進行活躍的走私生意。

　　大使館會注意，任何類似臺北總領事館之關切的報告。

您真誠的
艾米特・歐尼爾（Emmet O'Neal）

機密
美國總領事館
香港，1948 年 1 月 31 日

---

69 各式文件散見 RG84, UD3258, Box.4（NARA）.

寇允慈（Kenneth C. Krentz）先生
美國總領事館
臺灣臺北

閣下：

　有關您在 1948 年 1 月 27 日的信函中提到，
希望得知臺灣異議人士在香港的相關活動，以
下謹供參考。本人在信中敘及，截至目前，除
了正常數量的小批貿易商乘沿岸輪船來往外，
未有任何此組織的成員定居香港，香港當局也
沒有臺灣人士在此地的情報。

廖文毅於行政長官公署任職時的名片（圖片來源：RG226, A1 154, Box.86, NARA）

　　昨日，一位可能是您所指稱之臺灣異議團體的成員造訪我，他名為廖文毅，
學士，碩士，博士——化學工程師，其名片背面的中文是：

　　廖文毅　美國工學博士　大承公司

　　廖先生說，據其了解，駐上海領事奧古斯都・徹斯（Augustus Chase）先生，
已答應為其兄廖文奎寄一封介紹信給我。我告訴他，雖未收到信，但樂意與他
談話。

　　廖文毅說，他是純正的華人，出生於臺灣，一生大都以化學工程師的身分在
臺從事專業工作。他畢業於密西根大學，擁有理學士及博士學位。夫人及三個
孩子在美國出生，都被登記在臺北總領事館。他說，目前人在上海的兄長廖文
奎與司徒雷登熟識[70]。廖先生亦提到另一位人在香港，也是司徒雷登友人的臺
灣異議人士黃紀男。此人目前在病榻上，但不久後會造訪我。雖然廖氏說他是
純正華人，但從他的外表及談話風格看來，卻覺得他有日本人的血統，並非純

---

70 司徒雷登指駐南京之美國大使。

正的廣東人。他身材矮胖，會像日本人那樣偶爾吸口氣。他說，去年 8 月他必須離開臺灣，是因為中國人想逮捕他，說他是一年前臺北動亂的共犯。他也提到在過去幾個月，約有 20 多位臺灣異議人士來到香港，變成政治難民。這些人裡有 2 或 3 人是真正的共產黨，並企圖促成所有成員與在港正規共黨份子的合作。但他拒絕此提議，也沒有與這 2 位共產黨員有所瓜葛。廖提到，他的團體不屬於任何中國的政治黨派，但確實反對國民黨，他們的唯一目標是推動臺灣的福祉，並為自己未來的權益奮鬥。他們努力的終極目標是在島上推動公民投票，使人民可以自己決定政府制度，或是將命運託付給其他國家。他一再重申，他們絕不願與中國大陸有所牽扯。

廖氏說，他在香港的小團體是目前臺灣的海外地下活動的主要代表，且正在穩固於臺灣的活動基礎。同時，香港團體也在他們之間辯論，決定是否應遷至它處？理想的地點是東京，並以此為其運作基地、為他們的目標號召支持者。他們在香港完全察覺到國民黨的祕密警察正嚴密監視著他們。他們以中國商人的身分旅行到香港，未帶護照或其他旅行文件，且據他所知，香港警方也未察覺他們的身分。如我在 1 月 27 日信中指出，香港移民當局或當地警方並未針對中國人進入此殖民地之事進行記錄或查證。

廖氏說，若能獲得一本護照或某種型式的旅行證件，他希望在適當時機前往美國。他的岳母在紐約擁有房產，是路德教會的傑出教友，並已為廖取得在路德教會進行一次旅行演講的邀請函。依我看來，這極可能是為代表臺灣人民進行的宣傳運動。

廖氏還說，他將在黃紀男病癒後，立刻一起會見本人。他目前住在上海的兄長廖文奎，未受中國當局干擾。

您誠摯的

喬治‧D‧霍普（George D. Hopper）

美國總領事

附件：美國大使館，南京

致：美國領事館，上海　　　　　　　日期：1948 年 2 月 25 日
美國大使館，南京　　　　　　　　　號碼：Shai - 56
　　　　　　　　　　　　　　　　　Emb - 51
電碼：機密　　　　　　　　　　　　費用：GPO 1-1142

緊急
美國領事館　上海
美國大使館　南京
2 月 25 日中午

　　緊急。請確認送達本人的報告：廖文奎被捕是否屬實？若是，他是否被遣送至本地接受審判（本地憲兵隊有發出逮捕令）？考量二二八（事件）一週年將近，此逮捕（帶來的）嚴重後果可能於此（造成）明顯之緊張。

此地的
發送上海 56，2 月 25 日
複件大使館 51

寇允慈

密碼編譯 cei
寇允慈 /cei
電報接收
自：美國領事館，上海　　　　　　　日期：1948 年 2 月 25 日
　　　　　　　　　　　　　　　　　號碼：29
電碼：機密　　　　　　　　　　　　接收：1948 年 2 月 26 日
美國領事館，臺北
優先

29 號電 2 月 25 日下午 5 點
發送臺北　重複件　大使館 51

　　參照 2 月 25 日貴方 56 號電報（51 號致大使館），廖文奎於數日前遭本地當局逮捕，據其美國出生的夫人所言，名義上的罪名為共產黨，但情況恐極不樂觀。吾人未獲悉對他的審訊規劃，亦不知他完成的反臺灣政府書籍是否遭到扣押？但會努力向他夫人確認。

卡伯特（CABOT）

密碼解譯 cei
800

電報接收

自：美國領事館，上海　　　　　　　　　　　日期：1948 年 3 月 4 日
　　　　　　　　　　　　　　　　　　　　　號碼：34
電碼：機密　　　　　　　　　　　　　　　　接收：1948 年 3 月 5 日

美國領事館，臺北
34 號電 3 月 4 日下午 8 點
發送臺北　複件　南京及香港
參照領事館 29 號電文，2 月 25 日複件　大使館 306 號

　　廖文奎已從監獄釋放，並向吾人報告經過如下：廖遭到逮捕與他涉及之在臺活動無關。他一位親近的臺灣朋友王麗明醫師，於本地開業經營醫院。最近，解雇了一位貪汙的年輕醫師，此人亦為臺灣人。不久，被解雇者為了洩憤，與職業密告者同謀，舉發王氏及 3 位關係人（包括廖文奎）為共產黨人，於是在

2月20日遭淞滬警備總司令部逮捕。

廖文奎在監獄中被妥善對待，迅速地解除了共產黨員的指控。第二項對批評陳儀的指控，也因答覆有許多中國重要人士亦如此而化解。（廖告訴我們，數個月前他在上海協助編輯的臺灣《前鋒》雜誌，可以在不會出事的情況下發表對陳儀的強烈批評。因為 CC 派[71] 說，該派及其他國民黨派系不喜歡陳儀）。廖氏頗幸運，因為王麗明的中國病人中有具影響力的朋友，讓他在 2 月 24 日就被釋放，而廖文奎及其他幾位也幸運地在 2 月 26 日被釋放。

廖文奎說，他的審訊者雖然對他感興趣，但從他們的問題中可以得知，他們更關切他在香港的弟弟廖文毅（亦與臺灣支持公投以決定島上未來的地下民主團體有關）。他覺得這點很重要，因為反應出當局相當憂慮共黨在香港主導反政府活動，而且懷疑任何前往那裡的華人。他一再重申，廖文毅的反共（立場）就如同他和他們的民主團體一樣。自從幾個月前民主的和共產的臺灣人分裂後，他們的團體與臺灣人在港的共黨團體未有關聯。

卡伯特

密碼解譯 cei
800

號碼：33
機密
美國總領事館
中國上海，1948 年 3 月 5 日

主旨：在一座上海監獄中觀察共產黨人的處置等。

---

71 原文寫 PC，但以鉛筆字在旁註明「CC」。此處應指 CC 派（中央俱樂部派）。

總領事有此榮幸請您參照 1948 年 2 月 25 日致南京之 306 號電報（致臺北 29 號），提供之關於現居上海、活躍於政治的臺灣人廖文奎遭淞滬警備總司令部逮捕及監禁之情事。

作為可能之關注，特別是地方當局對共黨嫌犯的處置，以下附上廖文奎提供給總領事館官員的訊息，有關他在被拘禁的 6 日所觀察到的事情。廖極為機敏，他的智慧與背景讓他充分利用這次經驗提供的機會進行觀察：

廖文奎被拘禁於虹口公園附近的淞滬警備總司令部監獄。他認為內部衛生條件尚佳，待遇還算合理。

監獄中約有 120 名人犯，包括 30 名共產黨人、3 到 4 名同濟大學學生、10 名淞滬警備總司令部第六偵察隊隊員（包括隊長及副隊長），他們在 1 或 2 個月以前，因被控貪汙而遭監禁。

同濟大學的學生被捕，肇因於 1 月 29 日同濟大學的學生示威事件，[72] 他們入監約 1 個月，這段期間僅被偵訊過 1 次。

約半數的共黨人犯屬於共黨游擊縱隊。他們在數星期前，於丁錫山[73] 的領導下滲透上海外圍地區。另有一群正規的「八路軍及新四軍」共黨軍官；1 名將手榴彈投擲至學校校舍而被當成共黨嫌犯，監禁超過 2 個月的 11 歲男童；另有 1 位是私人的中國醫院（漢陽醫院）的副院長。因為有 1 位共產黨的病人自其醫院逃走，所以把他也當成共產黨員逮捕。

廖文奎對監獄當局任由共產黨份子與其他嫌犯混處的「漫不經心」，感到印象深刻。犯人彼此間和睦相處，共產黨徒肆無忌憚地散播宣傳。這些人中，僅有第六偵察隊成員不與其他人犯來往。

---

72 即「同濟一二九」事件，該事件引爆點為學生自治會被校方禁止改選，逕行改選的學生幹部遭到開除，最終導致大規模衝突。
73 丁錫山時任蘇浙邊區游擊縱隊司令員。

檔案編號：800

ASChase: of

分配：

致南京大使館的原件及副本

致國務院的膠本印刷及副本

致臺北領事館的副本

發文號碼：20　　　　　　　　　　　　　　　　美國總領事館

機密　　　　　　　　　　　　　　　　　　　香港，1948 年 7 月 3 日

主旨：臺灣再解放聯盟近期發展。

尊敬的

美國駐南京大使司徒雷登

閣下：

　　本人有此榮幸遞交一份臺灣再解放聯盟近期發展的報告。此發文中包含的資訊係過去 2 個月獲自廖文毅與其同志。

1948 年 4 月臺灣再解放聯盟在香港會議

　　依廖文毅所言，他在 1948 年 4 月的最後 2 週，於香港召開了一場臺灣再解放聯盟臺灣代表的會議。他通知本館，約有 50 位來自臺灣各階層的年輕人前來參加此會。他聲稱，這些代表大都以商人身分到香港旅行，僅有少數人必須用化名及假證件。廖報告云，此會激勵了全體，已訂下基礎工作，要在臺灣建立周詳的地下組織。他說，該聯盟在島內組織的計畫，包括將全島分為數地區，地區下設地方組織，地方下設小型單位。[74] 他說，香港總部的指令將經由地區主事者傳達至地方組織，地方負責將指令傳達至各單位，以涵蓋全島的社區。

---

74 英文分別為 areas、districts、smaller units。

顯然地，廖文毅未在島上建立一個強而有力的中央組織，而是想在香港領導此運動。觀之廖文毅於 4 月會議決定組織計畫的聲明，臺灣聯盟相對不成熟。在若干場合裡，他曾告知本館，此聯盟約有 100 萬名成員，但承認組織鬆散，未準備好有效地運作地下政治運動。

依廖文毅所言，四月會議的代表們對臺獨的願望最為熱中。從他的評論中似可認為，代表們之中有若干煽動者，倡導對中央政府進行直接的武裝反叛。廖博士宣稱，他在會議上讓人銘記，包括慎重準備、完整的組織以及全島居民毫無疑問的支持等必要性。他說，自己曾警告代表們，貿然行動將嚴重危害運動的發展。

六月中旬，廖博士說所有代表皆安全返臺，並積極進行實施組織計畫。

廖文奎博士的拘禁

廖文奎博士為廖文毅的兄長，目前仍為上海特別軍事法庭的人犯。據廖文毅所言，他哥哥約在 1948 年 3 月底被請去特別法庭辦公室「說明一些問題」。廖文奎在 1948 年 2 月被捕又獲釋後，他確信當局對他已無可指控，所以自願去特別法庭，隨即被法庭拘留。據了解，他還算安穩，可會見太太及某些朋友。據報，中國政府正調查關於他弟弟廖文毅被認定在香港進行的叛亂及顛覆活動，且訊問者告訴他，中國政府已對廖文毅提出嚴重指控。雖然 1947 年 2 月 28 日的事件，廖氏兄弟皆不在臺灣，但廖文毅報告，上海特別法庭曾企圖確認兄弟兩人為事件的煽動者。廖文毅說，他從上海的嫂嫂那裡得知他哥哥的消息。

與香港其他異議團體的關係

廖文毅說，他與此地數個異議組織的領導人保持若干連絡。廖在最近於總領事館的談話中表明，（他）對某幾位共黨滲透之組織領導人保持警覺，如沈鈞儒及章伯鈞。但他在 3 月及 4 月的言論卻顯示，他似乎未意識到一些曾與其討論過共產黨中國政綱的人士，正與本地共產黨人有密切往來。共黨的《華商報》[75] 於 5 月發佈一則簡短社論，批評中央政府在臺之行政，並稱讚臺灣再解放聯盟組織反抗南京政權的意圖。文中包括一項聲明，大意為：臺灣再解放聯盟若

能譴責美國的帝國主義，勢必可大幅提高聲勢，並贏得全中國自由派的支持。廖告知館方，他派 2 位代表至報社，明確告以臺灣再解放聯盟的親美立場。他說，幾位報社編輯強烈批評臺灣再解放聯盟為美國走狗。儘管廖未記得所有參與會面之報社員工的名字，但其中之一為薩空了。[76]

廖文毅保證，多數與他討論過臺灣問題的異議領袖，都對臺灣再解放聯盟想結束中國在臺惡政的期望深感同情。他承認，很少人表達支持臺灣人獨立的意向，且多數他曾諮詢過的人士都主張，當前令人不滿的臺灣狀況，肇因於失政，這也是南京政府統治下遍及全中國的特徵。

英國情報人員訪問臺灣

最近一次在副領事處與廖文毅的談話中，廖表示臺灣再解放聯盟正尋求某位高學歷、完全西化的臺灣人參與其組織的可能性，同時為此表達了極大的興致。廖披露，此人為英國陸軍情報局少校，駐新加坡，最近在臺灣待了 2 或 3 個月。這位軍官以臺灣人的身分，冒用假名走遍臺灣。據知他於臺南及臺北居留數週。在途經香港往新加坡時，他與廖文毅有長時間的會談。廖顯然深信這位熟人自英國陸軍即刻退伍後，將成為臺灣再解放聯盟的領導人之一。廖博士特別滿意於能使這位熟人為臺灣再解放聯盟效力，他認為這位在牛津受教育的臺灣人，可以成為臺灣再解放聯盟於美、英的理想宣傳代表。

《臺灣論壇報》在日本發行

廖文毅的林祕書於 1948 年 6 月 30 日向總領事報告，英文及日文版的臺灣再解放聯盟出版品：《臺灣論壇報》最近已在東京出刊。林先生說，黃紀男已妥善安排出刊相關事務。而黃為了在日之臺灣人的有關工作，會在日本多留 2 個月以上。林先生堅稱，東京的臺灣及日本共產黨人士試圖干擾《論壇報》第一號的出刊，但東京盟軍最高司令部的官員，幫助黃先生完成了他的工作。

---

75 原文為 Hua Shang Pao，指《華商報》。該報為親共報紙，1941 年 4 月 8 日創辦於香港，因太平洋戰爭爆發而停刊。1946 年 1 月 4 日復刊，直到 1949 年 10 月 15 日。
76 原文為 Sa Kung-liao，指薩空了。當時薩空了為民盟負責人，擔任《華商報》總經理。

廖博士的人格特質

本館對廖文毅的印象是：（他）的個性遠不如傳統革命家。若他的組織在臺灣事務上達到任何重大成就，或可認為那是因為團結的臺灣人反對中國統治，而非來自廖博士的領導與激勵。廖博士曾在數個場合說過，他「受人民召喚」領導此運動，亦主張自己特別是在對一般民眾演講時，具有超凡的演說能力。但他明顯不具奉獻、熱誠等一般反對運動領導人的特質。他身旁的祕書及助理，皆為智能平庸之人，給人一味奉承領導人的印象。

詹姆士・K. 麥坎納（James K. Mckenna）

美國總領事

分配：

致南京大使館的原件及副本

致國務院的膠本印刷

致臺北總領事館的副本

致上海總領事館的副本

致東京盟軍總部美國政治顧問的副本

800

謝偉思（RMService）/jal

發文號碼：151　　　　　　　　　　　　　美國總領事館

機密　　　　　　　　　　　　　　　香港，1948 年 9 月 16 日

主旨：傳送臺灣解放聯盟出版品《臺灣論壇報》及《前鋒》[77] 的複印本。

---

77 原文為 The Vanguard，指《前鋒》。此雜誌創刊於 1946 年，內容包括政治、社會、文化、經濟等評論。

尊敬的
國務卿　華盛頓

閣下：

　　本人有此榮幸請您參照 1948 年 8 月 26 日，由美國駐日本政治顧問致國務院的 559 號發文，標題為「臺灣再解放聯盟」。

　　臺灣再解放聯盟主席廖文毅提供本館一批《臺灣論壇報》第一號的複印本，及該聯盟的中文期刊《前鋒》於 1948 年 6 月 30 日出刊的複印本。隨文附寄這些刊物的複本，如下所記，作為國務院及各館資訊之用。本文複本轉寄上述機構。

　　據廖文毅說明，《臺灣論壇報》第一號印於東京。他確信，日本共產黨企圖干擾印製工作。後來他們部分成功地藉著排他性採購的策略，[78] 減少此刊期的流通。為何日本共產黨對臺灣聯盟的英文刊物有如此興趣尚不得而知，但廖對本館強調共黨反對臺灣再解放聯盟活動一事的重要性。

詹姆士‧K‧麥坎納
美國總領事

附件：
1.《臺灣論壇報》及《前鋒》之複印本。[79]

分配：
原件及氣燻本致國務院
二份複本致南京大使館
一份複本致臺北總領事館

---

78 原文為 preclusive buying，可譯為排他性、排除性、預防性收購。意指從根本上排除敵方採購。
79 本書已選譯《臺灣論壇報》。《前鋒》為中文雜誌，不在選譯之列。

一份複本致東京之美國政治顧問

800

謝偉思 /jal

機密

發文號碼 47 之附件第 1 號，1948 年 9 月 27 日

自香港至南京

備忘錄

主旨：臺灣再解放聯盟

撰寫者：謝偉思

日期：1948 年 9 月 26 日

　　本備忘錄的主旨為研究臺灣再解放聯盟的重要性及其目標。該聯盟向聯合國遞送一份請願書（日期為 1948 年 9 月 1 日，但發文日約為 9 月 16 日）。關於其地下的獨立運動，最近新聞界已有一些宣傳。本備忘錄依過去 2 個月所做的紀錄完成，並以摘要的形式總結已報導的資訊及本人的評論。

報告的限制

　　關於來自香港的該聯盟事務之報告，勢將僅限於單方面的訊息。該聯盟領導人主張，所有臺灣人均要求獨立。因為在中國的統治下，已無法忍受島內的經濟及社會情況。本地（指香港）很少中國人對臺灣或其問題感興趣。中國共產黨不時在他們的報紙：《華商報》攻擊臺灣再解放聯盟。主要的攻擊並非聚焦於臺灣獨立的問題，而是基於臺灣再解放聯盟意圖將臺灣交給美國帝國主義者的立場。本人沒接觸過人在香港的這 3、4 位臺灣共產黨人士，故不得而知，除了共產黨政府之外，他們是否要求獨立。該聯盟的報告大都來自自身。推測臺北總領事館將提供大使館評估與評論，可呈現對臺灣再解放聯盟較客觀的描述。

何謂臺灣再解放聯盟

該組織自稱是大約 12 個要求臺灣獨立組織中的主要成員。我們無法得知臺灣再解放聯盟的實際成員數字，或它宣稱與其結盟之其他團體的存在。在致聯合國請願書的附件中，臺灣再解放聯盟宣稱有 30 萬名成員，而所有團體的總人數為 105 萬。儘管這個數字顯然誇大了，但在香港實在無法評估臺灣的獨立情緒是否已超過人們表面上的支持。

臺灣再解放聯盟的總部位於廖文毅主席於香港的住所，地址是九龍金伯利路，諾士佛臺 1 號。廖聲稱他掌管臺灣再解放聯盟的事務，並不斷提到該聯盟信使、成員及領導人物的抵達與離去，這些人定期自臺灣前往香港。廖文毅於此已將黃紀男[80] 及法蘭克‧林[81] 兩位同志送至日本。廖亦已致函日、韓的領導人，署名為臺灣再解放聯盟主席。他持續注意並尋找適當的臺灣人，（吸收）加入臺灣再解放聯盟，並在過去數月尋找受過西方教育的臺灣人，執掌在美國及歐洲的宣傳工作。

臺灣再解放聯盟政綱

當本人於 1948 年 2 月第一次和廖文毅見面時，並不能完全掌握臺灣再解放聯盟之所求是為自治政府或獨立？最初，它顯然只是一個欲排除中國人掌權的運動。如今則要求完全獨立，希望聯合國能舉辦公民投票，讓臺灣人民可以在合法方式下，自己決定獨立或讓中國繼續統治。為使公投能在理想的條件下舉行，該聯盟要求所有的中國軍隊及官員撤離臺灣。在公投舉辦前，由聯合國於臺灣主政一年。他承認，這是聯盟的政綱裡相當激烈的一條，但廖說他在臺灣的同志認為這條政綱絕對必要。該聯盟聲稱，中國需歸還所有政府及先前日本人留下的企業及資產，並賠償自日本投降後的這段期間，企業蒙受的減產或損失。廖私下承認，賠償的希望渺茫，但該聯盟會樂於取得所有國營企業。

透過公民投票確立臺灣獨立後，新政府將會建立。廖文毅斷言，人民會毫無疑問地如此決定此獨立問題。新政府將採議會制，並鼓勵與所有國家的貿易。基於明顯的理由，日本與中國會最樂見與臺灣貿易。但廖說，新政府會採取步

---

80 原文註記 Peter（also known as Pillar）HUANG。
81 原文為 Frank Lim，或為林純章。

驟防止臺灣的經濟被上述強權主導。

廖文毅說，若聯合國不介入臺灣事務，該聯盟將展開活動。臺灣人已習慣自己組織起來，反抗任何外國對島上的控制。就算聯合國或美國不協助他們取得自由，他們也會為自己的自由而奮鬥。他說，1947 年 2 月的事件僅是人民厭惡中國統治的一個自發性證明。未來，只會在細心與充分準備下進行反抗。他不時提到，在受壓制的情況下，共產黨可能會擴張的危險。

臺灣再解放聯盟與共產主義

廖文毅及其同志在所有問題上皆採反共立場。他們認為，共產主義與他們的團體及臺灣人民的理想背道而馳，他們不會對共產黨有任何妥協。如前所述，因為該聯盟之親美政策，使他們被在香港的共產黨團體攻擊。廖相信此時臺灣僅有少數的中國共產黨活動。但他預測，中國共產黨會在適當時機強化在島上的宣傳。他說，該聯盟會盡其所能地反共，而心懷不滿的人們將會支持任何承諾解放且組織完備的團體。儘管廖文毅顯然以警惕的思維看待共產黨掌控臺灣的危險，但該聯盟在島上能提供反抗中國共產黨的可能動員力量卻耐人尋味。目前，該聯盟有多大潛力可以削弱共產主義於臺灣之擴散，在此尚無法估計。

在臺灣再解放聯盟的計畫中，有一形成反共同盟的方案，包括韓國、日本、臺灣、菲律賓、荷屬東印度群島，[82] 也許還有澳洲與紐西蘭。廖博士和他的朋友似乎理所當然地認為中國會落入中國共產黨手中，而他們顯然希望能吸引美國的支持。據其推測，美國可得利於一個獨立、反共且接近中國大陸的島嶼。

臺灣再解放聯盟的親美態度

廖文毅及其同志顯然對美國自戰爭結束後給予日、韓的協助，投以艷羨的眼光。他們認為，臺灣遭到連自己都治理不好之國家的不當管理，且這種失政已導致經濟停滯、貪腐官員的掠奪及全島動盪。儘管他們反對日本控制臺灣，但他們也提到，相較於只想剝削人民而不維持或發展工、農業的中國人，日本人為臺灣做得更多。

---

82 原文為 NEI，意指荷屬東印度群島。當時正進行印尼的獨立戰爭。

1948年春季的一段時間裡，廖文毅常提到美國託管臺灣的想法。其論據源於：美國沒有帝國主義的紀錄，使它成為臺灣人民最能夠安全託付的國家，因為相較於掠奪，美國總在一塊土地上投入更多，菲律賓就是他最喜好的例子。廖提到，若由美國統治一段時間，他肯定自己的國家能獲得極大好處。在此，很容易理解他對美國的明顯喜好。

美國對廖文毅人生的影響

廖文毅與一位美國女性結婚。廖太太是白人，可能具有混血背景。他說，她和他們的三個小孩一樣都是正式登記的美國公民。他有時會提到，很多中國人和臺灣人將他視作美國人。45年前，他生於臺灣富裕的地主家庭，到日本接受中學教育，到上海就讀聖約翰大學，之後再到美國讀化工研究所。他獲得密西根大學的理學士學位及俄亥俄大學的博士學位。儘管專精於製鹽的現代科技，返臺後他卻研究煉糖工業，並提到自己寫了一本這個主題的書。身為大量蔗糖農地的擁有者，他說在戰事發生的那些年，他積極管理自己的農場，並就肥料在臺灣經濟扮演的角色發表權威意見。1946年，廖於陳儀政府擔任公共工程委員，但當他意識到該政府的剝削本質後，就厭惡地辭職了。

至少在某種程度上，廖意識到（自己）身為政治革命領袖的限制。他坦率地（或天真地）表達欲在臺灣政府中聘用美國顧問的想法。（雖然）他能明白，還是對總領事館不願在此時給他建議覺得惋惜、感傷。他與本人的關係，顯然建立在他願意並想向大使館及國務院提供臺灣再解放聯盟的發展訊息。他相信，持續向大使館報告有百利而無一害。另一方面，他還提到，他在臺北的同志對總領事和魏道明的友好關係起了疑心，因此對於和總領事保持連繫（之事），持保留態度。那是因為他們不知道我努力遊說廖的結果，臺北總領事館絕對會審慎處理任何該聯盟領導人想向其提供的訊息。然而，黃紀男和法蘭克・林都向我保證，臺北總領事館的官員都在中國祕密警察持續監視下，而他們會調查任何和這些官員往來的臺灣人。這種情況或是懷疑這種情況存在（的心態），可能將限制了該聯盟與臺北總領事館的關係。

臺灣再解放聯盟的成員

廖文毅的背景已如前所述，包括他人格特質的若干層面。顯然地，他真的有

意提倡臺灣獨立。但我相信，主要的促成因素仍是想讓島嶼脫離中國統治，這可解釋他願將臺灣置於美國的託管統治之下。他明白自己缺乏規劃臺灣政府的藍圖，所以希望其兄長廖文奎（見下）能提供必要的規劃。廖文毅解釋，自己是意外地成為臺灣再解放聯盟的領袖，並堅稱自已從未尋求此殊榮。他說當他自1946年停止為陳儀政府工作後，他在臺灣各地旅遊，並常在群眾會議演說。他說他驚訝地發現自己有公眾演說的天賦，特別是對農民和工人演講。無論到哪裡，他的演說都獲得熱烈迴響。他曾向我透露，發現自己是個「煽動者」讓他有點不自在，因為一直以來，他只習慣於在教室中對學生講話。身為中國海軍桂總司令[83]的朋友，他與總司令在1947年2月28日前兩三天離開臺北，當流血事件開始時已抵達上海。他堅稱此事件並非臺灣人預謀，而是島上發展的危險情勢下不可避免的結果。然而，他和兄長廖文奎（亦在上海），還有約30位被列入黑名單者，皆遭中國當局指控應為叛亂負責。

除了從化學工程師變成革命家以外，廖文毅還是一位小說家，且已完成了一部浪漫小說手稿，內容是兩位年輕臺灣人的愛情。兩人捲入最近的戰亂中，男方被徵召服勞役、女方被送往海南島擔任日本人的護士。短暫的重聚，只為了決定他們必須犧牲愛情，從事地下活動，幫助他們的國家從中國獨立。

廖文奎是位歷史學者，顯然長居中國多年，並擔任大學教授。他最近完成了臺灣史的英文手稿。據他弟弟描述，廖文奎將會為臺灣再解放聯盟貢獻出大部分的政治規劃，且廖文毅希望哥哥最終能從上海逃到香港。廖文奎已在上海被逮捕兩次，最近一次是1948年6月底獲釋。他在上海的一位友人是《密勒氏評論報》的發行人小鮑威爾。本人還沒見過廖文奎，也不知道他是否有意加入弟弟（的陣營），成為該聯盟的領導者。

黃紀男是普遍概念下的激進革命家。他是個極端份子，不僅在呈現事實時扭曲它們，且顯然容易自我催眠。他給人一種印象：相較於美國，他更支持臺灣走日本路線。我發現自己在和黃交談時，幾乎無法克服語言的障礙，他的北京話幾乎和他的英語一樣差。他是《臺灣論壇報》第一號之大多數文章的作者。

---

83 即桂永清，時任海軍總司令。

1948 年 4 月，前往日本（發展）組織的人就是黃氏，他在那組織該聯盟的臺灣人，並探查是否可能取得盟軍最高司令部的軍事物資，以在爭取自由的戰役中，武裝臺灣再解放聯盟。黃氏預期在 9 月底前返回香港，且廖文毅一直就關於訪問馬尼拉的計畫與他通信。在馬尼拉，黃紀南約莫會試著讓菲律賓政府對協助該聯盟感興趣。戰爭期間，他曾服役於菲律賓的臺灣勞工營，並宣稱曾逃離日本人，擔任美國軍隊的聯絡官。他還說自己被年長的菲律賓寡婦收養，並提到自己在菲律賓時就是菲律賓人。黃氏很可能是臺灣再解放聯盟領導者平均水平的代表；倘若如此，臺灣再解放聯盟比廖文毅宣稱和描述的更具革命與狂熱性格。黃氏喜歡比拉・黃[84] 這個名字，他選了這個名字作為他支持自由的象徵。

法蘭克・林在黃紀男前往日本時接替廖博士的祕書一職。林氏最近也前往日本，大概是去接手黃紀男的工作。安靜的林氏並不突出，很少發表任何個人觀點。比起黃氏，他對廖博士更為卑躬屈膝。

除此之外，尚不知其他臺灣獨立運動的領導者。

臺灣再解放聯盟的財務資源

有關目前臺灣再解放聯盟的運作資金來源，所知非常少。廖文毅說，資金由全臺灣的會員奉獻。他也說，他儘可能投入自己的收入來推動此運動。他時常提到財務問題的嚴重性，以及有限的收入對臺灣再解放聯盟活動造成的限制。廖文毅和黃紀男都曾私下分別告訴我，黃到日本的目的是想得到那邊臺灣人的財富。他是否也為該聯盟向日本工業家尋求金援尚不得而知，但卻不能忽視這個可能性。也有一個非常微小的可能：該聯盟希望自日本陸軍和海軍領導人探知，臺灣島上是否有祕密的武器隱藏處。

當廖文毅談到自己正努力尋求一位任職英國陸軍少校、在新加坡從事情報工作的臺灣人的支持時，顯示出該組織資金不足。廖博士說，此人承諾退役後與臺灣再解放聯盟共事。他很快就會退役，而他的個人存款約可支持他一年的開

84　原文為 "Pillar Huang"，pillar 為支柱的意思。

銷。此人今年春天在臺灣待了約 3 個月，大概是為英國人工作。廖很滿意能獲得他免費服務的承諾，而且也不擔心他可能繼續為英國工作。

結論

　　儘管如本備忘錄第一部分所解釋，我們很難在香港評估此運動的重要性。臺灣再解放聯盟極可能是一個在臺灣事務上不具真正重要性的組織。但當中國和整個遠東都處於動亂中，此聯盟或至少其主席明顯真誠的反共、親美立場，至少值得在當下給予短暫注意。如果臺灣再解放聯盟的領導是共黨份子，我們又會給予什麼樣的關注呢？

發文號碼：61　　　　　　　　　　　　　　　美國總領事館

機密　　　　　　　　　　　　　　　　　　香港，1948 年 11 月 6 日

主旨：與臺灣再解放聯盟廖文毅的會面

尊敬的

司徒雷登

美國大使

南京

閣下：

　　本人有此榮幸請您參照 1948 年 10 月 30 日，總領事館的第 55 號發文，關於臺灣再解放聯盟近期的發展，並提供得自廖文毅那裡的其他資訊。

　　在 1948 年 11 月 4 日的一次簡短會面中，廖文毅宣稱收到吳鐵城[85]的代表攜

---

85 吳鐵城時任立法院副院長，並於 1948 年 11 月就任行政院副院長兼外交部長。

來的信函。10 月時，他與該代表在香港晤談過兩次。廖說，此信更新了南京官員同情臺灣人的立場，也告知吳氏陣營的領導人們對廖文毅會被期待在國內事務上的未來角色，表達了很大的興趣。廖說，此信提到他有必要慎重考慮在（傳言中）即將重組的國民黨政府裡接受部長級職位。同時指出，新內閣應包括代表臺灣人民的領袖人物。廖文毅知會本館，他不理會該信。

關於廖文毅提及之自南京前來協商的人士，尚無法證實其身分。廖在 11 月 4 日談到，此人是國民黨中央執行委員會的委員及監察委員。但截至目前，仍查不到這位於 10 月時造訪香港之官員的相關資料。

廖文毅報告，他近來收到黃紀男的訊息，黃表示自己仍在日本。雖然廖在 1948 年 10 月 27 日宣稱，黃將在 11 月中旬回到香港，但 11 月 4 日與他談話時，廖暗示黃在日本極為忙碌，其旅行計畫非常不確定。

廖文毅的美國夫人及最年幼的孩子，預定於 1948 年 11 月 6 日自臺灣抵達香港。另外兩位年紀較長的孩子自 9 月起已在殖民地上學。

您恭敬的

喬治‧D‧霍普

美國總領事

給南京大使館的原件與副本
給國務院的氣熏本
給臺北美國總領事館的副本
給廣東美國總領事館的副本
給東京美國政治顧問的副本[86]

800
謝偉思 /jal

---

86 原文為 USPOLAD，即 United States Political Adviser，為盟軍最高司令部（SCAP）下之政治顧問。

4-2.3 《臺灣論壇報》第一號（1948 年 2 月 28 日）[87]

《臺灣論壇報》第 1 號

臺灣再解放聯盟

臺灣，臺北

1948 年 2 月 28 日

目次

編者的話：臺灣因此要求

人人都有出頭天——亞歷山大·李[88]

美麗之島——彼得·黃[89]

臺灣現狀？——皮拉·王[90]

外界如何看待臺灣

一則臺灣傳說

研究臺灣的美國人

卡伯特[91]的公開演講感動全臺

近來臺灣駭人聽聞的事件

臺灣人的聲音

對臺灣的觀察

當前的臺灣新聞

---

87 該文件美、澳均有留存。美國出處：The Formosan League for the Re-emancipation, "Formosan Herald," in Formosa
- Political Situation, 1947–1949, RG84, UD3258, Box.4（NARA）；澳洲出處為：The Formosan League for the Re-
Emancipation, "Formosan Herald," in Formosa - Political Situation, 1947–1949, A1838, 519/1 PART 1（NAA）.

88 原文為 Alexander Lee，或為該作者的化名，未知何人。

89 原文為 Peter Huang，應為黃紀男。

90 原文為 Pillar Wang，疑為黃紀男的化名。

91 約翰·卡伯特（John Moors Cabot, 1901–1981）為二戰後美國駐中國總領事館的總領事。

FORMOSAN HERALD

NO. 1

Published
by
THE FORMOSAN LEAGUE
FOR RE-EMANCIPATION

Taipak, Formosa
Feb. 28th 1948

THE POSTAGE STAMPS OF FORMOSAN REPUBLIC IN 1895

TABLE OF CONTENTS

EDITORIAL

THUS FORMOSANS DEMAND

The destiny of Formosa seems to be of no problem according to the declaration of the Cairo Conference, and thirty months have passed since the rich and beautiful island had been occupied by the mainland Chinese. It is generally reported that "Kuomingtang of China, the present regime of the island like to maintain the present status, because to them she is the "Gold Mine", and the Chinese Communists want that too, simply because Moscow tells them so." Nevertheless the "settled problem" of Formosa is not settled at all, for it is going to be discussed and become one of the important issues in the coming Peace Conference versus Japan, and one of the current international problems. Moreover the great majority of Formosans strongly demand that Formosa must participate and the real Formosans' voices must be heard in the coming Peace Conference. The conditions are different now in Formosa from thirty months ago, and from the time the Cairo Conference was held. And what are those every Formosan wants to say?

As the results of the Sino-Japanese War in 1895, China, without asking the Formosans' opinion, as a matter of fact quite against the latter's will,

— 1 —

without considering the amount of sacrifice in order to secure their object. Formosans have had sixteen experiences of the armed revolution during the past fifty-four years, therefore, once again when they realize that there is no righteousness existing in the world, courageously they would appeal to their most well-experienced way, in order to crash all the obstacles on their road leading to LIBERTY, EQUALITY and INDEPENDENCE!

Everyman Will Have His Day

By Alexander Lee

Formosa, the beautiful treasure island, before the First Great World War was little known, however during the Second World War, she had been very outstanding in the western pacific either from the military, geographical, economical, or political point of view. In Formosa before the V-J day, the imperialistic Japan's oppression had reached its unbearable climax, when we got the news about the Cairo Conference, stating that Formosa and her people would be retroceded to China, after Japan's surrender. Though we were over-joyed at that moment, for each Formosan then realized that at last we were to have LIBERTY. However this was decided by the Three Powers without asking the real opinion of the Formosans. Therefore as the results we confront today, it is the responsibility

— 7 —

tions, high inland shipping costs and a host of less important but serious detriments to business interests here in any way, according to American sources.

In addition, several businessmen said, the general military situation keeps them on edges of their chairs. Every time Communist forces bear down on the Yangtze River, Shanghai tingles with rumours of Communist infiltration. At such time, police keep the decks cleared for action in case of riots. Nobody seems quite sure of what might happen.

In the fact of all time, the island of Formosa (renamed Taiwan by the Chinese when they took control of it at the end of World War Two) looks rather promising. It has a good climate, a wealth of natural resources, a highly developed electrical power system and a large industrial potential.

ONE OF THE THINGS, HOWEVER, THAT MAKES AMERICAN BUSINESSMEN PAUSE AND THINK, ACCORDING TO SEVERAL OF THEM, BEFORE ATTEMPTING TO MOVE TO FORMOSA, IS THE POLITICAL SITUATION THERE.

The people have a long history of rebellion behind them. There was a very serious and bloody uprising last year directed against Chinese rule. Informed sources indicate that a muffled restlessness still exists on the island. Americans would prefer that a situation be a bit more stable before they make any move.

— 37 —

a riot in every five years." This evidently proved that the Motherland did not pay much attention in its governing, though she was under the Chinese sovereignty. It cannot be denied that Japan improved this new colony in every respect, in order to carry out her imperialistic exploitation for half a century during which the island had been extensively cultivated and intensively developed by the Formosans themselves, but not the Mainlanders at all. Formosans had spent their bitter days under the Japan's yoke, yet the Kuomingtang Government did nothing to the contribution of their emancipation. Therefore it is consequently true that psychologically a great majority of Formosans do not wish to go back to China. Presently every leader of Kuomingtang who visited Formosa, almost made the same speech as follows: "Formosa is one of the provinces inside the great Republic of China, and Formosan people belong to the same Chinese race which are descendents of 'The Yellow Emperor'. The present status of Formosa, they would continue to comment, is far better than other provinces of China and had been well-developed in every respect, especially in the material reconstruction. Though the prices of the daily commodity are so high and the living is very hard in Formosa now, it is far better-off as compared with the Mainland. Our nation had received a great damage by the Japanese invasion and still has been disturbed by the civil war and our brethren in the mainland

— 19 —

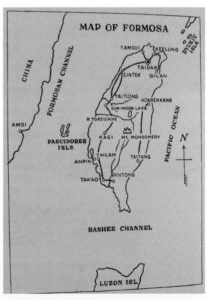

《臺灣論壇報》第 1 號封面、所附之臺灣民主國郵票、目次、部分內頁和封底之臺灣地圖。
（圖片來源：The Formosan League for the Re-Emancipation, "Formosan Herald," in Formosa - Political Situation, 1947-1949, A1838, 519/1 PART 1, NAA）.

編者的話：臺灣因此要求

根據《開羅宣言》，臺灣的命運看來沒什麼問題。這座富饒又美麗的島嶼自被大陸的中國人占領後已過了 30 個月。一般報導指出，「中國國民黨想要維持這座島嶼的政權現狀，因為對他們來說，臺灣是『金礦』；而中國共產黨人也想如此，僅因為莫斯科告訴他們要這麼做。」儘管如此，臺灣這個「業已解決的問題」實際上並未完全解決，因為在即將到來的對日和平會議[92]裡，臺灣將成為其中一個重要的討論議題及國際問題。此外，多數臺灣人強烈要求，臺灣必須參與這場即將來臨的和平會議，讓臺灣人真正的心聲被聽見。當今的局勢已不同於 30 個月以前，或開羅會議舉行的那段時間。究竟，臺灣人民想說什麼呢？

1895 年中日戰爭時，中國在未詢問臺人意見（事實上，還相當程度違反臺人意願），就犧牲了這座具重要戰略地位的島嶼，將其割讓給正往南擴張的日本帝國。此時，臺灣人為了自己的命運而站出來成立臺灣民主國，抵抗入侵者十餘年。終究，中國放棄了這座最後被日本征服的島嶼及島民。

半個世紀過去了，在此期間，臺灣人被盡情地奴役和虐待，承擔了大陸地區人們本來應一起承受的痛苦。現在，三巨頭[93]在開羅會議中再次地，在未詢問臺灣人意願的前提下，便任意將臺灣和澎湖[94]自日本那裡取走，接著交給中國。尤其，羅斯福急切地提醒蔣介石，無論政治、經濟或各方面，中國都必須以遠比日本進步的手法治理這座島嶼。這位已故偉人的話如今仍縈繞在我們心頭。唉！但自中國人在 30 個月以前登陸以來，這座富饒美麗的島嶼如今變成了怎生模樣？

除了各種剝削與歧視，前臺灣省行政長官陳儀和他的整群心腹，還掠奪、榨乾臺灣人民的最後一滴汗與血。當普遍的不滿演變成人們的自發性團結，並進

---

92 此處的「對日和平會議」（Peace Conference versus Japan）應指 1951 年，於舊金山召開的會議，日本在此會議中與同盟國陣營各國簽訂《舊金山和約》。

93 此處的「三巨頭」（the three bigs）指開羅會議上主要的三位政治領袖，亦即美國總統羅斯福、英國首相邱吉爾及代表中國的蔣介石。

94 原文拼為 Pascidores，按前後文判斷，指澎湖列島或澎湖群島（Pescadores 或 Penghu）。

而要求授予他們地方上的自治政府時，駭人聽聞的二二八事件，伴隨著無差別屠殺發生了，整座島於是血流成河。在此期間，來自中國的征服者們在青天白日下掠奪洗劫，於是城市與村莊紛紛揭竿而起。

如今，臺灣人首次了解到他們同胞的德行，自那時起，平靜僅止於表面，他們暗暗憎恨那些政客[95]，且痛苦比比皆是。現在，臺灣的民兵仍繼續戰鬥，為了解放、自由及獨立而戰鬥。然而，豬群消失後，狼群取而代之。臺灣變得更好了嗎？一頭豬頂多吸一個人的血，但一隻狼會啃光他的骨頭。為什麼臺灣人要受這些苦，並為其他中國人犧牲？

從 30 年以前的第一次世界大戰以來，全世界特殊地區的人們都普遍被授予選擇自己獨裁命運的權利，因而有了「全民公投」、最民主的進程。首先，它是民主的，其次，得以保護一個龐大國家內受壓迫的少數族群。

如今時代改變了，世界在進步。在二次世界大戰終止前，世界上兩個民主國家的兩位領導人制定了《大西洋憲章》。由於人民並非家畜，任何人皆不能在並未詢問其意願的情形下就決定改變他們的主人。臺灣人也不是一顆任何人想往哪踢就踢去哪的球。因此，讓臺灣人適用《大西洋憲章》才是真正公平之舉。如此一來，每位臺灣人皆有機會選擇自己的命運。

因此，在即將到來的對日和平會議中，臺灣人民決定派出代表，提出全民公投的訴求。事實上，在任何公開投票中，都要有數個可供選擇的選項。對當今的臺灣人來說，在即將到來的全民公投中只剩兩個選擇。

第一，維持現狀。也就是說，國民黨繼續其腐敗且無效率的統治，像現在一樣，或甚至一天比一天更糟。考量這點，在過去 30 個月期間，長官公署等行政機關的紀錄，便已清楚向世界展現了。它揭示了國民黨既無誠意，亦無能力管理這座島嶼。臺灣的經濟結構正在瓦解中。今天，臺灣隨處可見的鈔票，就

---

95 原文為 carpet-baggers，亦即 carpetbaggers，指那些在本地不受重用，而到外地謀求發展的政治人物，此指從中國大陸前來治理臺灣的官員。

像兩年前的法幣[96]一樣沒價值，距離崩盤只差臨門一腳。臺灣遲緩的產業正以小時為單位快速惡化中，失業率則像鈔票發行率一樣急劇增加。

這座美麗島上的原始森林被開採殆盡，以至於一點點熱帶降雨就能在地勢較低的肥沃山谷上造成洶湧的洪水。校園全部「開放」，但一半是「關閉」的。如今，臺灣每個面向皆已癱瘓，以至任何首次造訪的人都會想知道，占領政府本身究竟是一群狡猾的政客，抑或殘忍的土匪。

早在去年秋天，魏德邁在前來中國「調查事實與真相的任務」時便拜訪了臺灣，且在離去前與蔣介石晤談的六個小時中，明確告知以下對臺灣的關切：「臺灣在戰前屬於日本，但自從被中國人軍事占領後，政府治理就變得非常糟糕……。」由此得證，中國人不適任統治臺灣及達成開羅會議上的承諾。此外，每一位臺灣人現在和將來都將絕不滿意當下的國民黨政權在臺灣的統治，除了少數的流氓以及政客的幫手，這全是因為他們是那群土匪的爪牙。因此將不會有人投票支持現在的政權。那些主張和中國統一者，是上述的那些叛徒，他們只顧自己的飯碗，對其他臺灣人的福祉漠不關心。

第二個選項，臺灣與澎湖群島完全獨立。如上所述，大陸同胞不具管理臺灣的能力。總之，他們沒有權利如殖民者般對待臺灣人。此外，在過去半個世紀，不論政治、建設性技術、公共衛生、經濟、財務或貿易上，臺灣人都受過良好的教育及高等的訓練。如今，每位臺灣人在過去漫長又艱難的經歷及去年血腥和痛苦的記憶下，要求「只能把臺灣給臺灣人」。

如今的臺灣人，無論老幼都渴望再次解放他們的島嶼並獲得自由。如此才能決定怎麼做才最有益他們的母親之島。臺灣人想看到臺灣獨立，並遠離內戰狀態下大陸的烏煙瘴氣。因此，如今臺灣人只要求世界給他們最低限度的民主。惟有如此，才是公平正義。每位臺人都渴望投下臺灣獨立的一票。

臺灣人是溫馴且信仰和平的，除非萬不得已，否則不會訴諸武力和軍事行

---

96 原文為 C. N. C.，應指 Chinese National Currency，即當時流通的法幣。

動。他們將堅定地運用外交及政治手段達成目標。然而，為了完成使命，他們將不惜一切代價地奮戰。在過去 54 年，臺灣人已擁有 16 次武裝革命的經驗。因此，一旦他們再次意識到，正義不存在這個世間時，便將勇敢地以最有經驗的方式，粉碎通往自由、平等及獨立之道上的所有障礙。

人人都有出頭天

亞歷山大・李

臺灣，這個美麗的寶島，在第一次世界大戰前罕為人知。然而二戰期間，不論從軍事、地理、經濟或政治的角度來看，臺灣在西太平洋上皆變得十分重要。當我們得知關於開羅會議的新聞，聲明臺灣和她的人民將在日本投降後交還中國時，正是戰勝日前夕，那時日本帝國對臺灣的壓迫正達到令人難以忍受的高峰。縱然我們那時過分欣喜，因每位臺人都認為，至少將能獲得自由，然而三個強權未徵詢過臺灣人的意見就做了決定。因此，我們才得面對今天的結果。是三巨頭而不是臺灣人須為此負責。儘管如此，那時，每位臺灣人皆祈禱著戰勝日盡早到來。那時，我們正在試著忍受日本軍政府在最糟糕的日子裡的壓迫，及美國航空部隊日日空襲所帶來的痛苦。

終於，我們偉大的夢想成真了。1945 年 8 月 15 日，我們在月色下收聽到日本天皇宣布日本無條件投降的廣播。我們感受到長達三百多年的漫漫長夜——先是滿洲人的統治，而後是日本人——黎明彷彿終究到來了。當陳儀——臺灣前任行政長官——抵達時，一大群臺北人自願集結，長長的隊伍從機場排到行政長官的辦公處，綿延了數哩。人們熱切迎接自大陸新來乍到的每個人，這股熱情持續了 3、4 個月。對這些和平利用者[97]及戰爭勝利者來說，這段日子無疑是黃金年代。

接著，在陳儀統治下的其中一年，我們看見了以下這些情況：

---

97 原文為 peace profiters，指利用和平局勢或局面的人。

一、1945 年 12 月一開始，及 1946 年 8 月尾聲，陳儀和葛敬恩都向中國與外國記者大聲疾呼，由於臺灣人被日本奴役了 55 年，並被剝奪所有參政機會，所以得再過幾年，才能委以他們管理的責任。

二、陳儀設立的專賣局與貿易局名義上是本於增加政府營收，以減輕人民負擔。實際上，它們圖利了貪汙的官員並懲罰了民間的製造商與商人。因此，在劉文島[98] 大力清掃下，這兩個局的局長都因舞弊而遭起訴。沒有人知道，這兩位親近、接近陳儀的人接下來發生了什麼事。後來據報，在近來的二二八事件期間，他們都在陳儀直接命令下獲釋了。

三、征服者們經常拒絕支付火車票、公車票及地方稅款。這些是陳儀下令徵收的。可見，它們顯然只適用於臺灣人。

四、由於糖廠經常違反付現給農戶及規律提供肥料給他們的承諾，多數農戶不再種植甘蔗。臺灣的糖業在 1940 年達到其最大產量 1,400,000 噸，但到了 1947 年，總產量很難超出 30,000 噸。類似情況也可見於其他自日本人接收的產業。

五、政府辦公室中，臺灣的職員不是被解散，就是餓死。他們也許會給職員進行一項新的測驗，通常不是測驗工作所需的知識，而是中文、歷史、三民主義或祖國的知識。如此一來，他們便很容易不及格，而陳儀自己的人馬就能填補這些職缺。

六、1946 年 11 月 11 日，當臺中地方法院派出司法警察，拘捕臺中警察局的一位嫌犯，後者不僅拒絕投降，甚至開火重傷了其中一名法庭官員。當摩擦惡化，臺北高等法院介入解決爭端時，發生衝突的雙方皆不願遵從即時命令。

七、臺灣省行政長官公署一再聲稱，公務機關中的臺人比例超過 61%。事實上，這些人多數不是跑腿的就是辦事員，雖然負責執行每一項辛苦差事，卻得

---

98 劉文島時任中國國民黨中央監察委員會常務委員與閩臺清查團團長。

不到好處。所有最高等的官員──全部──由大陸人擔任。

八、令人最感吃驚的是，現任者們嫻熟於自本地人招募新的心腹，以至過去曾討好日本人的投機份子，也能快速得到中國人的信任。陳儀利用他們填補所謂「民選的」省參議會及市參議會的位置。

九、官民之間的爭執幾乎天天上演，帝國主義者和國族主義者的衝突沒有緩解的跡象。

十、當政府與人民、外省人和臺灣人之間的情感鴻溝，正日復一日擴大，陳儀與其心腹並不在意這些緊急問題，而僅在意他們貪汙和受賄的祕密管道。臺灣的愛國者開始呼求中央政府注意，以國族主義代替帝國主義、民主代替獨裁，及地方自治代替暴政。

儘管如此，在任何微小的改革開始前，令人憤慨且殘忍的事件就在 1947 年的 2 月 28 日發生了。

在這離譜暴政的一年半裡，臺灣人遭致的壓榨與欺壓較之日本人統治時有過之而無不及，因而他們在 1947 年 2 月 28 日起而反抗陳儀的治理。自那時起，暴動及整體動亂橫掃了曾為亞洲最富裕的島嶼，且直到現在，動亂仍在鄉下地區持續著，而鄉下民兵的力量也日益壯大，其背後並無南京或莫斯科撐腰，而單純地是臺灣人為了追求自己所有、所治、所享的公益與福祉。

我們不需再贅述事件的發生過程。儘管不可能查明有多少人遭到陳儀政府的殺害或集體屠殺，一份保守的估計顯示為 5,000 人，並有數千人遭囚禁──據說這些遭囚禁者中，不時有人遭到處決。同時，政府企圖在臺北[99]街上和那些流氓歹徒相遇，並讓井然有序的飛行部隊及警察保安部隊隊員──配備貨車上的機關槍巡邏城市，向所有人群開火。檢查傷口和被拋棄的彈藥時均顯示，部隊配給了通常會產生致命可怕傷口的達姆彈。

---

99 原文為 Taipak，應指臺北（Taipei）。

陳儀下令成立的委員會之中包括 5 位陳儀的特派員。其要求包括：臺灣成為中國的一個正式的行省，並設立符合常規的省級行政機關，而非特殊的行政長官公署體制；同時在新成立的中國《憲法》中承諾人民，需如同在中國的其他省分，臺灣立即適用《憲法》，而非陳儀聲稱的 3 年後；另外，需廢止造成人民貧窮的專賣及貿易局。

當人民實際控制了整個臺灣，陳儀便接受委員會的要求，他要求成立一個執行委員會和他展開協商。休戰被安排了，直至 3 月 8 日。當協商仍在進行，3 月 8 日來自中國大陸的部隊抵達了，執行委員會於是遭到逮捕，之中某些人被槍殺，恐怖統治於焉展開。自此，臺灣便真正地陷入了一場恐怖、搶劫、強暴、逮捕、折磨的血洗之中。

儘管陳儀及其心腹使出一切詭計，陳儀自臺灣被免職及魏道明繼任臺灣的、重組的省政府主席一職，在這起事件後的兩個月便被宣布了。

按蔣介石與白崇禧宣稱的寬大與包容原則，這起駭人聽聞的二二八事件理應進入尾聲。

陳儀雖然顏面盡失並離開了這個人盡垂涎的大位，但卻精明到在那些重要職務上留下足夠的心腹，進而控制了財政、警備、銀行、工廠及新聞報紙，以致於無助、無權的魏道明自從接手他的這個新任務，便必須借助其最有能力的妻子的重要建議，來運作這個幾乎無能的政府。

由於政府、人民之間的衝突正再次浮現，且新、舊在職者的不和倍增，導致無論陳儀在大陸或本地的心腹，皆難以繼續藉著將此事件歸咎於人民以尋求陳儀的復職。最終，他們設法驅趕魏道明。他們依寬大與包容原則、藉著展開所謂「新文化運動」來招搖、安撫群眾，並頌揚前任行政長官的各項美德，同時宣稱：服從專制權威與默許官員的傲慢是通往自由與重建的康莊大道，並譴責任何批評陳儀統治貪腐、無效率以及國民黨反動政府的人為叛徒、自利者、共產主義者或主張獨立者。

1947 年 6 月 5 日，臺灣省高等法院釋出了一份所謂的頭號內亂份子 30 人名單。這 30 位替罪羔羊的名單，為臺灣駐軍總部為了逮捕與審判他們而提交高等法院。起初，打算保密這份名單，但許多無辜者反而成為遭敲詐、勒索的受害者，地方當局於是決定公開這些姓名，包括在緊急狀態期間已關押的 1 位，和已被逮捕（實際上已遭殺害）的 6 位。人人都能輕易下定論，這 30 人代表最前衛、百裡挑一的臺灣先進人物，他們各個都受過良好教育且學有專精。

可見，臺灣重新組織的政府，僅止於表面的平靜，底下正醞釀著一股新風暴，且最近已不時可見於地方的暴亂中。儘管陳儀已經離去，但他的陰影仍籠罩著所有政府要職，他的心腹占據這些要職，並對其批評者展開報復。無疑地，他們正朝恢復陳儀政府或更糟的目標邁進。

臺灣的過往如此悲慘，今日也仍晦暗如昔。若事情照舊拖延下去，未來光明也不會到來。如今，臺灣人已集結起來，團結一致地為了他們的自由、平等及獨立而奮戰！

一、臺灣人要求全民公投，以決定這座島嶼的未來。

二、臺灣人要求釋放在二二八事件期間或之後遭到逮捕的人，並取消陳儀及其心腹簽署之所謂 30 名元凶的逮捕令。

三、臺灣人要求對陳儀的暴政、腐敗及他在二二八事件的屠殺展開調查，以作為證據，置於聯合國組織面前，好對他和他的心腹展開懲處。

人人都有出頭天！今天在臺灣，仇恨是很深的，痛苦比比皆是；明天，有人也許會見到全面的報仇以及對於那些「流氓」與「政客的幫手」在臺灣人民的最高法院前的審判。這一天近了，而我們也將會朝著那個方向實行！

美麗之島

彼得‧黃

臺灣島與中國大陸間隔著上百哩的臺灣海峽。地理形狀為橢圓形，面積約14,000平方哩，自北至南延展約225哩，自東至西約80哩。臺灣中央山脈貫穿南北，將臺灣分成兩半。險峻的東半部未有太多發展，西半部則非常肥沃且已有良好的開發。

人口約650萬，包含了馬來西亞人種的120,000原住民。

當葡萄牙航海家於1590年穿越臺灣海峽，看到這座島嶼嶼禁不住地大喊：「Illa Formosa」，意為「美麗之島」。他們接著登陸此島，並在基隆建構了短期殖民地基隆，如今為北部最佳的港口。西班牙探險家則在1626年，登陸靠近臺北的淡水，並在那裡構築堡壘。

荷蘭人在1624年於臺南郊區安平建立熱蘭遮城，臺南是位於南部的舊首府。在荷蘭人統治的37年間，他們有許多人冒著生命危險深入鄉村與山中，從事對地方人民的教育與宣教。

1661年，名為國姓爺或鄭成功之著名的明代民族英雄，為建立反清復明的基地而指揮其忠心的部隊占領臺灣。起初，他攻擊安平並登陸熱蘭遮城。不久後擊敗荷蘭守軍並占領了那座城堡。荷蘭人投降後，國姓爺取而代之，開始安頓並治理臺灣。儘管他在拿下臺灣兩年後就過世了，但他勇敢的兒孫承其抵抗滿人之志，直到孫子在1683年向滿人的遠征軍投降。在鄭氏政權統治的短短23年間，他們盡力開拓這片新的土地。除了這些部隊以外，還有許多福建人放棄原本的家、跟著移民來臺。他們搭乘小船穿越臺灣海峽，為開闢這塊原始的土地而抵抗海盜、野蠻原住民、毒蛇及瘧疾、蟲害與霍亂等各種瘟疫。

滿人入侵後，多數官員與士兵擴散全島，一如葡萄牙人、西班牙人及荷蘭人，他們定居下來並與當地居民通婚。因此，當今的臺灣人並無純粹的中國人

血脈，而為包括了馬來西亞人種與部分日本人種的混血族群。從人類學及人種學角度來看，臺灣人和中國人大不相同。

滿人占領這座島嶼 212 年，對其發展並無貢獻，只是任它淪為邊境之土。中國在中日戰爭後，未詢問臺人意見就把臺灣當作敗戰的代價送給日本。接著，臺灣人在唐景崧帶領下建立「臺灣民主國」，抵抗日本入侵。滿人代表李鴻章在 1895 年的日清和平會議上，告知日本全權代表伊藤博文：「臺灣是個遙遠的島嶼，始終為狀況不穩的邊陲地帶，島民之間充斥瘟疫與持續的動盪氛圍。三年一小反，五年一大亂。」這句話顯然證明了，儘管中國擁有臺灣的主權，但這個母國卻不太關心它的治理。不可否認的是，日本為了擴張其帝國，從各方面改善了臺灣這個新殖民地。日治時期，臺灣人（而非大陸人）大幅度且密集地開發與發展這塊土地。在日本束縛下，臺灣人嘗盡了苦日子，而國民黨政府卻對解放臺人毫無貢獻。因此心理上，多數臺灣人確實不想回歸中國。最近到訪臺灣的每一位國民黨領導人都這樣說：「臺灣是大中華民國的一省，臺灣人和中國人都是『炎黃』子孫。」接著，他們會持續評論，臺灣現狀遠比其他中國省分更好，尤其物質的重建方面。儘管現在日用品的價格的確太高，讓臺灣的生活變得非常辛苦，但還是比大陸好得多。我們的國家因日本入侵而蒙受巨大破壞，並持續為內戰所苦。大陸上的弟兄境遇悲慘，臺灣人已經比他們自在安逸太多了。臺灣人應當同情祖國，為祖國奉獻犧牲，並和大陸人同甘共苦。中國必定前途光明。中國某天當然也許會前途光明，中國政府不希望臺灣獨立出去，僅因他們想榨乾島上富饒的天然資源。如今，臺灣人已不會再為這些荒謬的說詞所蒙騙，尤其在經歷去年那起「浴血」事件後。少了自由、平等、博愛的愛國主義根本毫無意義。這座富饒和平之島是在日本的治理及臺灣人的艱苦奮鬥打拼出來，絲毫沒有虧欠中國。這西太平洋上命運乖舛的孤兒，長期遭到母親的忽視、遺棄，卻仍用自己的方式活了下來，未來將不允許大陸的干預與管理。

從歷史的角度來看，臺灣沒有非回到反動之國民黨政府上不可的理由，反而應回到臺灣人自己的手中，因為是他們的祖先來到這裡並定居島上、在此創造了文明。許多人誤認：根據開羅會議，臺灣要在戰後交還中國，這項決議看似中國主要的理據和唯一論點。事實上，一般認知上的臺灣問題，要到不久後將

舉行之對日和平會議才會定案。因此，從政治及法律上來看，臺灣尚不一定屬於中國，而臺灣省政府並不是正式的政府，而為暫時的占領當局，如同在南韓的美國或在日本的盟軍最高統帥部。根據《大西洋憲章》第一章「某一特定領土的主權，需交由其居民決定。」臺灣應能正當適用此一國際法的鐵律！

羅斯福與邱吉爾看來已藉由開羅會議把臺灣丟給了中國，如同他們在慕尼黑會議拋棄了捷克斯洛伐克。[100] 此外，美軍在 1945 年 10 月於日本無條件投降後，用船和飛機幫助中國的強盜官員與土匪士兵登陸臺灣。截至目前，外省人犯下了數以千計的罪行，且仍持續為惡。美、英兩國由於出席開羅會議，故對臺灣與臺灣人的命運也應承擔三分之二的責任。張群去年要求將琉球群島歸還中國，美國占領這些島嶼時付出了 8 萬傷亡的重大犧牲，包括犧牲了中將 [101]，只因它過去曾一直是中國的堡壘。即使國民黨政權成立了琉球革命同志會 [102]、在臺灣強行逮捕 76 位琉球走私犯、像 Huang Chiao-chin [103] 這類的臺灣傀儡，並在 10 月 25 日臺北慶祝臺灣回歸二週年的儀式上，遞交請願書給張群，要求將琉球群島歸還給中國，但琉球居民中或許沒有人想回歸中國。

只有當臺灣與琉球群島島民藉由全民公投決定自己的未來，才能實踐真正的公平且民主。這是讓「美麗之島」和平地繼續成為西太平洋上最美麗島嶼的唯一路徑。

臺灣現狀？

皮拉·王

中國的內戰看似模糊了臺灣現狀。自二二八事件起，一年過去了。這場動亂

---

100 指英國在二戰前為了換取和平，出賣捷克斯洛伐克的利益予納粹德國，使其在英國默許下占據蘇臺得地區。
101 指小巴克納中將（Simon Bolivar Buckner Jr., 1886–1945），為琉球群島戰役中負責指揮登陸作戰的指揮官，於此戰役中陣亡。
102 該會由許多琉球獨立運動分子組成，於 1947 年向中華民國政府遞交請願書，要求收回琉球或讓其獨立。
103 當時上書要求琉球群島歸還給中國者，署名「琉球國革命同志會」，該組織之主要領導人物當為琉球人喜友名嗣正（中文姓名為蔡璋）。參見何義麟，〈戰後在臺琉球人之居留與認同〉，《國史館學術集刊》，第 18 期（2008年 12 月），頁 129–163。

Chang
Foreign

張群（圖片來源：RG226, 226-P, Box.2）

並不如政府宣稱，是共產主義者的叛亂，事實上，這是臺灣有史以來最大的一次革命。臺灣人因前行政長官陳儀的暴政及國民黨政府的殖民政策起而抗爭。政府壓迫、歧視及壓榨的政策沒有落實三民主義，是導致這場爭取自由、平等、博愛之抗爭的直接原因。政府起初承諾，接受並實踐臺灣人提出的要求，但 10天後竟以屠殺回應他們。整座島上鴉雀無聲，給人一種不祥的預感。這道傷口大到永遠不會被治癒。腐敗、壓榨及任人唯親，這些中國人所熟練的伎倆從未停止。中國根深柢固的強盜政策愈演愈烈，因此臺灣的前景十分堪慮。另一起類似的事件或許還會發生。誰知道呢？表面上看似十分平靜，但島民對中國與中國人的憎惡益深。事實上，大陸人和臺灣人近乎水火不容。當內戰爆發，臺灣的情狀又惡化了。某句暗語遍布全島道：「總有一天會再回來。」[104]

魏道明博士接替陳儀的統治已經十個月了。儘管試著改善這裡的治理，但就算他擁有背後魏太太的力量，卻沒有權力與能力。人們都認為他很快就會被調走。然而，臺灣人了解，即使蔣介石本人，也沒有更好的能力控制臺灣。理由非常簡單：中國的內戰及對中國的不信任。直到現在，許多大人物都為了安撫並調查臺灣而被派來這裡，但這顯然無效。事實上，多數臺灣人已和所謂的祖國有所隔閡了。除非中國停止壓榨並根據孫博士的三民主義來運作政府的特殊奇蹟發生，否則臺灣人不可能恢復對中國的敬愛和尊重。國民黨內的所有派系，都在搶奪臺灣第三任省長[105]的職位，這實在很荒謬。中國共產黨當然也想取得臺灣。它們的教義快速散播全島，其散播之快和臺灣人的悲慘程度及中國共產黨在內戰的成功程度成正比。除非能對臺灣現狀做些什麼，他們在臺灣取代國民黨的夢想也許在未來將會實現，就像捷克斯洛伐克的共產黨最近推翻他們國家的政府那樣。

我們或可將這座富饒且美麗的島嶼想像成一位人人渴求但寧可單身的女孩。為什麼？因為她既不喜歡壓榨他人，也不喜歡紅色。

---

104 或指類似二二八的事件或許會再次發生。
105 原文為 Governorship，應是指第二任省主席。

外界如何看待臺灣

美聯社特派員史賓塞‧戴維斯（Spencer Davis）寫到，戰略位置重要的臺灣，其富饒的天然資源遭日本榨取了 50 年，如今在歸還中國當權者的議題上惴惴不安，情報顯示，它可能正左傾共產主義。

600 萬名臺灣人，他們 225 哩長的島嶼斜躺在南中國的海岸。自去年 2 月未遂的起義遭到中國軍警粉碎後，變得沮喪且沉悶。

幾百人死亡，且數量不明的一批臺人，在臺灣稱之的「那起事件」後遭到槍決。

臺灣人把自己的處境喻為法德邊界的亞爾薩斯、洛林[106]，因為戰爭的命運首先在 1895 年把他們從中華帝國手上搶走，使其在日本的絕對統治下過了兩個世代，接著又在 1945 年把他們送給軍事化的中國政府，成為國民政府統治下，中國的一省。

戰後被中國士兵劫掠、大規模逮捕政治嫌疑犯從未自監獄歸來、上海與南京政客的狡猾貿易，及接下來一個月公務員的漠不關心，這些情形都讓這些中國先祖的後代感到幻滅與絕望。

美國在臺灣訓練一支中國師的決定，讓那些模糊了解此暗示的臺灣人反應不一。

大致上，他們覺得應當給予美國官員及入伍軍人振奮人心的歡迎。但這將導致當今強化駐守島上的中國軍隊其誤解。

臺南警察局長的中國祕書告訴戴維斯先生，他得明白：臺灣政府和臺人扞格不入。

---

106 指德法邊境的亞爾薩斯、洛林兩個省分，在普法戰爭中割讓給德國，又在第一次世界大戰後歸還給法國。

多數臺灣人警告戴維斯先生：「臺灣人要是有槍，島上將有殺戮發生。當今的局勢表面看似平靜，但卻較一年前那起事件發生時更加惡化。不安深植人心且不滿俯拾即是。」

臺灣人希望，美國及其他英勇的國家，助他們確保全民公投及最終獨立。

一則臺灣傳說

偉大、混濁、快速的濁水溪[107]，自蒙哥馬利山[108]奔流而下，穿越臺灣島上寬廣的中部，未曾清澈過。這條十分混濁的溪流看似永恆地自島嶼之心流淌而出。正是 1895 年，當這座島嶼自中國易手日本，臺灣農民觀察到，它清澈了50 天，並因而預言日本將占領這座島嶼半世紀。

直到 1945 年，日本人離開這座島嶼時，這條浩瀚大河的水流又再次清澈。這次，農民觀察到並呈報，它的清澈只維持了 3 天。中國大陸只占領了這座島嶼 18 個月，便造成了臺灣命運的轉捩點——駭人聽聞的二二八事件。

自那時起，臺灣人便不分晝夜地爭取自由和獨立。一年過去了，時間即將用盡，距離 3 年的時限只剩 6 個月，。

黎明的曙光會到來嗎？這依然是個謎。

研究臺灣的美國人

透過充分的資料，美國人開始研究這座罕為人知、具戰略意義、位於西太平洋上的島嶼，並給予其很大的關注。據報導，美國有兩所大學開設了一門特殊

---

107 原文為 Toksui-Khe River，指今濁水溪。相傳濁水溪在改朝換代時，溪水會一反常態地變清澈。
108 原文為 Mountain Mongomery，音譯為蒙哥馬利山，可能指今天的合歡山。因濁水溪源頭在合歡山一帶。

課程，以研究臺灣的每個面向。此則報導進一步提到，多數美國人認為，臺灣人由單一族群構成，相當不同於中國人。事實上，最重要的是，葡萄牙人最早到訪臺灣，之後荷蘭人、西班牙人、之後是中國人占領臺灣，近半個世紀以來則被日本人占領。此外，沒人能夠否認，那裡有人數超過十萬、純馬來西亞血統的原住民。事實上，臺灣混血的情況相當廣泛，和位於其西方的大陸十分脫離，即使在特徵和行為上，臺灣人也和中國人很不一樣。

卡伯特的公開演講感動全臺

　去年 2 月 5 日在扶輪社前，美國總領事約翰‧卡伯特在一場公開演講反駁最近那場上海學生發起的反美示威及其對美國政策的誤解。

　對於美國及「我們正在追求的政策」，他談到：此處的確存在著某些誤解。他說：「美國忽視中國，並把日本強化為抵抗共產主義擴張的東方堡壘。」這種看法在中國四處流傳。

　卡伯特先生說，他注意到的第二項誤解，是誤認為美國是為了她自身的自私目的才援助他國，以藉此維持自身的繁榮。

　卡伯特先生指出，透過聯合國善後救濟總署，美國提供數億美元給許多國家，而這些國家如今竟聲稱，美國正試圖稱霸。

　「在這種紀錄下，怎能說：美國意圖支配任何外國的領土呢？」他說他找到一個矛盾的例子。（譬如）美國應當被懷疑圖謀臺灣，（好比）另一個外來的帝國主義，占著中國領土的一部分而蔑視中國政府。但本地對此的批評卻很少。而中國政府卻在吹噓自己的成功，（是）在擴張專橫制度上的成功，還透過那些攻擊政府的人來自認自己是中國的合法政府。

近來臺灣駭人聽聞的事件 [109]

　　元旦這天，臺北發生了另一起駭人聽聞的事件，從事件的本質及根源來說，非常近似於去年上海的「金都事件」[110]，且情況和那起事件一樣嚴重。

　　這起事件的細節如下：10 日（按陰曆計算的元旦）晚間 6 點，一位名為 Chu Pei 的中國軍人，隸屬青年軍第 205 師第 1 旅第 2 團第 1 營第 3 連，[111] 往位於臺北艋舺的新世界戲院，同一天內三度拒絕支付入場券，而女收票員那天未能阻止他進入戲院。見到這名軍人的不端行為，一名叫作 Ho Ko-yuen 的憲兵向前說服他不要進入戲院，導致兩人發生爭吵。同時，另外 4 名同單位的軍人從戲院衝出來加入，毆打那名憲兵。這 4 名軍人因為只買了 200 元的票而遭那名憲兵阻止坐在 600 元的位子上。他們凶狠毒打那名憲兵並搶走他的配槍，讓他很難逃跑，直到街上巡邏的另外兩名憲兵介入。接著，這些憲兵前往附近的憲兵站呈報，但他們只走了 10 步左右，卻聽到一聲槍聲響起，那名叫 Chu Pei 的軍人在槍聲中倒下並立即死亡。憲兵們見狀，便過去做仔細的盤查，在調查後呈報，而他們的整合報告如下：「那聲槍響從戲院內傳出。」

　　同時，憲兵總部派出一支憲兵分隊來戒護和調查現場，並逮捕了那 4 名軍人，連同戲院裡的其他 4 人，送到臺灣省警備總司令部做進一步訊問。警備總部也派遣了軍事法庭的首長與憲兵司令到現場，調查軍隊及槍擊的緣由。當這些事情正在進行時，位於省政府建物背面那側的青年軍總部的軍人們，就像接獲了向前抵禦強大敵人的命令般，立即登上兩、三輛卡車，衝去占領臺北車站前的廣場和北門附近的廣場，配備著刺刀和上膛的機關槍，戍衛著臺北最主要的十字路口。這種緊張氣氛彷彿約一年前、駭人聽聞的二二八事件再次重現。恐懼和焦慮籠罩了整座城市。

　　當青年軍占領這座城市的中央地帶後，他們派出十多名士兵，配備上膛的槍

---

109 經檢索檔管局之 1947–1949 年青年軍相關檔案後，未見此事。當中若有意圖使軍隊暴動者為王嵩岳等叛亂案，但涉及單位是 206 師，情節亦非此事。

110 原文為 Chintu Incident，指金都事件或金都血案，指發生在 1947 年 7 月 27 日至 29 日的上海警憲衝突。上海市警局與中華民國憲兵駐滬分部於上海金都戲院發生衝突。

111 原文為 Third Corps，但 Corps 指軍團。依其單位由大至小的敘述，此處或為 company（連）之誤植。

枝來到憲兵總部，要求立即釋放其同袍，同時要求交出那3名殺害士兵的憲兵。司令答道，警備總部已在調查此事，而此事不應僅為了1、2人的錯誤行為而惡化，並說服他們回去兵營。此外他承諾，若明確證實那些憲兵的謀殺罪，必會依法用刑。然而，完全沒用。最後，警備總部別無它法，只能請求他們的上級長官向其施壓。那天是元旦，意外的是，不僅旅部、營部或團部，甚至連部指揮官都不在家，因此，他們開始和一位中士展開協商，但和中士協商顯然解決不了問題。最後，警備總部參謀總長現身了，並發表一段冗長的勸導演說，希望他們願回到兵營，等待正義與和平的到來。他的演說持續近1小時，而青年軍仍繼續占領城市的中心地帶超過5小時，城內及城際間的鐵路交通在其占領期間遭中斷。再一次，烏雲消散，春天的陽光照耀於島嶼的首都天際。

事後，有人建議將這起事件的來龍去脈公諸於世，但警備總部當局害怕本已遍布全臺的緊張氣氛，尤其害怕那些反對外省人與獨立運動的勢力會藉機展開大規模的行動，故決定做新聞管制。

臺灣人的聲音

關於臺灣分離主義者的運動，一位年長的臺灣政治與社會運動領袖說到，很久以前，臺灣在精神上便已和大陸分離了。他繼續提到臺灣人先前對祖國的愛護之心，他們深情滿溢地愛著她；但祖國並不領情，不僅趕走他們、殘忍地傷害他們，最終大量屠殺他們。臺灣人在心靈上承受的痛苦遠大於分離主義；如今，輪到臺灣人重建自己理想的家園了。

某位受過良好教育的臺灣學者說，世界上沒人有決定臺灣命運的權利；只能由臺灣人自己決定。臺灣和澎湖群島不應讓給任何國家，只能給予住在這些島上的人們，也就是臺灣人自己。

只有臺灣人能決定他們島嶼的統治方式，這是二十世紀民主制度的最低限度，自決主義[112]多年來的宗旨。

---

112 自決主義（Self-determinism），應指民族自決原則，即各民族決定自己的前途，而不受其他國家決定。

其中一位最傑出的臺灣實業家評論道，臺灣人不歡迎資本主義的民主制度、社會主義或共產主義。他進一步闡述道，臺灣在特殊的歷史、地理、經濟、社會及政治背景下，需要自己的政治主張。他總結：對其他地方純粹的複製將不適用於任何地方，尤其像西太平洋這般特殊的所在。

某位臺灣女士說到，臺灣人擁有自己的生活方式。他們不想過中國人的生活，當然也不想以美國人、日本人的方式生活。他們了解如何在自己的島上過得平安、舒適。

某位臺灣農夫表達了自己的意見如下：臺灣人以一種截然不同的方式耕作臺灣的沃土。在臺灣，由於強大的降水沖洗掉土壤的養分，且多數土地被開闢成平整的稻田，因此需要立即且均衡地被灌溉。甘蔗種植園同樣必須平整且熟練地灌溉。因此，只有臺灣人才知道如何讓他們的土地擁有最大的生產力。

某位臺灣學生提到，他受夠了中國腐敗的教育體系。他明白，日本當然過時了，因此臺灣學生想要最科學、進步以及現代的教育，但誰可以提供它們？當然不是中國人；只有在將臺灣歸還給臺灣人，並讓那些受過現代訓練的臺灣人教導學生才有可能。

對臺灣的觀察

美國商人推測的目光。在上海的美國商人正因中國軍政局勢不穩而坐立難安，若未來不再能落腳上海，他們便對可能作為一個營運中心的臺灣投以投機的一瞥。

許多在上海的美國主要企業，都派出代表前往這座亞熱帶島嶼，調查它的可能性。在日本人統治的 50 年間，他們建立起高度的工業與富足的農業。業界代表人們普遍同意，此地將是個有利於美國的好所在。

然而，據美國情報資料顯示，任何遷至臺灣的決定都會延遲至少 6 個月。在

此期間，企業也只能坐等中國的情勢發展。他們說，其中一個重要原因，是美國即將援助中國所致。

實際上，去年有大量英國企業遷離上海。他們大都遷至香港。美國商界那時候並不容易離開，整體來說，是判定局勢未嚴峻至批准撤離。

然而，如今勞工問題日益惡化，而非有所改善。根據美國的資料，那伴隨著貿易限制、內陸航運的昂貴成本及許多不太重要但在各方面嚴重有損商業利益的原因。

此外，幾個商人提到，整體的軍事局面讓他們十分緊張。每次共產黨勢力逼近長江，上海就會因共產黨人滲透的流言而顫慄。當這樣的時刻到來，警方就會為了防止動亂而全力戒備。沒有人確定將會發生什麼事。

無論何時，臺灣（當中國人在二戰尾聲控制它以後，便改稱其為「臺灣」）看起來相對有希望。它擁有良好的氣候條件、豐富的天然資源、高度發展的電力系統及龐大的工業潛能。

然而，根據他們之中有人的說法，讓美國業界在嘗試著遷移到臺灣前猶豫與卻步的原因，便是那裡的政治局勢。

在這座島上的人們背後，是長久的叛亂史。去年便有一場直接反抗中國統治、嚴重且異常血腥的暴動。據情報資料顯示，一種隱約的躁動仍存在於這座島上。美國人寧願等情勢更加穩定後再有所行動。

據合眾通訊社上海分社於 1948 年 2 月 25 日報導，商業圈也提到，美國的援助也許會發揮巨大的影響力。許多人認為，這也許能讓這座島嶼恢復正常，並平息人們的不安。在中國的美國商人提到，他們不知道能夠轉進何處，但當中有許多人牢牢記得臺灣。

當前的臺灣新聞

政客正害怕地顫抖

存在於臺灣的動亂和威脅中，許多隻已在這座島嶼上藉著分贓而自肥的「豬」（臺灣人對外省人的稱號）最近正準備離開臺灣。那些從大陸來當官員或奸商的政客和狡猾的剝削者，在完成洗劫這座島嶼的任務後，已開始害怕 2 月那起事件帶來的可怕報復。

這座島上的新恐怖

隨著去年 2 月革命首次週年的到來，臺灣省政府與警備總部也變得憂心異常，並開始威脅本地人民的生活。他們組織了一支新的憲警部隊[114]，說這支部隊的功能是控制軍人和警察。他們巡邏街道，裝備武器，在任何時刻搜索私人住家。戒嚴令自 2 月 20 日起被正式實施，而人們正遭到嚴密的監視。

誰是殺人犯？

對一名中國老學者（也是陳儀心腹）的可怕謀殺，於 2 月 18 日（或者說去年那場革命滿週年的 10 天前），在臺灣的首府臺北發生了。這樁悲劇的英雄是一位 66 歲的老學者，也是臺灣大學中文系的系主任。他在自己的床上被殘忍地殺害，臉部遭斧頭極度兇殘地切割與肢解。兇手逃跑時帶走了一個非常重要的公事包，並在地板上留下了武器。隔天一早，這樁殘忍的兇案震驚了臺北市。此時，幾位嫌疑人遭到逮捕與訊問，但案情至今仍未明朗。據說兇手是一名外省人，而這樁兇案是出於政治因素。

被禁止的天堂島

自 3 月 1 日起，鐵幕隔離了臺灣島與中國及外省人以外的世界。除了那些攜帶各自護照的外國人外，自戒嚴起，那些有意進出島嶼的人們，包括：所有臺灣人和外省人都需擁有「正當機構」簽署的許可文件。因此顯然地，當今的臺灣無論在名義或事實上，皆朝著脫離大陸的方向前進。

譯名對照表

二劃

二二八事件 February 28th Incident
二二八事件處理委員會 The Committee for
　　Settlement of the Incident / Committee for the
　　Settlement of February 28 Incident
二層行溪 Nisoko River
八路軍 8th Route Army
九龍 Kowloon
《人民導報》 *Jen Min Tao Pao*
人物誌 Who's Who information
丁格先生 Mr. Tingle
丁錫山 Ting, His-shan

三劃

三十二條 32 proposals
三民主義 Three People's Principle
三民主義青年團 San Min Cui Youth Corps
三民主義青年團福建支團部宣傳組 Promulgating
　　Department of T. P. Y. P. Fukien Branch Party
上海大夏大學 Great China University, Shanghai
上海法政大學 Shanghai College of Law
上海南洋大學 Nanyang University, Shanghai
上海特別軍事法庭 Special Military Tribunal in
　　Shanghai
上海聖約翰大學 St. John's University, Shanghai
上虞 Shangyii
《大同》 *Ta Tang*
《大西洋憲章》 *Atlantic Charter*
大林蒲 Dairinho
大直庄 Daichoku-sho
《大明報》 *Ta Ming Pao*
下淡水溪 Shimo-Tansui River
小鮑威爾 John W. Powell
于百溪 Yu, Pai-chi / Yu, Po-hsi / P. C. Yu
士林實驗室／士林血清疫苗製造所 Shirin
　　Laboratories

四劃

太平洋艦隊兩棲部隊司令 Commander Amphibious
　　Forces, Pacific Fleet
太平洋艦隊暨太平洋戰區總司令部 United States
　　Pacific Fleet and Pacific Areas Headquarters of the
　　Commander in Chief
太平洋戰區陸軍航空部隊司令 Com Gen, AAFPOA
太平洋戰區陸軍司令 Com Gen, POA
太平洋戰區總司令 Commander in Chief, Pacific
　　Ocean Areas, CINCPOA
日內瓦大學 University of Geneva
日內瓦國際鴉片會議 International Opium
　　Suppression Conference, Geneva
日本科 Japanese Affairs Section
日本帝國大本營 Japanese Imperial General
　　Headquarters
日本陸軍士官學校 Military Academy, Japan / Japan
　　Military Officers Academy
日本陸軍大學校 Japan Military College
日本陸軍野戰砲兵學校 Japan Artillery Academy
《日本統治下之臺灣》 *Formosa Under Japanese
　　Control*
日本貴族院 Japanese House of Peers
《日本經濟之危機》 *The Economic Crisis of Japan*
日清和會 Peace Conference between Japan and the
　　Manchus
日產處理委員會 Japanese Property Liquidation
　　Committee
中山大學 Sun Yat Sen University
中山堂 Taipei City Auditorium
中日戰爭 Sino-Japanese War
中央大學 Central University
中央社 Central News / China News Agency
中央政治委員會教育專門委員會 Special
　　Committee of the Central Political Council
中央政治會議 Central Political Commission
中央政治學校 Central Political School / Central
　　Political Institute / Central Institute of Political
　　Sciences

中央軍校 Central Military Academy

中央俱樂部派 CC

中央航空學校 Central Aviation Academy

中央通訊社 Central News Agency

中央訓練團 Central Training Corps

中央訓練團臺灣行政幹部訓練班 Taiwan Civil Officers Training Class of the Central Training Corps

中央訓練團黨政及民事訓練班 Training Department of Kuomintang and Civil Affairs, Central Training Corps

中央設計局 Central Projection Bureau

中央設計局臺灣調查委員會 Taiwan Investigating Committee of the Central Planning Board

中央憲兵司令部軍法處長 Military Discipline, Central MP Headquarters

中央憲兵學校 Central Gendarmerie Academy

中央警官學校 Central Police Academy

中央警官學校第二分校 Second Branch of Central Police Academy

中央警官學校警政高等研究班 Research School, Central Police Academy

中央黨政工作考核委員會 Party Affairs Inspection Committee

中島 Nakashima

中國航空公司 China National Aviation Corporation, CNAC

中國駐東京代表團 Chinese Mission to Tokyo

中華文化教育基金會 China Foundation for the Promotion of Education and Culture

《中華日報》 *Chung Hua Jih Pao*

《中華民族之海外發展》 *The Chinese Expansion in Foreign Countries*

巴丹 Batan

巴黎大學 University of Paris

巴黎大學政治科學院 University of Political Science at Paris

巴黎和會 Paris Peace Conference

王肇嘉 Wang, Chao-chia

王麗明 Wang, Li Ming

今川 Imazawa

井村 Kawamura

斤 kin

方學李 Fong, Hok-li

化學兵 Chemical Warfare Service, CWS

內務省警察講習所 Naimu-sho Police Academy

五劃

北平協和醫學院 Peiping Union Medical College

北平陸軍大學 Peiping Military College

北投 Hokuto

北京大學 Peking University / University of Peking

北京中法大學 University Francois-Chinese, Peking

北京清華學堂 Tsing Hua College, Peking

北京話 Mandarin

北海道 Hokkaido

外交委員會 Foreign Affairs Committee

外交部 Ministry of Foreign Affairs

外交部條約委員會 Treaty Committee of Ministry of Foreign Affairs

外交部情報司 Information Department, Ministry of Foreign Affairs

外事部長 Chief of Foreign Affairs

立法院 Legislative Yuan

立法委員 Legislative Commission

丘念台 Chiu, Nien-tai

丘斌存 Chiu, Pin-ts'ung

尼米茲 Chester William Nimitz

尼德蘭 Netherlands

代理武官暨空軍武官 Acting Military Attache

代辦 Charge d'Affairs

民答那峨 Mindanao

《民報》 *Nin-po*

司法行政部 Ministry of Jusice

司徒雷登 J. Leighton Stuart

永安 Yungan

永春 Yung-chun

史密斯・班 Ben Smith

史賓塞・戴維斯 Spencer Davis

弗雷澤公司 Frasar and Company

白崇禧 Pai, Chung-shi

加羅林群島 Caroline Islands

瓜加林 Kwajalein

四川 Szechuan

《世界一家》 *One World*

包可永 Pao, Koo-yung

甘肅 Kansu

石延漢 Shih, Yen-hon

六劃

行政長官公署 office of the Governor General
行政院 Executive Yuan
行政院行政效率促進委員會 Administrative
　Efficiency Promotion Committee, Executive Yuan
行政院秘書長 Secretary-General of Executive Yuan
行政院參事 Councillor, Executive Yuan
行政院善後救濟總署 China National Relief and
　Rehabilitation Administration, CNRRA
行政院縣政計畫委員會 Hsien Admistrative Planning
　Committee, Executive Yuan
安平 Anpin
安徽省 Anhwei Province
安徽省立大學 Anhwei University
安徽省政府委員會 Anhwei Provincial Commission
安徽省高等法院 Anhwei Provincial High Court
安藤 Ando
西村高兄 Nishimura Takatomo
西南太平洋戰區 Southwest Pacific Area
西康 Sikang
西藏 Tibet
江西省 Kiangsi Province
江蘇省 Kiangsu Province
江蘇學院行政管理學系 Civil Admistration
　Department of Kiang-su, Provincial College
考選委員會 Examination and Selection Committee
考試院 Examination Yuan
考試院法制委員會 Legal Affairs Committee,
　Examination Yuan
朱文伯 Chu, Wen Pai
朱佛定 Chu, Fu-ting
伊利諾大學 University of Illinois
伊藤博文 Hirobumi Ito
全國教育協會 Educational Association of China
全國經濟委員會 National Economic Council
同安 Tung An
同濟大學 Tungchi University
休‧D‧法利 Hugh D. Farley
吉藍 Gillem
艾米特‧歐尼爾 Emmet O'Neal
《百眼巨人報》 *Argus*
合眾通訊社 United Press
伏波號 Foo Po
收復區工礦事業整理委員會 Mining and Industries

Readjustment Committee for Recovered Areas
任維鈞 Jen, Wei-chun
多倫多大學 University of Toronto
交通部上海電報局 Shanghai Telegraph Office,
　Ministry of Communications
早稻田大學 Waseda University
竹東 Chikuto
守屋 Moriya

七劃

李立柏 Li, Li-pai
李濟琛 Li, Chi-shan
李薈 Li, Huei
李翼中 Li, Yi-chung
李鴻章 Li, Hong-chang
杜魯門 Harry S. Truman
杜聰明 Tu, Chung-ming
宋子文 T. V. Soong
坎培拉 Canberra
吳鐵城 Wu, Te-chen / Wu, T'ieh-ch'eng
努茨佛臺 Knutsford Terrace
沈鈞儒 Shen Chun-ju
邱吉爾 Churchill
扶輪社 rotary club
呂宋 Luzon
助理武官 Asst Military Attache
抗戰勝利勳章 Victory Medal
佐世保 Sasebo
步雷克 Ralph J. Blake

八劃

東京工業大學 Tokyo Technical University
東京早稻田大學 Waseda University, Tokyo
東京明治大學 Meiji University, Tokyo
東京帝國大學 Tokyo Imperial University / Imperial
　University, Tokyo
東京第一高等學校 Tokyo First High School
東京華僑商聯總會 Chinese Residents' Association
東南亞指揮部 South East Asia Command
東南警官訓練班（湖南）Southeastern Police
　Training School, Hunan
林有壬 Lin, Yu-jen
林定平 Lin, Ting-ping

十劃

浙江省民政廳 Provincial Dept of Civil Service, Chekiang
浙江省民政廳警務處 Police Affairs, Department of Civil Service, Chekiang
浙江省政府委員 Member of Chekiang Provincial Government
浙江省警官學校 Chekiang Provincial Police Academy
浙江寧波中學 Ningpo Middle School, Chekiang
陳尚文 Chen, Shang-wen
陳家成 Tan, Ka Seng
陳啟清 Chen, Chi-ching
陳儀 Chen, Yi / Ch'en I
陳禮佳 Chen, Li-kuei
馬尼拉 Manila
馬來亞 Malaya
馬歇爾將軍 George C. Marshall
馬壽華 Ma, Shou-hua
高砂族 Takasago
高雄 Takao / Kaohsiung
高雄市參議會 People's Political Council for Kao hsiung hsien
高雄要塞司令 Commander of the Kaohsiung Takao Fortress
徐道鄰 Hsu, Tao-lin
徐慶鐘 Hsu, Ching-chung
徐學禹 Hsu, Hsueh-ya
財政部 Ministry of Finance
財政部專賣事業司技術室 Technical Section, Monopoly Bureau, Ministry of Finance
財政部緝私署 Anti-Smuggling Bureau, Ministry of Finance
陸軍大學 Military College / National Military University
陸軍郵政信箱 APO
陸軍輜汽團 Army Transport Corps
琉球 Okinawa / Ryukiu / Ryukyus / Loochoo
琉球革命同志會 Ryukis Revolutionary Association
夏口區法院 Hankow District Court
夏濤聲 Hsia, Tao-shen
紐西蘭 New Zealand
《紐約時報》 The New York Times
烏利西環礁 Ulithi Atoll
埃哲頓 Glen E Edgerton

桂永清 Kwei, Yung-chin
唐景崧 Tong, Keng-siong
孫逸仙 Sun, Yat Sen
航空署 Bureau of Aeronautics
哥倫比亞大學 Columbia University
師大附中 Teachers Middle School
連江縣 Lien-kiang Hsien
郭國基 Keh, Kuo-chi
氣象局 Weather Bureau
振濟會僑胞振撫專員 Relief and Consolation Commissioner for Overseas Chinese

十一劃

國王一號 King One
國王二號 King Two
國立中山大學 National Sun Yat Sen Univ
國立中央大學 National Central University
國立四川大學 National Szechwan University
國立北京師範大學 National Normal University, Peking
國立武漢大學（漢口） National Wuhan University, Hankow
國立臺灣大學 National Taiwan University
國立暨南大學 National Chinan University
國立廣西大學 National Kwangsi University
國民大會 National People's Assembly / National Assembly
國民政府主計處會計局 Bureau of Accounts, Directorate-General of Budget, Accounts and Statistics
國民政府軍事委員會 National Military Council
國民政府軍事委員會政治部反宣傳處 Department of Counter-propaganda, Political Board of National Military Council
國民政府參謀本部購料委員會 Supplies Committee of General Staff, National Government
國民革命軍 Nationalist Revolutionary Army
國民參政會 National Peoples' Political Council
國民黨 Kuomintang
國民黨中央執行委員會 Kuomintang / KMT Central Executive Committee
國民黨臺灣省黨部 Taiwan Provincial Kuomintang Headquarters
國防設計委員會 National Defence Planning Board

開羅會議 Cairo Conference
彭孟緝 Peng, Meng-chi
彭德華 Edward E. Paine
道屋上校 Colonel Dau
道格拉斯・麥克阿瑟 Douglas MacArthur
猴山 Ape Hill
喜施 Paine Bebb Hirschy
鈕先銘 Niu, Hsien-ming
稅警總團軍需處 Commissariat of Revenue Police
　Corps
普渡大學 University of Purdue
萊頓委員會 Lytton Commission
菲律賓 Philippines
棉紗管理局 Cotton Yarn and Sheeting Administration
喬治・D・霍普 George D. Hopper
游彌堅 Yiu, Mi-chien
揭錦標 Che, Chin-piao
惠來 Hwei
辜振甫 Ko, Shimpo
貴族院 House of Peers
勝利日 V-J day
達姆彈 dum-dum bullets / dum dum bullets
鄒清之 Chou, Ching-chin

十三劃

新四軍 New 4th Army
《新生報》 *Hsin Sheng Pao / Sin Seng Po*
新加坡 Singapore
新世界戲院 New World Theatre
新竹 Hsin Chu / Chinshiku / Shinchiku
新竹縣 Hsinchu Hsien / Hsin Chu hsien
福州 Foochow
福建 Fukien
福建人 Fukienese
福建協和大學 Fukien Christian University
福建保安第五團 5th Peace Preservation Regiment in
　Fukien
福建省中央賑濟委員會 Central Relief Commission,
　Fukien
福建省主席 Governor of Fukien Province
福建省立第一中學 Fukien Provincial First Middle
　School
福建省政府 Fukien Provincial Government
福建省政府人事室 Personnel Department, Fukien

Provincial Government
福建省政府民政廳 Dept of Civil Affairs, Fukien
　Provincial Government
福建省政府法制室 Legal Affairs Section, Fukien
　Province
福建省政府委員 Commissioner of Fukien Provincial
　Government
福建省政府建設廳 Reconstruction Department,
　Fukien Provincial Government
福建省政府秘書處 Secretariat, Fukien Provincial
　Government
福建省政府糧食局 Bureau of food Fukien Province
福建省保安處警務科 Affairs Section, Provincial Dept
　of Public Safety, Fukien
福建省軍管區 Fukien Army Control Command
福建省綏靖公署主任 Pacification Commander of
　Fukien Province
福建省警官訓練所 Policemen Training Camps,
　Fukien
塔瓦拉 Tarawa
塔斯社 Tass
楊亮功 Yang, Liang-kung
楊家瑜 Yang, Chia-yu
農林部 Ministry of Agriculture and Forestry
農林處 Agriculture and Forestry Commissioner /
　Bureau of Agriculture & Forestry
農業復原官員 Agricultural Rehabilitation Officer
盟軍最高司令部 Supreme Commander for the Allied
　Powers, SCAP
盟軍最高司令部之美國政治顧問 USPOLAD,
　SCAP
廈門 Amoy
廈門人 Amoyese
詹姆士・K・麥坎納 James K. McKenna
詹姆士・R・吉迪斯 James R. Geddes
奧古斯都・徹斯 Augustus Chase
奧圖・R・哈尼 Otto R. Haney
葛陸 Joseph Grew
葛超智 George H. Kerr
葛敬恩 Keh, King-en / Ko, Ching-en
愛荷華大學 University of Iowa
愛荷華州立農工學院 College of Agriculture and
　Mechanical Arts, Ames, Iowa
雷伊泰灣 Leyte Gulf

閩臺監察使 Special Commissioner in Fukien and
　　Taiwan
嘉義 Chia Yi / Chiayi i / Kagi
嘉興 Kiashing
團戰鬥群 Regimental Combat Team, RCT
圖盧茲大學 University of Toulouse
銓敘部甄核司 Examination Department, Ministry of
　　Personnel
艋舺 Manka
旗山 Kizan
寧海 Ning-hai
滿人 / 滿洲 / 滿清 / Manchuria

十五劃

蔣介石 Chiang, Kai-shek / the Generalissimo
蔣渭川 Chiang, Wei-tsuan
廣西 Kwangsi
廣東 Kwangtung
廣東人 Cantonese
廣東省政府 Kwangtung Provincial Government
廣東蕉嶺縣 Chiao Ling Hsien, Kwangtung
廣東韶關 Shoakwan, Kwangtung
《廣源輪案》 S. S. Kwangyuen
劉文島 Liu, Wen-tao
劉建緒 Liu, Chien-hsu
劉兼善 Liu, Chien-shan
駐加爾各答總領事 Consul-General at Calcutta
駐華美軍總部 United States Army Headquarters in
　　China
駐舊金山總領事 Consul-General at San Francisco
審計部 Ministry of Audit
審計處 Department of Audit / Department of
　　Accounts
鋪道作戰 Operation Causeway
澎湖群島 Pescadores
緬甸 Burma
《墨爾本論壇報》 Melb Herald
敵軍狀況判斷 Estimate of the Enemy Situation
魯豫蘇皖黨政委員會 Shantung-Honan-Kiangsu-
　　Anhwei Branch Commission of Political and Party
　　Commission
熱蘭遮城 Fort Zeelandia
慕尼黑會議 Munich Conference
樓文釗 Lau, Wen-tsao

諸暨 Chuki
蓬萊俱樂部 The Horai Club

十六劃

戰爭特別稅 special wartime taxes
戰時生產局 Supply Department of War Production
　　Office / War Production Board
戰略情報局 Office of Strategic Services
戰略情報組 Strategy Service Unit
戰略鎖鏈 strategic chain
澳洲 Australia
澳洲外交部長 Minister for External Affairs
澳洲首府領地 A.C.T, Australian Capital Territory
澳聯社 APP
憲兵第四團 Fourth Regiment of Military Police
《憲法的變遷》 Nature of Constitution
獨立混成旅團 Independent Mixed Brigades
鮑威爾 John B. Powell
輸出推廣委員會、輸入管理委員會臺灣省區辦事
　　處 Taiwan Branch of Import and Export Promotion
　　Boards
燕京大學 Yenching University
濁水溪 Toksui-Khe River
機要室 Confidential Affairs Section

十七劃

謝東閔 Hsieh, Tung-min
謝娥 Hsien, Wo
謝偉思 R. M. Service
謝雪紅 Hsieh, Hsueh-hung
聯合國 United Nations
聯合國善後救濟總署 United Nations Relief and
　　Rehabilitation Administration, UNRRA
《聯合國憲章》 Charter of the United Nations
勵志社 Officers Moral Endeavor Association hostel
澀谷事件 Shibuya Incident
韓逋仙 Han, Poo-sen

十八劃

魏道明 Wei, Tao-ming
魏德邁 Albert Coady Wedemeyer
顏春輝 Yen, Chun-hui
雙十節 Chinese Double Tenth

編譯團隊

譯者：王興安、王瑋麟、江仲驊、莊紀源、雷晉怡
編譯：杜正宇、金智、施靜沂
審訂：蘇瑤崇

團隊簡介
王興安：高雄市立歷史博物館研究部主任
王瑋麟：成大歷史研究所碩士
江仲驊：義守大學機械與自動化工程系教授
杜正宇：中央研究院臺灣史研究所博士後研究
金　智：空軍航空技術學院通識中心教授
施靜沂：政大臺灣文學研究所碩士
莊紀源：海軍技術學校教官
雷晉怡：英國愛丁堡大學歷史碩士
蘇瑤崇：靜宜大學通識中心教授

譯者分工
王興安：3-1.1 至 3-1.3、3-4.1、3-5.2。
王瑋麟：2-4.1、4-2.3。
江仲驊：2-2.1 至 2-2.2。
莊紀源：1-1.1 至 1-1.6；2-1.1 至 2-1.2；2-2.3 至 2-3.3；3-2.1 至 3-3.2。
雷晉怡：2-4.2、3-5.1、3-5.3、4-1.1 至 4-2.2。

高雄史料集成系列

解密・國際檔案的二二八事件：海外檔案選譯

譯者：王興安、王瑋麟、江仲驊、莊紀源、雷晉怡
編譯：杜正宇、金智、施靜沂
審訂：蘇瑤崇

高雄史料集成編輯委員會
召集人：吳密察
委　　員：李文環、陳計堯、陳怡宏、楊仙妃、謝貴文（依姓氏筆畫）

共同出版
行政法人高雄市立歷史博物館
國史館臺灣文獻館
遠足文化事業股份有限公司

企劃督導：王御風、曾宏民
企劃執行：王興安、李佩蓁
責任編輯・龍傑娣
美術設計：陳俊言
校對：楊俶儻
印刷：凱林彩印有限公司
代理發行：遠足文化事業股份有限公司
初版：2018 年 2 月
定價：500 元
ISBN：978-957-8630-22-2
GPN：1010700153
初版：2018 年 2 月

國家圖書館出版品預行編目 (CIP) 資料

解密 . 國際檔案的二二八事件 : 海外檔案選譯
/ 高雄史料即成編輯委員會編 ; 王興安等譯 . --
初版 . -- 新北市 : 遠足文化 , 高雄市立歷史博物館 ,
國史館臺灣文獻館 , 2018.02
　　面 ; 　公分 . -- (高雄史料集成 ; 第六種)
ISBN 978-957-8630-22-2(平裝)

1. 二二八事件 2. 臺灣史

　　　　733.2913　　107001242